ALEXANDER GÖRLACH

ALARMSTUFE ROT

WIE CHINAS AGGRESSIVE AUßENPOLITIK IM PAZIFIK IN EINEN GLOBALEN KRIEG FÜHRT

HOFFMANN UND CAMPE

Sollte diese Publikation Links auf die Webseiten Dritter enthalten, so übernehmen wir für deren Inhalte keine Haftung, da wir uns diese nicht zu eigen machen, sondern lediglich auf deren Stand zum Zeitpunkt der Redaktion im Februar 2022 verweisen.

1. Auflage 2022

www.hoffmann-und-campe.de
Umschlaggestaltung: Lisa Busch © Hoffmann und Campe
Umschlagabbildung: © Regina Bilan / Shutterstock
Karten: Peter Palm, Berlin
Satz: Pinkuin Satz und Datentechnik, Berlin
Gesetzt aus der Trump
Druck und Bindung: GGP Media GmbH, Pößneck
Printed in Germany
ISBN 978-3-455-01386-3

HOFFMANN UND CAMPE

Ein Unternehmen der
GANSKE VERLAGSGRUPPE

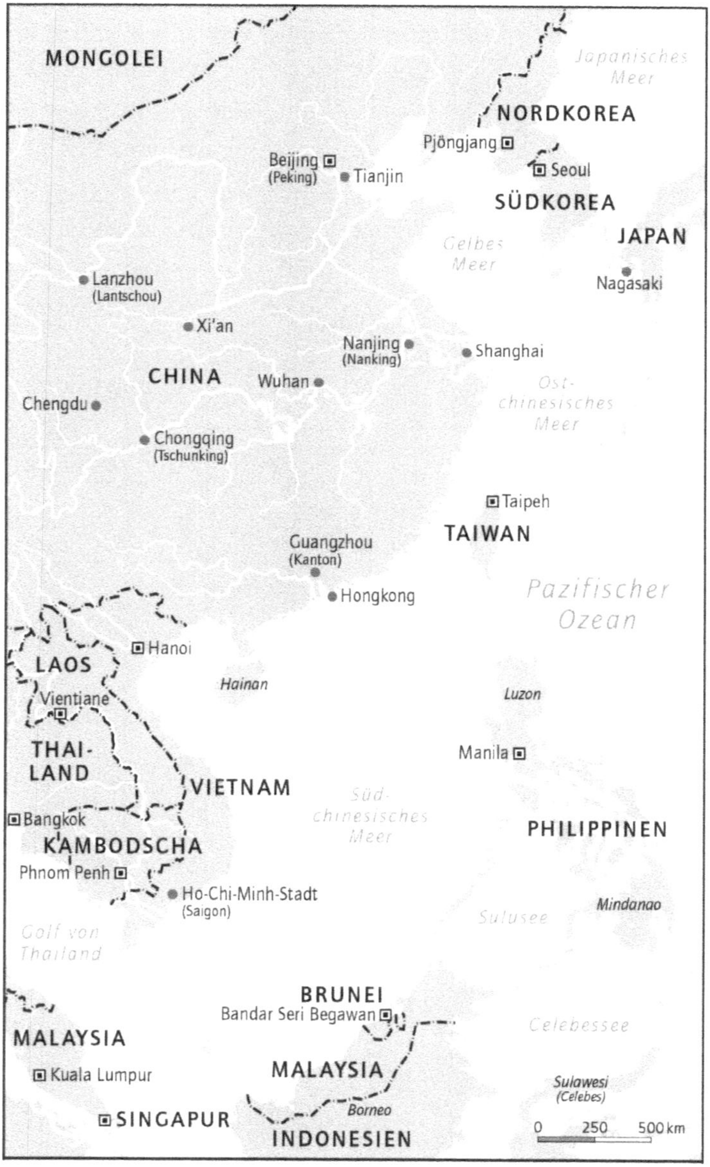

Abb. 1: Der Westpazifik

Pazifischer Ozean
Tanshui
Keelung
Jinguashi
Taipeh
Taoyuan International Airport
Panchiao
Taoyuan
Yilan
Hsinchu
Taiwanstraße
Miaoli
Tianhsiang
Taichung
Changhua
Hualian
Wushe
Nantou
Touliu
TAIWAN
Alishan
Chiayi
Penghu-inseln
(Pescadores)
Penghu Shuitao
Hsinying
Hongye
Tainan
Taitung
Süd-chinesisches Meer
Lüdao
Pingtung
Kaohsiung
Xiaoliuqiu
(Lambai Island)
Lanyü
Hengchun
0
30
60
90 km

Abb. 2: Taiwan

INHALT

WIE DIESES BUCH ENTSTAND

Von August 2017 bis Juni 2018 folgte ich meinem Partner nach Taiwan. Er hatte dort ein Fulbright Fellowship erhalten, vergeben im Rahmen eines Programms des US-Außenministeriums, das der Völkerverständigung und dem Austausch zwischen den Vereinigten Staaten von Amerika und ihren Verbündeten dient. Er selbst ist Amerikaner mit Wurzeln in China, die Familie landete in den USA an, als er noch ein Kind war. Als Fulbright Fellow würde er ein Jahr lang in Taiwan Englisch unterrichten. Für ihn war das eine Möglichkeit, als Erwachsener wieder mit der chinesischen Kultur und Sprache in Berührung zu kommen, die ihn als Kind geprägt haben. Da es dieses Unterrichtsprogramm mit dem Ziel, das Verständnis zwischen Menschen verschiedener Kulturen zu fördern, in der Volksrepublik China nicht gibt, fiel seine Wahl auf das benachbarte Taiwan, das auf den ersten Blick viele kulturelle Gemeinsamkeiten mit dem Riesenland auf der anderen Seite der Taiwanstraße aufweist.

Ich entschied mich, ihn für dieses Jahr zu begleiten. Meine Arbeit hatte in den drei vergangenen akademischen Jahren zuvor, von 2014 bis 2017, in denen ich als Fellow und Gastwissenschaftler an der Universität Harvard war (und wo Andrew und ich uns kennengelernt haben), einen neuen Fokus erhalten. Meine Promotionen in Theologie und Linguistik beschäftigten sich, im weitesten Sinne, mit dem Verständnis zwischen Christentum und Islam, mit der Integration muslimischer Minderheiten in Europa. Diese Arbeiten führten mich zu der Frage von Identität, Zugehörigkeit und wie sie ins Politische übersetzt werden: Wie werden religiöse Identitäten genutzt, um Geschichten zu erzählen, die am Ende über Akzeptanz des Gemeinwesens oder den Ausschluss aus ihm entscheiden? In dieser Zeit las ich, wie viele andere auch, das Buch *Eine kurze Geschichte der Menschheit* des israelischen Historikers Yuval Harari. Darin deckt er, sprachlich gewandt wie keiner vor ihm zuvor, den elementaren Zusammenhang von Narrativen, Identität und politischer Herrschaft auf. Menschen, so Harari, die zusammenarbeiten wollen, brauchen, sofern sie nicht miteinander verwandt sind, eine Erzählung, ein Narrativ, das sie zusammenhält und ihrer Zusammenarbeit Sinn und Würde verleiht. Familien ziehen diese Identität aus der gemeinsamen Geschichte. In Verbünden, die größer sind, kennen die Menschen einander aber nicht. Narrative, so Harari, sorgen dafür, dass diese Wissenslücke überbrückt wird.

Zwei Narrativ-Gruppen treten dabei in allen Kulturen in Erscheinung: Die erste ist die der Mythologie und der Religion. Sie stecken den großen Rahmen ab, stiften den Horizont, unter dem die Arbeit des Verbundes, der sich zusammenfindet, Sinn erhält. Die Fragen des Woher und des Wohin geben dem Menschen eine Heimat, die über den jetzigen Moment hinausweist, dieser Jetztzeit aber immer eine Bestimmung abtrotzen kann. So kennen alle menschlichen Zivilisationen Geschichten vom Ursprung der Welt und der Menschheit und von ihrer Vollendung. Stammen diese Geschichten aus der Zeit mittlerweile untergegangener Religionen, sprechen wir von Mythologie. Religionen entfalten, damals wie heute, eine umfassende Bindekraft, mit der sie sowohl das Leben der Einzelnen in einem spirituellen Sinne als auch den Zusammenhalt der ganzen Gruppe, ihr Bildinventar und ihre Sprache, prägen. Zugehörigkeit bedeutet hier verstehen können, nicht glauben müssen. In diesem Sinne ist die europäische Hemisphäre nach wie vor eine vom Christentum geprägte. Immer noch kennen sehr viele Menschen in der Alten Welt die biblischen Erzählungen von Adam und Eva, der Arche Noah, dem Leben, Sterben und Auferstehen Jesu Christi und dem Ende der Welt, das in der Offenbarung des Johannes grausam und hoffnungsfroh erzählt wird und dem Michelangelo in seinem Gemälde vom Jüngsten Gericht in der Sixtinischen Kapelle eine immerwährende Manifestation gestiftet hat, die in der Ikonographie, die die ganze Welt kennt, ihren festen Platz hat. Es ist eine Frage der Anschauung, ob in Europa die jüdisch-christliche Erzählung der Bibel mittlerweile nicht denselben Status hat wie die Mythologie des Alten Griechenlands. Aber gerade darin bestätigt sich Hararis These: Es geht nicht um eine glaubende Zustimmung zu der Erzählung, sondern ihr Verstehen. Diejenigen, die das Narrativ kennen, gehören, laut Harari, zu der Gruppe, die anderen nicht.

Die zweite Narrativ-Gruppe, die uns in dem Buch *Sapiens* vorgestellt wird, ist die des Klatsches. Menschen, die nicht miteinander verwandt sind, möchten etwas über die Menschen erfahren, mit denen sie zusammenleben und denen sie täglich begegnen. Die Welt des Klatsches hat sich in den vergangenen Jahrzehnten beständig ausgeweitet. Vom Leben der Hollywood-Stars, wen sie lieben, wen sie heiraten und von wem sie sich scheiden lassen, beispielsweise, wird heute in Klatschpostillen rund um den Globus berichtet. Fehltritte werden ausgeleuchtet, Nachrufe geschrieben. Der Klatsch ist das Fluidum, das die menschliche Kooperation auf einer täglichen Basis am Leben erhält.

Mich hat in meiner Arbeit ausschließlich die erste Narrativ-Gruppe interessiert. Die religiöse Zugehörigkeit wurde und wird wiederbelebt als das entscheidende Kriterium der Einteilung in »die« und »wir«. Zu dieser Entwicklung, die unter dem Stichwort Populismus in der jüngeren Vergangenheit in allen Erdteilen um sich gegriffen hat, habe ich begonnen in Harvard zu arbeiten. Dabei wurde ein Grundkonflikt deutlich, der geradezu modellhaft im Verhältnis von Taiwan und der Volksrepublik zum Tragen kam – mit potenziellen Auswirkungen für die Weltregion, in der die beiden liegen, wie für die ganze Weltgemeinschaft: Es ist der Konflikt zwischen freiheitlicher Demokratie und autoritärer Diktatur.

Ein demokratischer Staat ist ein säkularer Staat, das heißt, dass in ihm kein religiöses Narrativ über die Zugehörigkeit bestimmt. Das bedeutet nicht, dass Religion keine Bedeutung in einem solchen säkularen Staat haben dürfe oder diese Bedeutung über die Zeit verlieren werde. Die Vereinigten Staaten von Amerika sind in diesem Sinne das beste und auch das erste Beispiel eines säkularen Staates. Man könnte sogar sagen, sie sind bislang das einzige Experiment dieser Art, das geglückt ist. Ob in Frankreich, Mexiko, der Türkei oder Russland – überall dort, wo im Zuge einer Revolution die Religion gewaltsam aus dem Leben der Menschen verbannt werden sollte, kam sie machtvoll zurück. Nicht nur (aber auch), weil die Menschen an die Lehre ihrer Religion glaubten, sondern, und das ist für unseren Zusammenhang entscheidend, weil sie diese Religion und die Kultur, die aus ihr erwachsen ist, als Teil ihrer Identität betrachteten, die sie nicht aufzugeben bereit waren.

In den Vereinigten Staaten dürfen alle Menschen ihre Religion haben, ausleben und kultivieren. Dies wird besonders deutlich in der Rede- und Meinungsfreiheit, die ihren Ursprung in dem Kampf um die Gewissens- und Glaubensfreiheit hat, die Europa in Chaos und Blutvergießen stürzte, als das neue Land, die Vereinigten Staaten, aus der Taufe gehoben wurde. Das umfassende Narrativ der USA fußt nicht auf einer alten Mythologie oder einer praktizierten Religion, sondern auf der Verfassung, die jeder und jedem unveräußerliche Rechte zuspricht und das Streben nach Glück (was durch und durch ein säkulares, innenweltliches Unterfangen ist, im Gegensatz zum unverlierbaren Heil, das die christliche Religion verkündet und an einen Ort außerhalb unserer Welt und Zeit knüpft). Die USA sind in diesem Sinne der erste moderne Verfassungsstaat (in dem das Erbe Englands, die *Magna Charta*, nachwirkt). Noch heute ist in den USA entscheidend, dass man ein *citizen*, eine Bürgerin oder ein Bürger, ist. Diese Bestimmung kommt zuerst, alle anderen, Geschlecht, Ethnie, Religion, spielen keine Rolle. Dass es seit der Gründung des Landes Gruppen gab und gibt, die gegen diese verfassungsmäßige Grundlage der Vereinigten Staaten arbeiten und sie aushebeln wollen, hebt den außergewöhnlichen Anspruch, den die USA sich bei ihrer Gründung gegeben haben, nur noch weiter heraus. Um die Staatsbürgerinnen und Staatsbürger gegen den Anspruch politischer Macht, die in der Alten Welt häufig im religiösen Gewand daherkam, zu schützen, wurde die Idee der Gewaltenteilung, die Trennung von Gesetzgebung, Regierung und Rechtsprechung, in den USA praktische Realität.

Verfassungsstaat, Staatsbürgerschaft und Gewaltenteilung sind die großen Geschenke Amerikas an die Welt. Sie sind heute in den Teilen des Globus, der, unpräzise, der »Westen«

genannt wird, zum Träger des vorherrschenden politischen Systems geworden, das wir freiheitlich und infolgedessen demokratisch nennen. Länder, die die Grundbestimmung des Menschen als eines freien Individuums mit unveräußerlichen Rechten (wie dem Streben nach Glück) nicht teilen, sind heute allesamt keine Demokratien.

Diese Staaten sind es, die die Gegenspieler der freiheitlichen Welt sind, die sich heute von Neuseeland, Australien, Südkorea und Taiwan über Europa bis nach Amerika erstreckt. Mögen die Menschen, die in ihren Ländern leben, verschiedene Sprachen sprechen, an verschiedene Götter glauben oder nicht glauben – die politische und rechtliche Realität stellt keinen Unterschied zwischen ihnen dar. Das Prinzip der Rechtsstaatlichkeit garantiert darüber hinaus international, dass Spanier in Neuseeland, Südkoreaner in Kanada oder Deutsche in Taiwan mit dem gleichen Respekt und unter dem gleichen rechtlichen Horizont behandelt werden wie in ihrem Heimatland. Niemand wird ohne Anwalt und ohne Verfahren eingesperrt, geschweige denn, dass ihm oder ihr Folter drohen. Es gibt in jedem dieser Länder freie Medien, die Missstände aufdecken. Es gibt Universitäten, Theater, Ateliers und Filmstudios, in denen Menschen ihre Sicht auf die Welt, unabhängig von politischer oder religiöser Bevormundung, artikulieren können.

Auf der anderen Seite stehen Diktaturen, wie die Volksrepublik China, in denen diese Rechte nicht gewährt werden. Mit verheerenden Konsequenzen. Wir erleben das Wiedererstarken einer Machtpolitik aus dem vergangenen Jahrhundert, einer Mentalität, die an das Kolonialzeitalter erinnert, sowie einer Diplomatie, die als Recht des Stärkeren verstanden wird. Mit der Behauptung der Exklusivität der eigenen religiösen oder mythologischen Weltanschauung geht zwangsläufig eine Ausgrenzung der »anderen« einher – von Oppositionellen im eigenen Land sowie allen anderen Menschen außerhalb. In der Volksrepublik hat Machthaber Xi Jinping einen ethnischen Nationalismus zur Richtschnur erklärt und einen für den Machtanspruch der Kommunistischen Partei abgespeckten, unverfänglichen Konfuzianismus zu einem Teil der Staatsdoktrin erklärt.

In Russland ist das Gleiche zu beobachten: Mit der Hilfe der orthodoxen Kirche hat Machthaber Putin ein Narrativ durchgesetzt, das den Westen als dekadenten Feind sieht, in dem biblische Todsünden wie die Homosexualität erlaubt sind. Politische Betätigung außerhalb von Putins Partei (die dem ideologischen Mindset gemäß, das in Diktaturen vorherrscht, »Einiges Russland« genannt wird) kann schnell gefährlich und mit der Gesundheit oder dem Leben bezahlt werden. Herrscher wie Chinas Xi Jinping oder Russlands Wladimir Putin schrecken vor militärischer Expansion nicht zurück. Auch das ist ein Kennzeichen, das ihre Länder von der Realität in Demokratien heute trennt.

Während meiner Arbeit in Harvard zu diesem neuen Blick auf Identität und Narrative trat noch eine dritte Gruppe hinzu: jene Staaten, die Demokratien sind, aber von sogenannten Populisten oder *strongmen* (es sind fast ausschließlich Männer) in Diktaturen umgewandelt werden sollen. Die Wahl von Donald Trump im November 2016 war für die Harvard Community (nicht nur für sie) ein großer Schock. Als wir in der Nacht zu Bett gingen, wurde auf CNN in mehr und mehr Bundesstaaten die Republikanische Partei als Wahlsieger ausgerufen. Am Morgen dann die schockierende Gewissheit: Er ist gewählt worden. Im Foyer der Kennedy School, dem Ort, an dem in Harvard »Public Policy« gelehrt wird und an dem viele derer ausgebildet werden, die später einmal in die öffentliche Verwaltung, in die Ministerien und den Auswärtigen Dienst gehen werden, herrschte eisige Stimmung. Es war mucksmäuschenstill, als die Ballons, ohne festliche Begleitmusik, von der Decke fielen. Eine Studierende intonierte »Amazing Grace«, das bekannte Kirchenlied, das unter anderem bei Beerdigungen gesungen wird. Bis zur letzten Minute hatte man in der liberalen Bastion Harvard geglaubt, dass Hillary Clinton den Wahlsieg sicher einfahren würde.

Wenn *strongmen* wie Donald Trump auf Diktatoren wie Xi Jinping treffen, ist der Konflikt vorprogrammiert. Denn selbsternannte *strongmen* glauben in ähnlicher Weise wie Führerkultfiguren, dass sie allein »das Volk« repräsentieren und verstehen, was es will. Es kommt zu einer von jedem diplomatischen Dekorum befreiten Konfrontation, die jederzeit eskalieren kann. Und in der Tat sollten sich die Beziehungen zwischen den USA und der Volksrepublik China in den kommenden Jahren rapide verschlechtern, nicht zuletzt aufgrund von Chinas Vorgehen gegen den kleinen benachbarten Inselstaat Taiwan.

Nach meinem Aufenthalt dort, den wiederholten Besuchen auf der Insel und in der Region, bevor die Coronapandemie jedes Reisen unmöglich gemacht hat, und den nunmehr vier Jahren der intensiven Beschäftigung mit dem Vorgehen der Volksrepublik gegenüber Taiwan und den Anrainerstaaten des Westpazifik bin ich fest davon überzeugt, dass der Großkonflikt zwischen freiheitlicher und autokratischer Welt im Kleinen ausgetragen werden wird: Bleibt Taiwan demokratisch, ist es die Bastion gegen die Ausbreitung des chinesischen Totalitarismus. Fällt Taiwan, hat Chinas Machthaber Xi alle Möglichkeiten, den gesamten Westpazifik, das Süd- und Ostchinesische Meer unter seine Kontrolle zu bringen.

Diese Zusammenhänge lagen bei weitem noch nicht so

klar vor uns, als wir im August 2017 in Taiwan ankamen. Während mein Partner Englisch unterrichten würde, hatte ich die Möglichkeit, an der National Taiwan University als Gastwissenschaftler anzudocken und zum Thema »Demokratien in Ostasien« vor dem Hintergrund des erstarkenden, autokratischen China zu forschen.

Die Hauptstadt Taipeh, in der meine Universität lag und die ich mindestens einmal die Woche besuchte, und unser Wohnort, die Hafenstadt Kaohsiung im Süden der Insel, wo Andrew unterrichtete, lagen 350 Kilometer voneinander entfernt. Sie sind durch einen Schnellzug verbunden, der für die gesamte Strecke nur wenig mehr als neunzig Minuten braucht (und in dem ganzen Jahr, den ich ihn nutzte, kein einziges Mal verspätet ein- oder abfuhr). Diese Konstellation ermöglichte es mir, die verschiedenen Lebensweisen und Mentalitäten, die in Taiwan herrschen, kennenzulernen. Im Norden, in der Metropole, sind die Menschen erstaunlicherweise eher konservativ, was in Großstädten sonst nicht üblich ist. Der Süden hingegen ist eher liberal. Im Norden wird Mandarin gesprochen, im Süden das einheimische Taiwanesisch. Der Norden ist vor allem auch durch die Migrationswellen aus China seit dem Ende des Bürgerkriegs 1949 geprägt, der Süden von Besiedlungen der Insel, die mehrere Jahrhunderte zurückreichen. Daneben gibt es auf dem kleinen Eiland die Ureinwohner, die in Reservaten leben und die mit ihrer eigenen Identität die Pluralität auf Taiwan und den politischen Diskurs in der Hauptstadt bereichern.

Durch einen Professor an der »Tai Da«, wie die Universität in Taipeh kurz genannt wird (das Kürzel steht für »Taiwan Daxue«, Taiwan-Universität), erhielt ich zudem die Möglichkeit, für ein Semester als Gastwissenschaftler an die City University in Hongkong zu gehen. Beide Orte einte bis vor nicht so langer Zeit ihr demokratisches Gemeinwesen und der damit verbundene Konflikt mit der totalitären Volksrepublik. Hongkongs Eigenständigkeit ist mittlerweile komplett von Peking zerstört worden. In Taiwan ist man deshalb in ständiger Alarmbereitschaft und Sorge: Was geschieht, wenn die Volksrepublik, wenn Präsident Xi seine Ankündigung wahr macht und die Insel angreift, um sie zu annektieren?

Nicht nur Taiwan ist in den vergangenen Jahren durch die militante Politik der Volksrepublik aufgewühlt worden. Die Aggression Pekings macht weder vor Indien halt noch vor den Philippinen, Japan und Südkorea. Die beiden Letztgenannten (sowie das autoritäre Singapur) hatte ich während meiner Zeit in Taiwan ebenfalls besucht und Einblicke in das politische System und die Lebensweise der Menschen vor Ort erhalten. Zwischen meiner Zeit an der Universität in Taipeh und dem Ausbruch der Coronapandemie war ich noch zweimal in Taiwan und Hongkong. Eine Vortragsreise führte zudem im Spätherbst 2019 zu einem längeren Aufenthalt in der Region, nach Singapur, Malaysia, in die Volksrepublik China, Südkorea und Japan.

Das vorliegende Buch schaut von meiner Erfahrung in dem akademischen Jahr, das ich in Taiwan zugebracht habe, auf die Ereignisse in der Region und warnt: Es herrscht *Alarmstufe Rot*. Das Vorgehen der Volksrepublik kann in einen Weltkrieg münden, nicht nur, weil die Vereinigten Staaten die Schutzmacht Taiwans sind (nahezu jeder Chip, der in einem US-Handy steckt, stammt aus Taiwan), sondern weil durch den Westpazifik, den die Volksrepublik dominieren will, wichtige Handelsrouten und Internetkabel laufen.

Taiwan ist dabei aus Gründen, die das Buch erläutern wird, von herausragender Bedeutung für Xi Jinping. Chinas Anführer hat das Volk durch seine Propaganda hinter sich gebracht, sodass selbst der Verlust der gesamten chinesischen Flotte beim Versuch, Taiwan zu erobern, nicht zu einem Aufstand gegen ihn und seine Clique führen würde. Umgekehrt bedeutet das, dass es für Xi keinen Weg zurück gibt, zu eng hat er die Annexion Taiwans – die er »Wiedervereinigung« nennt – mit seinem eigenen politischen Schicksal verknüpft.

Ich hoffe sehr, nach dem Ende der Coronapandemie wieder nach Taiwan reisen zu können. Aber die Chancen, dass die Insel dann noch eine freie, unabhängige Demokratie ist, schwinden täglich. Und sollte es China gelingen, Taiwan zu besiegen, würde sich nicht nur das Leben im Westpazifik dauerhaft verändern, sondern auch das unsere hier in Deutschland und Europa.

EINLEITUNG
TAIWAN AUF DEN ERSTEN BLICK

Taiwan ist eine in vieler Hinsicht ungewöhnliche Insel. Das satte Grün ihrer tropischen Vegetation, das, vom Meer kommend, schon von weitem sichtbar ist und von den blauen Wogen des Westpazifiks reflektiert wird, hat schon die portugiesischen Seefahrenden fasziniert, die an diesem Eiland vorbeikamen und es kurzerhand, von seinem Aussehen überwältigt, »Formosa«, »die Schöne«, tauften. Noch heute dehnen sich atemberaubende Naturparks entlang der ganzen Ostflanke Taiwans aus. Auf dieser Seite der Insel wuchert die Vegetation über die Berge und Hügel, die steil abfallen und fast nahtlos ins Meer übergehen. Zwischen den Steilhängen und dem Strand bleibt an vielen Stellen nur noch Platz für die Eisenbahnlinie und die parallel dazu verlaufende Straße.

Diese Naturparks reichen bis zum geographischen Mittelpunkt der Insel, wo sich auch der höchste Berg Ostasiens, der Yu Shan, übersetzt Jadeberg, befindet. Sein ikonischer Gipfel liegt 3592 Meter über der Meeresoberfläche und ragt majestätisch aus dem Meer der ihn umgebenden Gebirgskette und ihren Wipfeln heraus. Wenn er im Winter karg und matt leuchtet, dann erinnert sein Farbspiel die Menschen an Jade.

In der chinesischen Kultur gilt Jade als königlicher Stein, viele Skulpturen des Buddha sind deshalb aus diesem Material hergestellt. Das chinesische Schriftzeichen für König und Jade sind eng miteinander verwandt, 玉 für Jade und 王 für König. Taiwan ist eine Demokratie und hat somit keinen König, der als »Sohn des Himmels« über die Insel herrschen soll, wie einst die Kaiser des benachbarten China. Heute soll Jade daher jeder und jedem Glück und Segen bringen und das Leben derer bewahren, die ihn tragen.

Westlich des Yu Shan senken sich die Berge, und in dem dort beginnenden Tiefland liegen die großen Städte des Landes, in denen die Mehrheit der rund 23 Millionen Taiwanesen lebt. Die Hauptstadt Taipeh im Norden bevölkern allein rund 2,6 Millionen Menschen. Wer dort im Hauptbahnhof in einen Schnellzug, einen *gāo tiě*, steigt, der braucht viereinhalb Stunden bis zum Südzipfel der Insel, der 450 Kilometer entfernten Stadt Hengchun, die im Norden von einem weiteren Naturpark gesäumt wird. Dabei geht es im sauberen, klimatisierten, stets auf die Sekunde pünktlich verkehrenden Zug vorbei an Taichung, Tainan und Kaohsiung. Das sind Millionenstädte, von denen in Europa die wenigsten Menschen je gehört haben.

In Deutschland war Taiwan vor einigen Jahrzehnten ein Synonym für Textilindustrie. Es ist eine meiner Kindheitserinnerungen, die mir wieder in den Sinn kam, als ich den Umzug auf die Insel plante. »Mama, wo liegt Taiwan?«, fragte ich meine Mutter, nachdem ich einen Aufnäher »Made in Taiwan« in meinem neuen T-Shirt entdeckt hatte. Sie zog meinen Globus, der seinen Platz neben meinen Ausgaben der *Was ist Was?*-Kinderbuchreihe hatte, aus dem Regal, räumte mit einem Fuß die bei den Grundschülern meiner Generation beliebten Pelikan-Wachsstifte zur Seite, stellte ihn ab, drehte und hielt ihn dann mit ihrem Zeigefinger an: »Hier«, sagte sie, begleitet vom Tock-Tock eines tippenden Fingernagels, »liegt Taiwan, junger Mann.«

Anders als in meiner Kindheit, als meine Mutter mir die Insel auf dem Globus zeigte, ist Taiwan heute kein Niedriglohnland mehr, das sich durch günstige Textilproduktion einen Platz im Gefüge der Weltwirtschaft sicherte. Das Land ist zu einem der sogenannten asiatischen Tiger geworden. Gemeint sind damit Taiwan, Singapur, Südkorea und Japan, vier Länder, die nach dem Zweiten Weltkrieg, nach fundamentalen wirtschaftlichen Reformen, einen Aufschwung hingelegt haben, der weltweit seinesgleichen sucht. In Taiwan werden heute die Chips hergestellt, die überall auf der Welt in Smartphones, Tablets und Fotoapparaten landen. Entsprechend ist die Insel von großer Bedeutung für die Weltwirtschaft.

Als Andrew und ich uns auf den Umzug nach Taiwan vorbereiteten, wussten wir nicht mehr über die Insel als das, was gelegentlich in der Zeitung zu lesen war. Da der Konflikt zwischen Taiwan und der Volksrepublik in den vergangenen Jahren eskaliert ist, kann man mittlerweile mehr über die Inselrepublik in den Medien finden als noch vor wenigen Jahren.

Der offizielle Name des Landes lautet im Übrigen nicht Taiwan, sondern »Republik China«. Damit unterscheidet er sich nur durch das Präfix »Volks-« von dem des riesigen Nachbarn, dessen Ufer rund 160 Kilometer vor seiner Westküste liegt. Die »Volksrepublik China« und die »Republik China« sind nicht einfach nur Nachbarn, sondern verfeindete Kriegsparteien eines blutigen und langen Bürgerkriegs, der vor fast einem Jahrhundert, im Jahr 1927, begann und 22 Jahre später, im Jahr 1949, endete. Für die Taiwanesen, die in Taichung, Tainan und Kaohsiung über das Meer hinüber in Richtung China blicken, bildet die Wasserstraße zwischen ihrer Insel und dem Festland eine natürliche Grenze. Viele Menschen auf der anderen Seite, in der Volksrepublik, jedoch betrachten Taiwan als Territorium ihres Landes und das Meer zwischen ihnen als einen Teil des chinesischen Staatsgebietes. Diese Wasserstraße war deshalb in den vergangenen Jahrzehnten immer wieder Schauplatz militärischer Konfrontation zwischen China auf der einen und Taiwan und den USA, dem wichtigsten Verbündeten Taiwans, auf der anderen Seite.

Vor unserer Ankunft im Sommer 2017 war dieser Konflikt zwischen den beiden ehemaligen Bürgerkriegsparteien wieder einmal eskaliert. Im Januar 2016 wurde mit Tsai Ingwen zum ersten Mal eine Politikerin der DFP-Partei zur Präsidentin Taiwans gewählt. Die »Demokratische Fortschrittspartei« steht für einen neuen Kurs gegenüber Peking, was der Nomenklatura der Kommunistischen Partei in der Volksrepublik überhaupt nicht schmeckt. Als Strafe für das Wahlergebnis verbot Peking deshalb kurzerhand den Tourismus auf die wunderschöne Insel, die sich auch in China großer Beliebtheit erfreut. Das war nur der Anfang. Mittlerweile hat sich der Konflikt verbal weiter hochgeschaukelt bis hin zur offenen Kriegs- und Annexionsankündigung. Die Angst geht um vor einem Angriffskrieg, mit dem das totalitäre China seinen demokratischen Nachbarn unterjochen könnte. Immer wieder dringen chinesische Kampfjets in den taiwanesischen Luftraum ein, seit dem Frühjahr 2021 in einer bis dahin unbekannten Zahl und Häufigkeit. Es soll die Menschen auf Taiwan einschüchtern.

Die Taiwanesinnen und Taiwanesen lassen sich allerdings nicht beirren. Sie haben das Schicksal des benachbarten

Hongkong vor Augen, das durch ein sogenanntes Sicherheitsgesetz, das die chinesische Führung während der Coronapandemie durchgesetzt hat, seiner Freiheit und Autonomie beraubt wurde. Die Androhung Xi Jinpings, Taiwan militärisch erobern zu wollen, im Ohr, haben die Menschen Tsai Ing-wen im Januar 2020 mit einem Ergebnis von 57,13 Prozent der abgegebenen Stimmen wiedergewählt. Das entspricht rund 7,8 Millionen der wahlberechtigten Einwohner der Insel. Im Wahlkampf erklärte sich Tsai mit den Menschen in Hongkong solidarisch und schwor, die Demokratie auf der Insel gegen Chinas Aggression zu verteidigen. Dieses entschiedene Auftreten gegen China und für die Demokratie brachte ihr den Wahlsieg ein.

Wenn es auf Taiwan nicht um Politik geht, dreht sich das tägliche Leben auf der Insel vor allem ums Kochen und Essen, Aktivitäten, denen sehr viel Zeit geschenkt wird. Es ist eingeübte Praxis während des Mittagessens bereits über die Speisen des nächsten Tages zu sinnieren und sie vor dem geistigen Auge vorzubereiten (die Einkäufe für das Abendessen sind da bereits abgeschlossen). Taiwan hat an Herd und Grill viel zu bieten. Am Ende des Bürgerkriegs kamen mit den besiegten Streitkräften der untergehenden Republik aus allen Landesteilen Chinas Menschen nach Taiwan, die vor Mao und seinen Truppen flohen. Und sie brachten ihre regionalen Küchen mit in das neue Leben auf der Insel. Auch heute noch strömen die Menschen Abend für Abend zu Tausenden auf die Nachtmärkte, um durch enge Gässchen, vorbei an den unzähligen Ständen mit ausgestellten Leckereien, zu flanieren, deren kochende Eigentümer ehrfürchtig entweder als *laoban*, Chef, oder als *laobaniang*, Chefin, angesprochen werden. Gegrilltes Hähnchen oder Tintenfisch am Spieß, Schweinebauch im Teigmantel, Süßkartoffelknödel, taiwanesische Würste, Frühlingszwiebel-Pfannkuchen, frittiertes Hühnchen und Austern. Für den gestählten Magen gibt es *stinky tofu*, fermentiertes Tofu, das, wie der Name schon sagt, einen charakteristischen, für das westliche Geschmacksempfinden eher gewöhnungsbedürftigen Geruch verströmt. Im Buhlen um die Kundschaft versuchen sich die Chefinnen und Chefs lautstark zu übertreffen, der Geräuschpegel auf den Märkten ist entsprechend.

Den Besten unter den Besten kann dabei schon einmal eine große Ehre zuteilwerden: Einer Großmutter in Taipeh wurde für ihre Rindernudelsuppe ein renommierter Michelin-Stern für »Street Food« verliehen. Die Urkunde hängt, mit den kläglichen Resten einer Farbpatrone ausgedruckt und von der Sonne verblasst, hinter einer vom Fett speckig gewordenen Klarsichtfolie an der Wand ihrer Küche, vor der sich täglich die Menschen in gesitteten Schlangen aufreihen, um eine Portion zu erstehen.

Der Michelin-Stern der alten Frau dürfte der einzige geduldete Stern auf rotem Grund in der Hauptstadt der demokratischen Inselrepublik sein. Denn die Taiwanesen sind stolz auf ihre Demokratie und die Weltoffenheit, die sich von dem Leben im autoritären China nebenan grundlegend unterscheidet. In Umfragen gibt die überwältigende Mehrheit der Taiwanesen an, dass ihr Land und die Volksrepublik zwei verschiedene Länder seien. Vor allem die junge Generation ist dieser Meinung. Sie ist die erste, die im freien und demokratischen Taiwan aufgewachsen und nun bereit ist, diese Freiheit auch zu verteidigen. Bis zum Ende der achtziger Jahre war die »Republik China« wie die Volksrepublik ein totalitärer Staat. In der Stadt Kaohsiung, in der wir hinter dem Konzerthaus und neben der Kaohsiung Normal University eine Wohnung bezogen, erinnert ein Museum an die lange bleierne Zeit, in der die Insel unter der Bevormundung der nach Taiwan geflüchteten Kuomintang litt, jener im Chinesischen Bürgerkrieg unterlegenen Partei, die heute der Mitbewerber der Demokratischen Fortschrittspartei ist. Das Museum dokumentiert den Aufstand, der am 28. Februar 1947 begann und der aufgrund des Datums abgekürzt »228« genannt wird. Damals erhoben sich die Menschen, die auf Taiwan lebten, gegen die Zuzügler. Es sollen rund zwei Millionen Menschen gewesen sein, die vom Festland geflohen waren und die das Leben auf der Insel für immer verändern sollten. Der Aufstand, der nicht nur in Kaohsiung, sondern überall auf der Insel stattfand, brachte dem Land 40 Jahre Kriegsrecht, mit Tausenden Toten und politischen Gefangenen, ein (mehr dazu in Kapitel 3).

Mein Partner, der die Volksrepublik nach der Emigration in die USA regelmäßig besucht hat, kannte das Narrativ, das in der Volksrepublik bezüglich Taiwan vorherrscht, nur zu gut. Demnach ist Taiwan eine Provinz der Volksrepublik, die taiwanesische Regierung eine Scheinregierung und die Wiedervereinigung der abtrünnigen Insel mit dem »Da Lu«, dem »Mainland« oder »Festland«, heilige Pflicht. Wie groß können sich die Menschen hier und da, auf beiden Seiten der Wasserstraße, schon unterscheiden, mag Andrew sich gefragt haben, bevor wir in die »abtrünnige Provinz« zogen. Schließlich teilen beide dasselbe politische, kulturelle, philosophische Erbe. Beide sprechen dieselbe Sprache. Aber das eine Land ist heute eine Demokratie, das andere eine Diktatur. An der Gegenüberstellung der beiden Länder wird ein zentraler Aspekt jeder Identitätsfindung sichtbar. Die Betonung der Vergangenheit, also von Herkunft und Religion, grenzt aus, immer. Die großen Narrative der Vergangenheit, die Harari so treffend freigelegt und definiert hat, unterteilen die

Wirklichkeit in nationale, in ethnische, in religiöse Parzellen. Jene außerhalb dieser Parzellen werden nicht nur als die »anderen« definiert, ihr Anderssein wird im selben Atemzug mit nicht gleichwertig gleichgesetzt.

Demokratien und Diktaturen arbeiten daher mit dem Bezug auf Religion und Herkunft in unterschiedlicher Weise: Für eine Demokratie ist die Vergangenheit zwar nicht überflüssig oder unnötig, aber nicht entscheidend. Die Debatte in Europa sieht in vielen Ländern ähnlich aus, die Frage, auf die eine Antwort gesucht wird, lautet: Ist Europa ein christlicher Kontinent? Ist, beispielsweise, Deutschland ein christliches Land? In einer Demokratie trägt eine auf die Vergangenheit gerichtete Identitätsbildung nichts Konstruktives bei, denn in der Vergangenheit, die von Populisten als Goldenes Zeitalter verklärt wird, hat keiner von den Heutigen gelebt. Die Bezugnahme kann also nur machtpolitischen Charakter haben, um die Strukturen des Heute mit dem Bezug auf die Autorität des Vergangenen zu adeln. So spricht der indische Premierminister Narendra Modi davon, dass Indien ein hinduistischer Staat sei, weil er historisch hinduistisch gewesen sei. Damit diskriminiert er, in voller Absicht, die 200 Millionen Muslime im Land, ohne die Pluralität, die es schon immer auf dem Subkontinent gegeben hat, zu erwähnen. Wenn die rechtsgerichteten Regierungen in Warschau und Budapest davon schwärmen, wie katholisch ihre Länder aufgrund ihres Erbes seien, zielen sie damit auf die Nichtkatholiken (muslimische Einwanderer), die in den Ländern angeblich nichts zu suchen hätten. Auch im China der Gegenwart ist eine solche ausgrenzende nationalistische Politik zum Standard geworden. Wir werden später darauf zurückkommen.

In einer Demokratie spielt das historische Erbe für das Hier und Jetzt keine übergeordnete Rolle. Denn die Dinge, die für das Leben im freiheitlichen, demokratischen Verfassungsstaat maßgeblich sind, sind Errungenschaften der jüngeren Vergangenheit, der letzten 70 Jahre. Ihre geistigen Wurzeln liegen in der Aufklärung, deren Vertreter ihre Gedanken oft gegen die herrschende politische und religiöse Ordnung verteidigen mussten und für ihre Ideen nicht selten mit dem Leben bezahlt haben. Das heißt, es ist heute egal, dass Deutschland einmal ein christliches Land war und Europa das christliche Abendland genannt wurde. Heute kann nur entscheidend sein, ob und (falls ja) welchen Beitrag der religiöse Glaube der Bürgerinnen und Bürger für den Aufbau des freiheitlichen Gemeinwesens haben kann.

Für den Blick auf den Brennpunkt des Taiwan-China-Konflikts bedeutet das nichts weniger, als dass im heutigen Taiwan der Bezug auf das Erbe, das die Insel mit dem Festland gemeinsam haben soll, als nicht sachgemäß und hilfreich empfunden wird. Die wenigen noch lebenden Alten, die sich an das Ende des Bürgerkriegs und die Etablierung Taiwans erinnern, mögen das aufgrund ihrer Lebensgeschichte anders einordnen und beurteilen. In der Realität belegt sich die These von der Verschiedenheit der beiden trotz des gemeinsamen Erbes ganz einfach mit Hilfe eines Gedankenexperiments. Was würde geschehen, wenn beide Seiten sich morgen wiedervereinigten? Könnte Taiwan so bleiben, wie es ist? Wenn beide von denselben Parametern grundlegend geprägt worden sind, sollte eine Fusion doch ohne weiteres möglich sein. Doch der Blick nach Hongkong zeigt, dass dem nicht so ist.

Für mich sind bei der Unterscheidung der beiden Länder die philosophischen und ethischen Voraussetzungen, die zu dem geführt haben, was wir heute eine Demokratie nennen, entscheidend: Menschenrechte, Rechtsstaatlichkeit, bürgerliche und soziale Freiheiten. Eine Ordnung ist dann legitim, wenn sie sich dazu verpflichtet, diese Prinzipien zu schützen und kontinuierlich an ihrer Verwirklichung zu arbeiten. Eine gerechte, menschenwürdige Gesellschaft fällt nicht vom Himmel, sondern ist Ergebnis eines zähen Ringens, das jede Generation eines Landes vor neue Herausforderungen und Aufgaben stellt. Taiwan ist heute so ein Land. Mit dem Kriegsrecht endete die Einparteienherrschaft, und der Weg wurde frei für eine plurale, freiheitliche Demokratie.

Der Gegenspieler dieser freiheitlichen Ordnung ist das autoritäre, diktatorische Modell. Hier wird Pluralität gegen die Behauptung einer monolithischen Einheitskultur eingetauscht. Vielfalt wird als Entartung gebrandmarkt und die vermeintlich homogene Masse zum Maßstab der Politik erklärt. Die Fassade einer solch erzwungenen Einheitlichkeit, der in der Wirklichkeit nichts entspricht, kann nur durch massive Repressionen, die Unterdrückung anderer Auffassungen, ja, jeder Regung, die auch nur im Entferntesten von der ausgegebenen Marschrichtung abweicht, aufrechterhalten werden. Die Volksrepublik China ist so ein Land. Und mögen diese Volksrepublik und die Republik China, das heutige Taiwan, auch auf ein gemeinsames, fünftausend Jahre währendes Erbe zurückschauen (ein Erbe, über das auch heute, in Zeiten maximalen Konflikts, zumindest der Versuch zur Verständigung unternommen werden könnte) – so sind sie heute, wie gesagt, doch komplett verschiedene Nationen. Die gemeinsame Vergangenheit kann die Gegensätze der Gegenwart nicht mehr überbrücken.

In der demokratischen Welt ist eine solche Umprägung, wie sie in China vor sich ging und wie sie sich die *strongmen* wünschen, nicht so einfach möglich. Ihnen stellt sich die Verfassung in den Weg, die kritische Öffentlichkeit, die Presse. Deshalb betreiben autokratische Machthaber gezielt Demagogie, wenn sie von einer »illiberalen Demokratie« schwärmen. Dieser rhetorische Griff will durch den Zusatz der kleinen Silbe »il-« das autoritäre Modell als gleichberechtigt neben das der liberalen Demokratie stellen, als ob es zwei ebenbürtige Varianten der Demokratie gäbe. Das ist nicht der Fall. Die illiberale Behauptung, dass eine Demokratie die Interessen der Mehrheit zu spiegeln habe, ist grundlegend falsch. Es gibt in Demokratien per definitionem keine Lebensweise, der sich alle zu beugen hätten. Die Pluralität der Lebenswege ist durch die Verfassung garantiert. Die Demokratie hat einen langen Weg zurückgelegt, aus ihrer Vorzeit, in der in der griechischen Polis nur der Hausherr und Familienvater öffentliche Ämter bekleiden durfte. Das Frauenwahlrecht wurde erkämpft, ebenso das Wahlrecht für Menschen nichtweißer Hautfarbe. Es ist gerade die Errungenschaft der Demokratie heute, dass nach der Wahl vor der Wahl bedeutet, was eine Vorherrschaft einer Partei oder einer Koalition über die anderen Parteien und die Menschen, die sie gewählt haben, ausschließt. In einem demokratischen Gemeinwesen gibt es Grundüberzeugungen, die die Verfassung hervorhebt und die alle politischen Akteure teilen. Um die richtige Politik wird nicht auf der Grundlage von Ethnie und Religion gerungen, sondern auf Basis von Fakten, die zu deuten und zu diskutieren allen freisteht.

Im illiberalen Ungarn von Victor Orbán werden Minderheiten gegängelt, Jüdinnen und Juden verunglimpft, im illiberalen Polen, in dem die herzlose Partei »Recht und Gerechtigkeit« regiert, gibt es Städte und Dörfer, in denen Menschen, die nicht heterosexuell sind, um ihr Leben fürchten müssen. »LGBT-freie Zonen« nennen die Befürworter des illiberalen Modells ihre Wohnorte und wecken damit bewusst die Erinnerung an die Zeit der Nazi-Besatzung und der Konzentrationslager. Die Nationalsozialisten schwärmten von »judenfreien« oder »judenreinen« Orten. Entsetzlich, wie sich die Anhänger des illiberalen Irrwegs in dem Land, das das erste Opfer von Hitlers Tyrannei war, eine faschistische Sprache und Politik zu eigen machen. Ungarn und Polen werden von den Machthabenden umgestaltet: Sie missachten und unterlaufen die demokratische Verfassung, um die Bürgerinnen und Bürger auf diese Weise in Menschen erster und zweiter Klasse einteilen zu können. Die Menschen zweiter Klasse sind dabei schnell ausgemacht: Journalistinnen und Journalisten, Kunstschaffende und Lehrende, die politische Opposition. Die Jagd auf die, die den Abbau der Demokratie verhindern wollen, hat begonnen. Sie werden als »Feinde des Volkes« gebrandmarkt und ihrer Rechte beraubt.

Deshalb gilt: Eine Demokratie ist liberal, eine andere Form der Demokratie gibt es nicht. Der Zusatz »liberal« fügt der Bedeutung von Demokratie in diesem Sinne nichts hinzu. Die Vertreter des Illiberalen sind keine Demokraten, sondern Autokraten, die von Diktatoren lediglich trennt, dass sie die demokratischen Institutionen – Wahlen, Rechtsstaatlichkeit, Gewaltenteilung – noch nicht völlig abgeschafft haben. Es besteht kein Zweifel daran, dass die Protagonisten den totalen Umbau ihrer Gemeinwesen in Diktaturen lieber heute als morgen verwirklichen würden. Doch noch könnten Wahlen die Verhältnisse umkehren. Viel Zeit bleiben Opposition und kritischer Öffentlichkeit nicht mehr in Ländern wie Polen, Ungarn oder der Türkei – Demokratien, die von Autokraten durch Verfassungsänderungen, Machtrochaden und Eliminierung kritischer Presseorgane in Diktaturen umgewandelt werden sollen.

Chinas Machthaber Xi Jinping hingegen muss sich nicht mehr mit einer kritischen Öffentlichkeit und einer politischen Opposition herumschlagen. Im Nationalen Volkskongress sitzen Leute, die von der Kommunistischen Partei dafür ausgewählt wurden. Sie winken Gesetze, die von der Spitze des Apparats kommen, in einer Mammutsitzung durch, die einmal im Jahr im März stattfindet. Der nationalistische Kurs, den Xi dem Land verordnet hat, manifestiert sich in einer massiven Unterdrückung von ethnischen Minderheiten. So werden die Uiguren, die in der nordwestlichen Provinz Xinjiang leben, die Tibeter und die Mongolen massiv benachteiligt. Was in Xinjiang auf Geheiß von Präsident Xi und seiner Clique geschieht, kann in Deutschland nur die Erinnerung an das Dritte Reich hervorrufen. Über eine Million Uiguren sind in sogenannten Umerziehungslagern eingesperrt. Dort werden sie einer Gehirnwäsche unterzogen. Sie sollen ihre Kultur und Religion ablegen. Die chinesische Führung hat die Existenz dieser Lager zunächst geleugnet. Satellitenbilder belegen allerdings ihre Existenz. Menschen, die dem Grauen entkommen und ins benachbarte Kasachstan geflohen sind, berichten den Medien, was sie erlebt haben.

Der Umgang mit Minderheiten in Taiwan ist selbstredend ein völlig anderer. Ich erinnere mich an eine Gastvorlesung, die ich an der Tamkang-Universität in Taiwan gehalten habe. Im Anschluss an die Lesung trat ein Student auf mich zu, und wir kamen ins Gespräch. Er erklärte mir, dass er sich politisch engagiere: »Wir sind für die Unabhängigkeit«, sagte er zu mir, worauf ich erwiderte, dass eine Unabhängigkeitserklärung der taiwanesischen Regierung zu unkalkulierbaren Reaktionen Pekings führen würde. »Nein, das meine ich nicht«, erwiderte er. »Wir vertreten die Ureinwohner Taiwans. Wir wollen unsere Insel zurück«, sagte er selbstbewusst und fügte an, dass er selbst auch zu der kleinen Gruppe der Ureinwohner gehöre. Die Umstehenden, die sich uns zuwandten, verfolgten interessiert unser Gespräch, niemand versuchte, den Kommilitonen am Reden zu hindern, niemand protestierte. Ich kann mir angesichts der Gräuel in Xinjiang nicht vorstellen, wie Angehörige einer der 55 ethnischen Minderheiten in der Volksrepublik eine solche Meinung artikulieren könnten, ohne dafür mit Repression und Gefängnis belegt zu werden.

Meine eigene Beobachtung ist, dass freie Rede, auch wenn sie noch so belanglose Themen zum Gegenstand hat, in der Volksrepublik nicht möglich ist. Diese Erfahrung habe ich bei Besuchen in Shanghai und Peking gemacht. Dort waren meine Gesprächspartner, wie man an ihrem Verhalten sehen konnte, immer besorgt, unsere Gespräche könnten vom Nebentisch aus oder von Umstehenden belauscht werden. Ob im Restaurant oder auf einer Rolltreppe, meine Gesprächspartner wandten sich stets um und schauten, wer sich in unserer Nähe aufhielt. Wir saßen deshalb stets abseits, so weit weg wie möglich von anderen Gästen. Ausländer haben in China einen schweren Stand. Die Rhetorik der Kommunistischen Partei möchte die Reihen nach innen schließen, was gleichzeitig bedeutet, dass alle und alles Auswärtige zu einer Gefahr stilisiert wird. Wenn wir doch einmal in Hörweite von anderen waren, fingen die Gesprächspartner ganz unvermittelt an zu betonen, welche Segnungen die Kommunistische Partei im Allgemeinen und Präsident Xi Jinping im Besonderen der Volksrepublik und ihren Bewohner gebracht habe. Es war in etwa so, als würde man in Deutschland während eines Gesprächs über die Bundesligaspiele des Wochenendes plötzlich beginnen, die Politik der Bundesregierung in höchsten Tönen zu loben.

Vollkommene Stille herrscht wiederum in den Fahrzeugen des Dienstleisters »Didi«, dem chinesischen Pendant von »Uber«, denn in den Wagen werden alle Gespräche aufgezeichnet. Was angeblich der Sicherheit der Fahrgäste dienen soll, ist meiner Meinung nach in Wirklichkeit der größte Flächenangriff auf die Privatsphäre und freie Meinungsäußerung der Gegenwart. Man stelle sich vor, jedes Wort, das in einem Taxi in Deutschland dahergesagt wird, könnte potenziell von der Bundesregierung gegen einen verwendet werden, zu staatlicher Repression und zu Gefängnis führen.

Für Ausländer tritt die Sorge darüber, abgehört zu werden, indes in den Hintergrund, denn die Bemühung, überhaupt ein Taxi zu bekommen, nimmt einen völlig in Beschlag. Taxifahrer fahren ohne mit der Wimper zu zucken an einem vorbei, auch wenn man mit einer Chinesin oder einem Chinesen, die häufig als Übersetzer fungieren, ein Fahrzeug herbeiwinken möchte. Lieber macht man kein Geschäft als ein Geschäft mit einem Ausländer. Die nationalistische Politik der KP schlägt hier voll durch. Doch damit nicht genug: Während meines Besuchs in Peking war die Anzahl der Ausländer, die in einer Bar oder einer Gaststätte »zulässig« waren, per Aushang an der Tür geregelt, eine Tatsache, die in der freien Welt zu einem Aufschrei und zum Boykott der jeweiligen Betriebe führen würde. Es versteht sich, dass nicht alle Menschen in China so ticken. Mir haben wirklich nette Menschen geholfen, in der U-Bahn den richtigen Anschluss zu finden oder den Weg zu zeigen. Sie trauen sich, sich einen Spielraum zwischen verordneter Wirklichkeit und menschlichem Miteinander zu erkämpfen.

In der Volksrepublik herrscht oft eine sonderbare Stille der selbst verordneten Zensur. Taiwans Demokratie hingegen ist laut und jung und manchmal mühsam. Es gibt mehrere

Parteien, die um die Stimmen der Wähler kämpfen. Zu den größten gehört zum einen die »Nationale Volkspartei Chinas«, Kuomintang (KMT). Das ist jene Partei, die ab 1927 die Republik China auf dem Festland führte, 1949 nach Taiwan emigrierte und dort über Jahrzehnte das Kriegsrecht aufrechterhielt. Diese Partei stand bis dato auch für eine Annäherung an die Volksrepublik, für die eine »Wiedervereinigung« mit der Insel zu den vordersten politischen Zielen gehört. Auch Präsident Xi Jinping hat seit Beginn seiner Amtszeit dieses Ziel artikuliert und nicht aus den Augen verloren.

In den neunziger Jahren kam die DFP dazu, die Demokratische Fortschrittspartei, der Präsidentin Tsai Ing-wen angehört. Kleinere Parteien wie die »New Power Party«, die aus einer studentischen Bewegung im Jahr 2014 entstand, bereichern die politische Szene. Es gibt verschiedene Medien im Land. Es gibt öffentlich geführte Diskussionen und bisweilen auch Streit – so, wie es für plurale, demokratische und freiheitliche Gemeinwesen selbstverständlich ist. Taiwan ist das erste asiatische Land, das die »Ehe für alle« eingeführt hat und damit den Anspruch seiner Verfassung unterstreicht, alle Menschen im Land gleich zu behandeln.

Wann immer mein Flugzeug vom Boden der Volksrepublik abhob, war ich froh. Trotz der netten Begegnungen und guten Gespräche, trotz des guten Essens. Mit der abhebenden Maschine ließ ich nicht nur die Volksrepublik hinter mir, sondern mit ihr auch das Gefühl, stets beobachtet und nicht wirklich sicher zu sein. Gerade wegen dieses Gefühls wird die Lust darauf, aufs Festland zurückzukehren, von Mal zu Mal kleiner.

Anders verhält es sich mit Taiwan. Jedes Mal, wenn ich die Insel verlassen musste, zählte ich zerknirscht die Tage, bis ich endlich wieder würde zurückkehren können auf dieses entspannte, freie Eiland, dessen Natur so wunderbar, dessen Nachtmärkte so leb- und schmackhaft und dessen Bewohner so herzlich sind. Eine Rindernudelsuppe schmeckt besser in Freiheit.

1

DER KONFLIKT ZWISCHEN TAIWAN UND DER VOLKSREPUBLIK CHINA

Der einzige tägliche Konflikt, den die Menschen auf der Insel austragen, der nichts mit der nebenan gelegenen Volksrepublik zu tun hat, scheint der mit dem Wetter zu sein. Bei unserer Ankunft Anfang August herrschten Temperaturen weit jenseits der 30 Grad und eine Luftfeuchtigkeit von über 90 Prozent. Taiwan ist eine tropische Insel. Die typische Schwüle an einem solchen Ort fühlt man auf Postkarten nicht. Wer kann, bleibt zu Hause. Wem diese Möglichkeit nicht gegeben ist, der hangelt sich von Klimaanlage zu Klimaanlage. Wir landeten auf dem Internationalen Flughafen von Kaohsiung, einer Handelsstadt am Südzipfel Taiwans. Das einstige Fischerdorf, von dessen früherer Gestalt sich nur noch in den Hafenvierteln ein flüchtiges Bild erahnen lässt, ist zu einer Metropole geworden. Kaohsiung ist heute mit seinen rund 2,7 Millionen Einwohnern die zweitgrößte Stadt auf der Insel. Das Stadtbild wird von Shopping Malls geprägt, die in Asien allgemein, nicht nur in Taiwan, wahrscheinlich aufgrund des Wetters, mehr sind als reine Einkaufsgelegenheiten. Häufig sind das Kellergeschoss oder höher gelegene Stockwerke für Restaurants, Bistros und Schnellimbiss-Ketten reserviert. Menschen halten sich also tatsächlich in ihrer Freizeit in den herrlich heruntergekühlten Kommerztempeln auf.

Der einzige Ort, an dem es mit voller Absicht keine erholsame Kühlung gibt, sind die Schulen. Andrew erlebte an seinem ersten Unterrichtstag sein schwitziges Wunder. Öffentliche Gebäude auf Taiwan sind häufig mit überdachten Wandelgängen in den Höfen versehen. Es gibt offene Treppenhäuser und luftige Korridore auf jedem Stockwerk, die zwischen drinnen und draußen vermitteln. Das ist architektonisch reizvoll, ist aber angesichts des Klimas wenig funktional. Die schwül-heiße Phase setzt sich bis in den Oktober fort, erst dann wird das Wetter erträglich. Bis in den April hinein herrschen am Tag menschenfreundliche Temperaturen bis maximal 24 Grad, zumindest im Süden der Insel. Die Sonne wird dann nicht mehr als permanente Kriegserklärung an Haut und Gemüt des Menschen betrachtet, die Luftfeuchtigkeit ist erträglich. Im Norden kann es im Winter, für taiwanesische Verhältnisse, richtig kalt werden: 10 Grad, maximal 11, und jede Menge Regen. Die Kälte kriecht unter die Haut und setzt sich in den Knochen fest. Taifun-Warnungen gibt es zudem im Norden ständig. Manchmal ziehen die Stürme an der Insel vorbei, bei anderer Gelegenheit schlagen sie zu und sorgen für Stromausfälle und am nächsten Tag für Rücktritte im Energieministerium.

Die Insel wird von heftigem Smog geplagt, der im Winter besonders schlimm ist. Von Kaohsiung bis Taipeh machen sie dafür Fabriken in der Volksrepublik verantwortlich, deren Abgase über die Taiwanstraße, die an der engsten Stelle nur 130 Kilometer breit ist, herüberzögen. Aber die vielen tausend Scooter, die täglich durch Taiwans Städte knattern, leisten wirklich keinen Beitrag für das Klima. Im Straßenverkehr war daher eine Maske schon lange vor der Coronapandemie angezeigt. Es mag ein Kennzeichen einer vom Konfuzianismus geprägten Gesellschaft sein, in der den Älteren besonderer Respekt entgegengebracht wird: In Kaohsiung rollen ältere Verkehrsteilnehmende ihrem Ziel entgegen, ohne den Verkehrsschildern Beachtung zu schenken. Offensichtlich erlangt man mit dem Alter auch das Vorfahrtsrecht.

Das Thema Abgase ist eines von vielen, die das angespannte Verhältnis zwischen Taiwan und der Volksrepublik nebenan spiegeln. Für Taiwan ist die Volksrepublik die Gefahr vor der eigenen Haustür, der böse Nachbar, der, dem Schiller-Wort gemäß, die Frömmsten auf Taiwan nicht in Frieden leben lässt, weil es ihm nicht gefällt. Der Kampf mutet an wie der biblische Zweikampf zwischen David und Goliath: das kleine Taiwan, das sich gegen den Riesen verteidigen muss. Auf die heutige Situation bezogen ist das korrekt. Das Kräfteverhältnis war aber nicht immer so.

Nach dem Chinesischen Bürgerkrieg, aus dem die Maoisten siegreich hervorgingen, versank die neu gegründete Volksrepublik zuerst einmal für zweieinhalb Jahrzehnte im Chaos. In dieser Zeit wurde Taiwan der stärkere der beiden Kontrahenten, dessen Anführer schworen, das Land der Vorfahren zurückzuerobern. Mao Zedongs ideologische Irrfahrt kostete unzählige Menschen das Leben: 30 Millionen sollen dem »Großen Sprung nach vorn«, der in den Jahren 1958 bis 1962 die Republik China in eine kommunistische Gesellschaft verwandeln sollte, durch Hunger zum Opfer gefallen sein. Die daran anschließende »Kulturrevolution« (1966–1976) kostete abermals Unzählige das Leben. Schätzungen sprechen von 20 Millionen Menschen.

Während die Volksrepublik ums Überleben kämpfte, entwickelte sich Taiwan zu einem der asiatischen Kraftzentren, in denen die Wirtschaftsleistung explodierte und sich zuvor nicht gekannter Wohlstand einstellte. Die Hafenmetropole Kaohsiung, unsere Wahlheimat, wurde in dieser Zeit zu einer der großen Produktionsstätten der Insel. Joe Studwell hat in seinem Buch *How Asia Works* (2013) beschrieben, wie die seit den achtziger Jahren gern als »Tigerstaaten« bezeichneten Länder Südkorea, Japan und Taiwan über die Zeit zu ihrem beispiellosen Erfolg gelangt sind. Studwell beschreibt diesen Prozess als dreistufig. Eine umfassende Landreform bildete dabei die erste Stufe, die den Bauern durch die Zuteilung von mehr Land erlaubte, mehr von dem zu tun, worin sie gut waren. Zudem erhielt jeder einen kleinen Besitz, mit dem er wirtschaften konnte. Auf diese Weise hatten alle Zugang zu einer marktgetriebenen Ökonomie. Der Erfolg auf dieser Mikroebene führte zu einer mäßigen Verbesserung des Lebensstandards. Diese zweite Stufe ermöglichte schließlich der Bevölkerung den Zugang zu Bildung, der dritten Stufe, die sie für den weiteren Ausbau der Wirtschaft qualifizierte.

Die Auffassung, dass Bildung zentral für den Aufstieg ist, spiegelt sich bis heute in den Gesellschaften Ostasiens wider. Die Schülerinnen und Schüler, die mein Partner tagsüber unterrichtete, gingen am Nachmittag, nach acht oder neun Schulstunden, einmal über die Straße, in die nächste Schule, die »Gramm School«, in der sie Hausaufgaben machten und Nachhilfe in den Fächern erhielten, in denen sie nicht glänzten. Der Druck, der auf den Jugendlichen lastet, ist enorm. Die Leistung, mit der in wenigen Jahrzehnten aus der armen Insel Taiwan ein hochmoderner, digitaler Staat mit exzellenter Gesundheitsversorgung und guten Schulen gemacht wurde, ist allerdings nicht minder enorm. Grundlage für diese Weichenstellung war, wie gesagt, jene Landreform, die gepaart mit staatlichen Investitionen in die Infrastruktur und in für die Landwirtschaft zentrale Komponenten wie

Düngemittel, die Grundlage für diesen Erfolg legte. Gleichzeitig, so Studwell, wurden Kredite nur innerhalb des Landes vergeben, Kapital durfte nicht ins Ausland abfließen. Investitionen aus dem Ausland wurden verunmöglicht. Die Renditeerwartung der Investoren hätte das Wachstum auf der Insel ausgebremst. All dies bereitete die Landbevölkerung auf den nächsten Schritt der ökonomischen Reform vor: Es begann die Zeit der Textilverarbeitung, also jene Phase, in der ich das Schildchen »Made in Taiwan« in meinem T-Shirt entdeckte. Taiwan positionierte sich so bereits in den frühen Jahren der Globalisierung als ein ernst zu nehmender Player im Welthandel.

Taiwan verdankt seinen rasanten Aufstieg nicht zuletzt der Unterstützung seines Verbündeten, der Vereinigten Staaten von Amerika. Es waren die USA, die in den siebziger Jahren den Plan unterstützten, aus Taiwan einen führenden Chip-Hersteller zu machen. Die Republik China in Taiwan trat so in den siebziger Jahren in ein neues goldenes Wohlstandszeitalter ein, während die Menschen in der Volksrepublik hungerten und politischen Säuberungsaktionen zum Opfer fielen. In dieser Situation war Taiwan die stärkere der beiden ehemaligen Bürgerkriegsparteien – eine Konstellation, die heute, nach Jahrzehnten des Aufstiegs Chinas, kaum mehr vorstellbar ist.

Dieser Umstand ist auch dafür verantwortlich, dass in jenen Jahren, als die USA und Taiwan näher zusammenrückten, Fragen des Handels im Vordergrund standen und nicht die der Verteidigung der Insel gegenüber der Volksrepublik, wie es heute der Fall ist. Gleichwohl bestanden und bestehen Verteidigungsverabredungen zwischen Taiwan und den USA, die den Inselstaat im Falle eines Angriffs der Volksrepublik schützen könnten. Noch vor gut zwanzig Jahren genügte es, wenn die USA einen ihrer großen Flugzeugträger in die Taiwanstraße schickten, um der Volksrepublik klarzumachen, dass ihren Ambitionen, den Inselstaat einzuschüchtern, kein Erfolg beschieden sein würde.

Zu einer solchen militärischen Intervention kam es etwa 1996, nachdem China Taiwan mit Raketen beschossen hatte. Die Raketen schlugen auf den Schifffahrtslinien vor Kaohsiung im Süden und der Stadt Keelung im Norden ein. Auslöser für diese Militärschläge war eine geplante Reise von Taiwans damaligem Präsidenten Lee Teng-hui in die USA. Da Peking Taiwan als eine seiner Provinzen betrachtet, versucht die Kommunistische Partei Ländern zu verbieten, taiwanesische Regierungsvertreter einzuladen zu etwas, das wie offizielle Konsultationen aussehen könnten. Lee sollte an der Universität Cornell, an der er selbst studiert hatte, einen Vortrag über den Erfolg des Demokratisierungsprozesses Taiwans halten. Die Volksrepublik sah dies als Affront an und als einen Beleg dafür, dass Taiwan die Unabhängigkeit von China plane. Aus diesem Grund eskalierte Peking die Situation in der Taiwanstraße. Heute, ein Vierteljahrhundert später, kann (wie wir in diesem Buch noch sehen werden) die Frage, wer eine militärische Konfrontation über Taiwan eher gewinnen würde, die USA oder die Volksrepublik, nicht mehr so einfach beantwortet werden wie im Jahr 1996.

Der Grundzug des Konflikts zwischen den beiden Staaten ist indes nach wie vor derselbe: Die Volksrepublik will die Wiedervereinigung mit Taiwan, um damit endgültig den Bürgerkrieg für sich zu entscheiden. Peking muss es als Zumutung empfinden, dass 23 Millionen Menschen auf Taiwan eine demokratische, freiheitliche Gesellschaft aufbauen, während Chinas Präsident Xi die Welt bereist und dabei nicht müde wird zu betonen, dass die Demokratie eine griechischabendländische Erfindung für die Menschen im Westen sei, die für die Menschen im Osten nun einmal nicht tauge.

Besonders die Freiheitsrechte, die den Menschen in Demokratien gewährt werden, sind Präsident Xi ein Dorn im Auge. Die Menschenrechte, die, wie wir sie verstehen, aus der Würde des Menschen resultieren, werden von zwei Aspekten geprägt: von bürgerlichen und von sozialen Freiheiten. Zu den bürgerlichen Freiheiten, wie ich sie im Anschluss an den liberalen Soziologen Ralf Dahrendorf verstehe, gehören: freie Rede, Gewissens- und Glaubensfreiheit, Wahlrecht, Gleichheit vor dem Gesetz. Die Ermächtigung des Einzelnen als ein freies Individuum in einer Gesellschaft kann aber nur dann gelingen, wenn der Einzelne dazu in die Lage versetzt wird. Die wichtigsten Komponenten der sozialen Teilhabe sind der Zugang zu kostenfreier Bildung und erschwinglicher Krankenkasse. Eine Demokratie kann nur dann jede und jeden gleich wertschätzen, wenn alle die gleichen Ausgangschancen erhalten. Der Zusammenhang ist wissenschaftlich erwiesen: Wenn man hungern muss, hat das einen negativen Einfluss auf die Entwicklung von Körper und Geist. Deswegen greifen diese beiden Aspekte, die man auch politisch und ökonomisch nennen könnte, ineinander.

In Demokratien wird dieser Zusammenhang noch einmal in einem größeren Kontext deutlich: Nur dort, wo freie Rede erlaubt ist, Sprache nicht zensiert, den Menschen keine politische Ideologie aufgezwungen wird, können sie letztlich auch frei wirtschaften und innovativ sein. In diesem Sinne sind Demokratien Motoren der gesellschaftlichen Entwicklung, wohingegen in Autokratien, in Diktaturen sowieso, in denen die bürgerlichen Freiheiten nicht gewährt werden, diese Entwicklung stagnieren muss, weil sie mit den sozialen eng verknüpft sind. In der amerikanischen Unabhängigkeitserklärung aus dem Jahr 1776 wird den Menschen ein aus ihrer natürlichen Würde entspringendes Recht auf »Leben, Freiheit und Streben nach Glück« zugesprochen. Die Würde kommt dem Menschen grundsätzlich per Geburt zu (»Leben«), und aus ihr resultieren bürgerliche Rechte (»Freiheit) und soziale (»Streben nach Glück«). Das eine kann es ohne das andere nicht geben.

Genau diesen Zusammenhang will Chinas Machthaber auflösen. Für ihn erschöpfen sich die Menschenrechte in der sozialen Komponente. Die Kommunistische Partei, so wird argumentiert, habe Abermillionen Chinesinnen und Chinesen aus der Armut befreit und ihnen somit ihre sozialen Rechte gegeben. Als Dank dafür erwartet die Kommunistische Partei Gehorsam und den Glauben daran, dass allen ihren politischen Kampagnen der gleiche Erfolg beschieden sein wird. Diese Sicht auf die Menschenrechte versucht Xi Jinping auch in den Vereinten Nationen einzubringen und durchzusetzen. Es wäre das Ende des Menschenrechtsbegriffs, den Humanismus und Aufklärung gerade gegen solche zynischen Machthaber wie Xi artikuliert haben.

Im Blick auf das heutige China wird das deutlich: Je mehr Xi Jinping die Gesellschaft gleichschaltet, umso mehr gerät auch die Wirtschaft unter Druck. Wir sprachen bereits von dem ideologischen Angriff gegen Alibaba, Didi und den privaten Bildungssektor unter Xi. Bis zu den Schlägen gegen diese erfolgreichen Wirtschaftsunternehmen behauptete die KP, dass es ökonomischen Erfolg auch ohne politische Freiheit geben könne. Nun zeigt sich, erneut, dass eine Diktatur keine ökonomische Freiheit gewähren kann, weil sie sich früher oder später von den Erfolgen der Wirtschaft angegriffen und hinterfragt fühlen wird. In der Konsequenz bedeutet das, dass Xi Jinping die Marktreformen von Deng Xiaoping aufgehoben und die Volksrepublik wieder auf den Weg zurück in die Planwirtschaft gebracht hat.

Seinen Einsatz gegen die Menschenrechte verbrämt Xi gern als Kampf gegen eine neue Form des Kolonialismus. Indem »der Westen« China dränge, die Menschenwürde zu achten und beispielsweise fordere, keine Internierungslager für Minderheiten zu errichten, spiele er sich wieder als Kolonialherr gegenüber China auf. Nunmehr aber sei die Volksrepublik wieder so stark wie das imperiale China und müsse sich das nicht mehr gefallen lassen. Die Art und Weise wie Xi Jinping dieses Argument vorträgt, erinnert an andere Diktatoren. So verweist auch Wladimir Putin darauf, dass die Russen (alle, ohne Ausnahme) nun einmal eine andere Vorstellung von Mensch und Politik hätten und jeder »westliche« Versuch, die Menschenrechte zu implementieren, Neo-Kolonialismus sei.

Die Behauptung Xis und Putins ist dabei selbstverständlich nicht korrekt. Die Allgemeine Erklärung der Menschenrechte haben alle Nationen unterzeichnet, die heute in den Vereinten Nationen vertreten sind. Die Anerkennung der Menschenwürde und die daraus resultierenden Rechte werden daher formal in allen Winkeln der Welt anerkannt, gleich, welche Religionen in den jeweiligen Ländern verbreitet sind, welche Sprachen dort gesprochen werden, welches politische System vorherrscht. Die Vereinten Nationen, zu deren Gründungsmitgliedern die Republik China gehört, haben es geschafft, zum ersten Mal die juristische Kodifizierung der Menschenrechte international zu verdichten und zur Norm zu machen. Es ist traurige Realität, dass autoritäre Machthaber wie Xi Jinping auf Menschenwürde und Menschenrechte nichts geben. Umso wichtiger zu betonen, dass die Republik China in Taiwan heute ein Vorreiter in Sachen Menschenrechte ist.

Die Rede vom »Neo-Kolonialismus« spielt auch eine Rolle, wenn es um Pekings Machtpolitik gegenüber Hongkong und Taiwan geht. Die KP nutzt dieses Schlagwort, um den Furor, mit dem sie gegen das semiautonome Hongkong vorgegangen ist, zu rechtfertigen. Die Tatsache, dass der Flecken Erde, auf dem Hongkong steht, an Großbritannien abgetreten werden musste und damit Teil der Verwaltung des Vereinigten Königreichs wurde, steht im kollektiven Gedächtnis Chinas für ein »Jahrhundert der Schande«. Die aus dem Kolonialismus erwachsene Autonomie der Finanzmetropole jedoch wussten und wissen viele Hongkonger zu schätzen. Bei einer Demonstration gegen den Versuch Chinas, Hongkongs Freiheit zu unterminieren, besetzten Demonstranten die gesetzgebende Kammer der Stadt und hissten darin die alte Kolonialfahne. Die Botschaft ist klar: Unter der Ägide Großbritanniens ging es den Menschen besser als in der zu erwartenden Knechtschaft durch Peking. In den Jahren vor der Rückgabe Hongkongs führte die britische Regierung demokratische Reformen durch, die nach 1997 vom ersten Statthalter des kommunistischen China sofort wieder abgeschafft wurden. Seither ist die Stadt nicht mehr zur Ruhe gekommen, und nur die Coronapandemie hat es vermocht, die zahlreichen Demonstrationen vorläufig zum Erliegen zu bringen.

Die Führung der Volksrepublik zeigt sich von den Protesten der Menschen unbeeindruckt und »kolonialisiert« ihrerseits nach dem Vorbild der verhassten Besatzungsmächte von einst. So sollen die Uiguren »sinisiert« werden, was heißt, dass sie so denken und leben sollen wie »Han-Chinesen«, wie sich die größte Ethnie der Welt seit der antiken Han-Dynastie nennt. Da sie diesen Zustand des Han-Seins aber nie erreichen können, bleiben sie für alle Zeit Bürger zweiter Klasse. Pekings Kolonialismus ist damit in der Tat der Wiedergänger des europäischen, der, mit der Behauptung auf den Lippen, den armen Völkern das Christentum und medizinischen Fortschritt zu bringen, ganze Kontinente unterjocht, Menschen versklavt und umgebracht hat. Mit dem, was die Kommunistische Partei Chinas den Menschen in Xinjiang, in Tibet, in der Inneren Mongolei und Hongkong antut, hat sich die Volksrepublik aus dem Kreis der zivilisierten Nationen verabschiedet. Ein neues »Jahrhundert der Schande« ist angebrochen – eines, für das sich alle Menschen in China dermaleinst rechtfertigen müssen und vermutlich schämen werden.

Taiwan war bis zum Ende des Zweiten Weltkriegs eine japanische Kolonie. Das von der Qing-Dynastie regierte China musste im Zuge des verlorenen Ersten Sino-Japanischen Krieges 1895 die Insel an Japan abtreten. Die folgenden 50 Jahre Kolonialherrschaft waren zunächst gekennzeichnet vom Widerstand der Bevölkerung gegen die Kolonialherren (in den ersten 25 Jahren) sowie von Integrationsbemühungen (in den zweiten 25 Jahren). Japans gewalttätige Expansion auf das chinesische Festland vereinigte kurzzeitig sogar die zerstrittenen Kriegsparteien des Chinesischen Bürgerkriegs. Gemeinsam kämpften die Truppen Maos mit denen der Republik China gegen die Invasoren. Der Bürgerkrieg pausierte während dieser Phase der gemeinsamen Landesverteidigung. Gleichzeitig versuchte die Kolonialmacht, Taiwan zu »japanisieren«. Dies ging einher mit der Errichtung einer am britischen Beispiel ausgerichteten Eisenbahn- und Straßeninfrastruktur. In Japan fahren bis heute die Autos links, genauso wie in der ehemaligen Kronkolonie Hongkong – und das, obwohl Japan vom britischen Kolonialismus unberührt und unbesetzt geblieben ist. In Taiwan herrscht heute Rechtsverkehr auf den Straßen.

Mit der Kapitulation des japanischen Kaiserreichs fiel die Insel zurück an die Republik China, zu der es bis zum Ende des Ersten Sino-Japanischen Krieges 1895 gehört hatte. Welche Konsequenz das hatte, ist zwischen den Bürgerkriegsparteien umstritten. Das legitime China war zu jener Zeit die Republik China. So gesehen ist die Insel Taiwan heute das letzte verbliebene Territorium dieser Republik. Die Volksrepublik auf dem Festland argumentiert, dass sie der legitime Nachfolger der Republik China sei und somit einen Anspruch auf die Insel habe. Eine dritte Lesart betrachtet, wie bereits erwähnt, die Volksrepublik als illegitimen Besatzer des ursprünglichen Territoriums der Republik China, also des Festlands. Die taiwanesische Verfassung folgt dieser Auffassung und erklärt deshalb folgerichtig, dass eine Wiedervereinigung mit dem Rest Chinas das Ziel sei. Beide Seiten halten an ihrem Anspruch fest, haben aber über die Jahre Wege gefunden, diese auszutarieren und die Kriegshandlungen nicht wieder aufzunehmen. Heute stellt sich mehr denn je die Frage, wie lange dieser Frieden halten wird.

Die alte Anbindung an Japan führt regelmäßig zu Spannungen zwischen Tokio und Peking, da Japan sich Taiwan weiterhin verbunden fühlt – und umgekehrt: Nach einem schweren Erbeben in Japan im Jahr 2011, das in Europa vor allem wegen der Reaktorkatastrophe in Fukushima in Erinnerung geblieben ist, spendeten Taiwanesen rund 240 Millionen US-Dollar. Diese Summe war der höchste Spendenbetrag, den Japan nach dem Unglück erhielt, bei dem rund 16000 Menschen ihr Leben verloren. Als im Jahr 2018 ein Erdbeben Taiwan heimsuchte, unterstützte Japan den Inselstaat mit Ausrüstung und Spezialisten, was die Volksrepublik entrüstete und entschieden als Einmischung verurteilte. Zuvor hatte Taiwan abgelehnt, chinesische Helfer ins Land zu lassen.

Das Verhältnis der Volksrepublik zu Japan ist seit jeher angespannt, genauer: seit Japans Angriffskrieg und Besatzung der Mandschurei in den Jahren 1937 bis 1945. Zu grauenvoll war der japanische Kolonialismus. Es kam zu schlimmsten Verheerungen und Menschenrechtsverletzungen. Die Erinnerungen an die Gräueltaten sind noch lebendig, auch wenn die letzten Zeitzeugen nach und nach versterben. Die Volksrepublik wartet noch immer auf eine volle Entschuldigung und Wiedergutmachung.

Das herzliche Verhältnis, das Taiwan mit seiner einstigen Kolonialmacht unterhält, ist so gesehen eine Ausnahme. Der Vergleich mit Hongkongs Verhältnis zu Großbritannien liegt nahe. Im Vergleich zu dem, was man von China befürchtet, erscheint die japanische Kolonialzeit für viele im Rückblick fast wie eine »gute alte Zeit«.

Das ist eine unzulässige Verklärung, aber dennoch verständlich. Sowohl Hongkong als auch Taiwan haben schon früh – früher als das von Mao regierte chinesische Festland – demokratische und marktwirtschaftliche Strukturen kennengelernt. Erst die ökonomischen Reformen Deng Xiaopings sorgten nach seinem Tod 1976 dafür, dass auch das kommunistische China durch kapitalistische Marktreformen den Weg der Modernisierung beschritt und sich ökonomisch in gleicher Weise wie die »asiatischen Tiger« modernisierte. Taiwan trat da bereits in die nächste Phase seiner wirtschaftlichen Entwicklung ein: 1987 wurde die »Taiwan Semiconductor Manufacturing Company« gegründet. Die Halbleiterfirma ist heute die weltweit größte ihrer Art, die allein die Hälfte aller weltweit verwendeten Chips produziert. Die Volksrepublik China hat bis zum heutigen Tag diese Lücke, die sich zwischen den beiden Ländern in den siebziger Jahren aufgetan hat, nicht schließen können.

Gemeinsam mit Südkorea dominiert Taiwan nach wie vor den globalen Chip-Markt.

Doch der Weg zu einer freiheitlichen Demokratie verlief für Taiwan nicht ohne Umwege. Die Kuomintang wurden bei ihrer Ankunft auf der Insel 1947 nicht mit offenen Armen empfangen, sondern trafen auf den Widerstand der einheimischen Bevölkerung. Bis zum Ende des Bürgerkriegs 1949 flüchteten insgesamt zwei Millionen Festland-Chinesen auf die Insel, die damals rund sechs Millionen Einwohner hatte. Bereits im Jahr 1947 war es deshalb zu dem Aufstand vom 28. Februar gekommen (»228«). Dieser gewaltsame Protest gegen die Kuomintang-Regierung wurde niedergeschlagen. Die Auseinandersetzungen gingen jedoch weiter, weswegen im Jahr 1949 das Kriegsrecht ausgerufen wurde, das bis 1987 bestand. In dieser Zeit wurden Schätzungen zufolge zwischen 3000 und 4000 Menschen als Regimegegner ermordet, rund 140 000 wurden verhaftet und interniert. Noch heute kann man einige dieser zu Gedenkstätten umfunktionierten Lager auf Taiwan besichtigen. Mein Partner Andrew und ich besuchten eine Gedenkstätte auf Green Island. Dorthin wurden die Gefangenen, die der Paranoia der Kuomintang-Schergen zum Opfer fielen, verfrachtet, ganz gleich, ob sie wirklich an einem Umsturz arbeiteten oder nicht. Die taiwanesisch-amerikanische Autorin Shawna Yang Ryan hat in ihrem Roman *Green Island* diese fürchterliche Zeit anhand einer fiktiven Familiengeschichte nachgezeichnet. Das Trauma wirkt noch immer nach. Die jüngere Generation beschäftigt sich deshalb leidenschaftlich mit dem Thema, da die Kuomintang eine der bestimmenden politischen Parteien des Landes geblieben ist. Studierende fragten mich häufiger danach, wie wir in Deutschland mit dem Problem der »transitional justice«, oder »Übergangsjustiz«, umgingen. Damit beziehen sie sich auf Nachkriegsdeutschland und wie darin die Menschen mit den Nazi-Schergen von einst eine neue Ordnung aufbauen konnten. Meiner Ansicht nach ist der Vergleich nicht ganz glücklich. Viel eher passt der Umgang der Menschen im ehemaligen Osten des Landes mit den Stasi-Spitzeln, mit denen sie nach der Wende weiterhin Tür an Tür lebten. Die Partei Die Linke ist die Nachfolgepartei der SED, der sozialistischen Einheitspartei, die das Unrecht in der DDR zu verantworten hat. Ich berichtete den Studierenden von Initiativen im kirchlichen Rahmen, bei denen Opfer und Täter von einst zusammengebracht werden.

Wie viele Menschen nach »228« in den Lagern ums Leben kamen, ist ungewiss. Schätzungen zufolge zwischen einigen Tausend und 28000 Menschen. Der psychologische Schaden, die Traumata, die Jahrzehnte des Kriegsrechts und des Terrors mit sich brachten, können noch viel schwerer kalkuliert werden.

Der Demokratisierungsprozess setzte 1975 ein, nachdem Staatsgründer Chiang Kai-shek verstorben war und dessen Sohn, Chiang Ching-kuo, zum Partei- und Staatschef der Republik China wurde. In diese Zeit fällt eine gewisse gesellschaftliche Liberalisierung. Politische Aktivität außerhalb der KMT war in Maßen – unterhalb des Levels von Parteineugründungen – erlaubt. Die neuen politischen Kräfte forderten bereits in dieser Zeit, den Anspruch auf Wiedervereinigung fallen zu lassen und Taiwan als eine Demokratie nach westlichem Vorbild zu gestalten. 1986 konstituierte sich dann die DFP, die Demokratische Fortschrittspartei. Sie bündelte dieses Verlangen nach einer neuen Politik. Obwohl zu dem Zeitpunkt noch Kriegsrecht herrschte, wurde die neue Partei nicht verboten und ihre Funktionäre nicht verhaftet. Dieser Moment markiert das Ende der Alleinherrschaft der

KMT und den Übergang Taiwans in eine Demokratie. Bei der Wahl im Jahr 1986 verteidigte die KMT ihren Platz als Regierungspartei, die DFP kam allerdings auf Anhieb auf 22 Prozent der Stimmen für den gesetzgebenden Yuan.

1.1
DIE EIN-CHINA-POLITIK ALS VEHIKEL DER AGGRESSION

Der eigenständige Charakter Taiwans, der sich in seinem Alltagsleben genauso wie in seiner Wirtschaft zeigt, hindert die Verantwortlichen in der Volksrepublik nicht daran, weiter an dem Anspruch festzuhalten, dass Taiwan ein Teil der heutigen Volksrepublik sei. Da dieser Konflikt das direkte Resultat des Bürgerkriegs ist, ist er weder rational völlig erfass- noch lösbar. Für das Verständnis der Psyche eines solchen Konflikts hilft der Blick in die Vereinigten Staaten von Amerika. Dort wird noch heute, über 150 Jahre nach Ende des Bürgerkriegs, über dessen Bedeutung gestritten. Dies wurde der Welt während der Präsidentschaft von Donald Trump vor Augen geführt, denn zu den glühenden Anhängern des Milliardärs und TV-Stars gehörten unter anderem Menschen aus den Südstaaten, also jenen Bundesstaaten, die den Bürgerkrieg verloren hatten. Donald Trump sympathisierte offen mit dem Gedankengut und der Symbolik jener Gruppe. Im Mittelpunkt der Kontroversen stand unter anderem die Flagge der Konföderation, die sich in den Südstaaten noch immer großer Beliebtheit erfreut, obwohl sie *auch* ein Symbol für die Sklaverei ist. Ebenso wurde über die Zukunft der rund 700 Statuen des militärischen Anführers der Südstaaten, General Robert E. Lee, gestritten, die noch immer dort stehen.

Die Harvard-Historikerin Jill Lepore hat versucht, den Konflikt zu erklären. In ihrem Buch *Dieses Amerika. Manifest für eine bessere Nation* macht sie zwei Gründungsmythen der Vereinigten Staaten aus, die nebeneinander existieren und um die Vorherrschaft streiten. Der eine – der in der Alten Welt bekanntere (und sympathischere) – ist jener des kosmopolitischen Amerika, des Einwanderungslandes, in dem jede und jeder ihren und seinen Traum vom Leben in Freiheit und Wohlstand verwirklichen kann, sofern sie oder er bereit ist, hart dafür zu arbeiten. Das Narrativ »vom Tellerwäscher zum Millionär« ist mir selbst bereits aus meiner Kindheit vertraut. Die USA waren in den Erzählungen, die mein Bild des Landes prägten, genau das: ein freies Land, in dem jede und jeder willkommen ist. Irgendwann zwischen Grundschule und Gymnasium kam dann die US-Serie *Fackeln im Sturm* mit Patrick Swayze ins deutsche Fernsehen. Die Saga erzählt von der Freundschaft zweier Männer, der eine aus dem Norden, der andere aus dem Süden, und dem Geschick ihrer Familien im US-amerikanischen Bürgerkrieg. Dass die Sklaverei in den USA zwar abgeschafft, ihre Nachwehen aber noch sehr präsent sind, lernten wir ebenfalls in der Schule – im Englischunterricht, wo wir »I Have a Dream« von Martin Luther King, dem amerikanischen Bürgerrechtler hörten und besprachen. Mein erster Besuch in den USA im Jahr 1995 fiel in die Zeit, als das Urteil gegen O. J. Simpson gefällt wurde. Ihm wurde Mord zur Last gelegt. Im Lauf des Verfahrens äußerten Kommentatoren, dass vor Gericht eigentlich die Rassenproblematik verhandelt würde. All diese Beispiele stehen in Lepores Buch für das zweite Amerika, jenes, das sich seit seiner Gründung als ein weißes Land für weiße Siedler verstanden habe. Beide Narrative existierten nebeneinander, so Lepore. Für das kosmopolitische stehe ein Barack Obama, für das rassistische ein Donald Trump. Entscheidend für unsere

Darlegung hier ist zu sehen, wie lange Ressentiment und Feindschaft anhalten können, auch wenn die kriegerischen Auseinandersetzungen längst beigelegt sind.

So wie in den Vereinigten Staaten zwei ganz unterschiedliche Narrative nebeneinander existieren, so existieren auch zwei Chinas nebeneinander, die, von außen betrachtet, Kultur, Sprache und Lebensweise vereint, es in Wirklichkeit aber nicht sind. Aus einer unterschiedlichen Interpretation der Gegenwart erwachsen verschiedene Sichtweisen der Vergangenheit, die jede Seite für sich unterschiedlich interpretiert. Chinas Machthaber Xi hat einen Führerkult um sich errichtet, der nicht zufällig an das chinesische Kaiserreich erinnert, in dem der »Sohn des Himmels« mit einem »Mandat des Himmels« ausgestattet war. In Taiwan hingegen richtete sich der Blick ausschließlich auf die vergangenen 30 Jahre, die Phase der Demokratisierung, die in den achtziger und neunziger Jahren begonnen hat. Was weiter zurückliegt, spielt für das Narrativ des heutigen modernen Staates keine Rolle mehr. Beide Seiten sprechen daher nicht von demselben Land, wenn sie »China« sagen.

Bis in die siebziger Jahre hinein war für den nichtkommunistischen Rest der Welt das Narrativ der Republik China das maßgebliche. Die Volksrepublik war der Paria, während in Taiwan das wahre China fortexistierte. Doch dann änderten sich die geopolitischen Koordinaten. Es kam zum Bruch zwischen der UdSSR und der Volksrepublik China, die seit 1950 durch einen Pakt miteinander verbunden waren. Die beiden Partner zerstritten sich über ideologische Fragen derart, dass es den USA gelang, einen Fuß in die Tür der Volksrepublik zu bekommen, die sich dann 1972 vollständig öffnete: Am 21. Februar dieses Jahres besuchte US-Präsident Richard Nixon die Volksrepublik China und wurde von Mao Zedong empfangen. Damit wurde der Bruch mit der UdSSR endgültig. Eine neue Liaison begann.

Deng Xiaoping, der den Staffelstab der Zusammenarbeit mit den USA von Mao aufnahm, soll auf die Frage, warum er mit den Amerikanern zusammenarbeite, gesagt haben, dass alle, die sich auf die USA eingelassen hätten, am Ende ökonomisch besser dagestanden hätten als zuvor. Dabei hatte Deng sicher die Tigerstaaten vor seiner Haustür vor Augen, Taiwan inklusive. In der Tat transformierte Deng Xiaoping die kommunistische Planwirtschaft Chinas in eine kapitalistische nach dem Vorbild der Tigerstaaten. Dazu richtete er Sonderwirtschaftszonen ein, in denen nach den marktwirtschaftlichen Maßgaben gearbeitet wurde. Deng legte so den Grundstein für jenes China, das heute zu einem der großen Player auf der Weltbühne und zu einem potenziellen Konkurrenten der USA geworden ist. Die Vereinigten Staaten gaben aber ihren Partner Taiwan nicht auf. Obwohl sie diplomatisch die Allianz von der Republik China zur Volksrepublik wechselten, versuchten die USA zu erwirken, dass beide chinesischen Staaten in den Vereinten Nationen vertreten sein würden, was jedoch scheiterte.

Der Zustand erinnert an die beiden deutschen Staaten, von denen jeder für sich in Anspruch nahm, das einzig echte und wahre Deutschland zu sein, das allein die Nation nach dem Zweiten Weltkrieg repräsentieren könne. Beide deutsche Staaten waren zur gleichen Zeit Mitglied der Vereinten Nationen. Für die beiden chinesischen Staaten gilt dies bis heute nicht.

1971 beschloss die Vollversammlung der Vereinten Nationen per Resolution, dass die Volksrepublik der alleinige Repräsentant Chinas in der Versammlung von Nationalstaaten sei. Sie folgte damit dem Antrag, den eine Gruppe von siebzehn UN-Mitgliedstaaten Ende der sechziger Jahre gestellt hatte. Sie argumentierten, dass die Republik China mit dem kleinen Territorium und wenigen Einwohnern nicht die Gesamtheit des chinesischen Volkes abbilden und repräsentieren könne. Die Vereinigten Staaten sprachen sich zuerst für eine Mitgliedschaft beider chinesischer Staaten in dem Gremium aus. Die Volksrepublik wehrte sich massiv gegen diesen Plan: Zwei Chinas dürfe es niemals geben. Über den Streit, welchen Wortlaut nun genau die zu verabschiedende Resolution haben solle, kündigte die Delegation der Republik China Ende Oktober 1971 an, die Vereinten Nationen zu verlassen. Seither ist die Volksrepublik der einzige chinesische Staat in der internationalen Vereinigung.

So in den Vereinten Nationen aufgewertet begann Peking durchzusetzen, dass die Staaten der Weltgemeinschaft das »Ein-China-Prinzip« anerkannten. Es besagt, dass es nur ein China gibt und dies die Volksrepublik China sei. Staaten, die mit diesem Land in diplomatische Beziehungen treten, dürfen nicht zur gleichen Zeit ein diplomatisches Verhältnis mit der Republik China in Taiwan unterhalten. Dieser Sicht schlossen sich, nach und nach, 178 der 193 in den Vereinten Nationen vertretenen Staaten an. Nur noch fünfzehn Länder halten derzeit an der Allianz mit Taiwan fest und das, obwohl die Volksrepublik aggressiv mit Investitionsversprechungen in den Ländern »wirbt«, von denen sie einen klaren Loyalitätsbeweis erwartet. Seit 2016 haben sich daher sieben weitere Länder diplomatisch von Taiwan verabschiedet: der Inselstaat Kiribati, die Salomonen, die Dominikanische Republik, Burkina Faso, El Salvador, Panama und die Demokratische Republik São Tomé und Príncipe. In Europa hat Taiwan nur noch einen verbliebenen diplomatischen Partner, den Heiligen Stuhl. Da das Regime in Peking ein atheistisches ist, aber in Taiwan Religionsfreiheit herrscht, ergibt diese Allianz Sinn. Der Vatikan hat in internationalen Institutionen als Völkerrechtssubjekt Beobachterstatus und wird nicht als vollwertiges staatliches Mitglied geführt.

Die Vereinigten Staaten haben sich, trotz des diplomatischen Wechsels, stets vorbehalten, mit der Republik China in Taiwan eng verbunden zu bleiben. Am 1. Januar 1979 trat der »Taiwan Relations Act« in Kraft, der dieses spezielle Verhältnis regelt. Das Dokument vermeidet die Nennung des Namens der Republik China, wie es auch Formulierungen meidet, die Taiwan als Nationalstaat erscheinen lassen könnten. Der Text spricht vielmehr davon, das Verhältnis zu den »Menschen, die in Taiwan leben«, regeln zu wollen. Der »Taiwan Relations Act« besagt, dass Verträge, die zwischen beiden Partnern zuvor bestanden haben, weiterhin gelten. Gleichzeitig endete im Jahr 1980 das »Sino-American Mutual Defense Treaty«, in dem sich beide Staaten Beistand im Angriffsfall zusicherten. US-Präsident Jimmy Carter kündigte dieses Abkommen auf. Bis heute ist es daher Gegenstand akademischer und sicherheitspolitischer Debatten, ob die USA Taiwan im Falle eines Angriffskriegs durch die Volksrepublik zu Hilfe kämen. In Sachen Verteidigung sieht der »Taiwan Relations Act« vor, dass Taiwan sich selbst verteidigen soll und dafür von den USA mit den entsprechenden Waffensystemen ausgestattet würde. Die USA verwenden sich in dem Dokument für eine Selbstbestimmung der Menschen, die in Taiwan leben. Damit erkennen sie die »Autoritäten, die Taiwan regieren«, wie es in dem Papier heißt, quasi als Regierung an, die Taiwanesen als Volk und die Insel als Territorium, ohne diese Begriffe, die im Völkerrecht einen Staat definieren, konkret zu gebrauchen. Einen solchen Spagat machen seit 1979 alle Länder, die mit China Handel treiben und mit Taiwan befreundet bleiben wollen.

Taiwan ist so zu einem Sonderfall geworden. Es funktioniert, de facto, wie ein eigenständiger Staat, auch wenn die Worte »Nation«, »Staat«, »unabhängig« oder »eigenständig« auf internationalem Parkett nicht verwendet werden. Zu hören ist, dass sich die Insel »selbst verwalte«, dass sie »autonom« sei. Aber: Das Land vergibt Pässe, die zum Reisen anerkannt werden. Im »Henley Passport Index«, der Staaten und Territorien einem Ranking unterzieht, in wie viele Länder man mit einem Reisepass des jeweiligen »Staates« oder »Territoriums« einreisen darf, belegt Taiwan im Jahr 2021 Platz 30, die Volksrepublik hingegen Platz 68. Jedoch zählt der »Henley Index« dabei Taiwan neben Hongkong und Macau als ein Territorium der Volksrepublik auf und nicht als eigenes Land. Um von Taiwan in die Volksrepublik zu reisen, brauchen Besucher ein Visum, was seltsam anmutet, wenn beide doch, aus chinesischer Sicht, zum selben Staat gehören. Taiwan hat eine eigene Flagge, eine eigene Armee und eine eigene Währung, all das sind Zeichen von Eigenstaatlichkeit. Dass Taiwan keine Provinz Chinas ist in dem Sinne, wie Rheinland-Pfalz ein Bundesland der Bundesrepublik ist, verdeutlicht nichts so sehr wie die Tatsache, dass in Taiwan das chinesische Recht nicht gilt. Die Volksrepublik hat keine Macht, ihre Gesetze in Taiwan anzuwenden – anders als in den dreiundzwanzig Provinzen auf dem Festland.

De facto gibt es also doch zwei Chinas, eine Tatsache, die beiden bewusst ist und die 1992 sogar zu einem kurzen Moment der Annäherung geführt hat – selbst wenn beide Seiten bis heute heftig darüber streiten, wer sich damals an wen und wie angenähert habe. In jenem Jahr, so viel ist unstrittig, trafen sich Vertreter beider Seiten im damals noch britischen Hongkong. Dabei soll eine Art Formelkompromiss entstanden sein: Beide Seiten, die Volksrepublik China und die Republik China in Taiwan, erkannten an, dass es nur ein China gebe. Gleichzeitig erklärten beide, dass sie für sich in Anspruch nähmen, dieses China zu verkörpern. Damit formulierten sie sehr salomonisch für sich, was die Weltgemeinschaft als Realität bereits seit zwei Jahrzehnten akzeptiert hatte. Doch das Licht, das ihnen in Hongkong aufgegangen war, leuchtete nicht lange. In ihren Verlautbarungen widersprach die Kommunistische Partei Chinas vehement der Darstellung, dass die formlos auf Papier festgehaltene, später feierlich »1992-Konsens« genannte Erklärung etwas an dem »Ein-China-Prinzip« ändere: Taiwan sei ein integraler Bestandteil der Volksrepublik, deren legitimer Vertreter die Kommunistische Partei Chinas sei. In Taiwan fasste die Kuomintang-Partei das Ergebnis des Treffens in der Formel zusammen: »Ein China – verschiedene Interpretationen«, in Anlehnung an die einst von Deng Xiaoping geprägte Formulierung: »Ein Land – zwei Systeme.«

Auch wenn der angebliche Kompromiss nie einer war, hält sich der Glaube an den »1992-Konsens« hartnäckig. So hartnäckig, dass sich die amtierende Präsidentin Taiwans, Tsai Ing-wen, noch im Jahr 2016, nach ihrer Wahl, dazu äußern musste. Auch sie betonte, dass es weder einen Konsens gebe, noch sie der Interpretation Pekings des Hongkonger Treffens zustimme, die klarmache, dass die Volksrepublik Taiwan lediglich als eine Provinz ansehe – ein Schicksal, das Taiwan auf keinen Fall mit Hongkong teilen wolle. In ihrer eigenen Lesart hält die kommunistische Führung Chinas an dem »1992-Konsens« fest, den sie das »Ein-China-Prinzip« nennt.

Die Weltgemeinschaft macht indessen so weiter wie bisher: Für sie sind zwei Chinas Realität. Die paradox anmutende Bestimmung, dass beide Chinas versuchen, das einzige wahre China zu verkörpern, hat dabei sogar etwas für sich, weil sie von der Möglichkeit und Gefahr eines bewaffneten Konflikts ablenkt und beiden ermöglicht, das Gesicht zu wahren und am Status quo festzuhalten. Die USA leiten aus dem »1992-Konsens« realpolitisch ab, dass beide Chinas gleichberechtigte Akteure sind und es keine Wiedervereinigung geben werde, ohne dass die Taiwanesen in Freiheit und ohne Zwang dieser Wiedervereinigung zustimmen.

Jeder amerikanische Präsident hat bislang in diesem Sinne zu Taiwan gehalten. Als es in den Jahren 1995 und 1996 beinahe zu der genannten militärischen Konfrontation zwischen den Konfliktparteien kam, setzte Präsident Bill Clinton die US-Marine in Bewegung. Gleichzeitig hielten die USA an ihrer Ein-China-Politik fest. George W. Bush ermahnte die Regierung Taiwans, nichts zu unternehmen, was als Versuch einseitiger Schritte in Richtung Unabhängigkeit verstanden werden könne: »Wir sind gegen jede einseitige Entscheidung, den Status quo zu ändern, sei es vonseiten Chinas oder Taiwans. Einige Äußerungen und Handlungen der taiwanesischen Führung geben allerdings Anlass zu glauben, dass sie willens ist, genau das zu tun. Wir sind gegen einen solchen Weg«, sagte Präsident Bush während eines Treffens mit dem chinesischen Premier Wen Jiabao im Dezember 2003 im Oval Office des Weißen Hauses. Die taiwanesische Regierung hatte ein Referendum über die Frage der Zukunft der Insel angekündigt, das als Plebiszit über eine mögliche Unabhängigkeit der Insel gedeutet wurde.

Während seiner achtjährigen Amtszeit förderte Barack Obama den Verkauf von militärischem Gerät und Waffen an Taiwan, darunter zwei Fregatten und panzersprengende Raketen im Wert von mehreren Milliarden US-Dollar. Präsident Obamas Sicht auf den Konflikt war von einer eigenen Interpretation des »1992-Konsenses« geprägt: China stehe seit Jahrzehnten zu der Auffassung, dass Taiwan zu seinem Territorium gehöre. Gleichzeitig habe Peking gestattet, dass die Taiwanesen die sie betreffenden Angelegenheiten selbst regelten. Taiwan, auf der anderen Seite, habe zugestimmt, keine offizielle Unabhängigkeit anzustreben, solange es diese Autonomie behalten dürfe. »Der Status quo«, so Obama, »hat, auch wenn er für keine der beiden Seiten völlig befriedigend ist, Frieden hergestellt und den Taiwanesen ermöglicht, erfolgreich zu sein.«

Unter Donald Trump änderte sich der Ansatz, den die USA gegenüber China verfolgten, grundlegend. Der republikanische Präsident war der Überzeugung, dass Arbeitsplatzverlust und der Niedergang einiger Industrien in den Vereinigten Staaten der Volksrepublik anzulasten seien, und begann einen Handelskrieg mit der Volksrepublik. Seine Regierung hat dies von Anfang an mit einem größeren Engagement für Taiwan verbunden. So nahm Donald Trump ein Telefonat der taiwanesischen Präsidentin Tsai Ing-wen an, die ihm zur Wahl gratulierte – ein bis dahin einmaliger Vorgang. Die Ein-China-Politik verbietet es den Partnern der Volksrepublik auf der Ebene von Staats- und Regierungschef mit Taiwan zu sprechen, da dies in den Augen Pekings die Anerkennung Taiwans bedeutet. Präsident Trump ließ infolge dieses Telefonats verlauten, dass er darüber nachdenken wolle, die Ein-China-Politik der USA aufzukündigen. Ein Schritt, den er dann nie gegangen ist.

In die Amtszeit von Donald Trump fiel auch der vierzigste Jahrestag des »Taiwan Relations Act«, den die USA mit einem neuen Gesetz feierten: dem »Taiwan Travel Act«, das am 16. März 2018 in Kraft trat. Darin wird der Austausch von hochrangigen Regierungsmitgliedern beider Partner erlaubt und geregelt. Im September 2018 reiste daraufhin zum ersten Mal seit 1979 eine hochrangige Delegation des Kongresses nach Taiwan und wurde dort von Präsidentin Tsai Ing-wen empfangen. Tsai selbst reiste im Juli 2019 über New York in die Karibik, in der einige der Staaten liegen, die Taiwan heute noch anerkennen. Bei ihrem Zwischenstopp in New York traf sie die UN-Botschafter dieser Alliierten. Die Volksrepublik China versuchte erfolglos durch Druck auf den Kongress zu verhindern, dass der »Taiwan Travel Act« in Kraft tritt.

Noch im Januar 2021, kurz vor dem Ausscheiden aus dem Amt, legte Donald Trump nach und gestattete den Austausch von Diplomaten beider Länder, ein weiterer Schritt, der Peking in Rage versetzte. Seinen Nachfolger Joe Biden setzte Trump damit gleich dreifach unter Druck. Zum einen würde Biden auf Peking einwirken und klarmachen müssen, ob er die Entscheidungen seines Vorgängers revidiert. Zum anderen würde er seine Taiwan-Politik gegen die hohe Beliebtheit, die Donald Trump auf der Insel genoss, gestalten müssen. Und drittens hat Joe Biden letztlich die Wahl gegen Donald Trump im November 2020 auch deshalb gewonnen, weil er ankündigte, gegenüber der Volksrepublik genauso hart verfahren zu wollen wie sein Vorgänger. In der Tat hat Präsident Biden bis heute die Uhren der Taiwan-Politik nicht zurückgedreht.

Durch den »Taiwan Travel Act« gibt es nun, de facto, keinen Unterschied mehr in den Beziehungen. Eine formale Anerkennung eines unabhängigen Taiwans haben die USA allerdings nicht ins Auge gefasst und auch Taipeh nicht dazu ermutigt, einseitig einen solchen Weg zu beschreiten. So gibt es nach wie vor keine »Botschaft der Vereinigten Staaten«, und auch keine »Deutsche Botschaft« in Taiwan, sondern ein

»Amerikanisches Institut« und ein »Deutsches Institut«. Der Leiter eines solchen Instituts wird Direktor und nicht Botschafter genannt. Dieser Umstand macht deutlich, dass das Verhältnis zu Taiwan immer noch ein spezielles ist.

Nicht alle Taiwanesinnen und Taiwanesen, mit denen ich Gespräche geführt habe, waren begeistert von den Entwicklungen unter Donald Trump. Einige von ihnen befürchteten, im Handelskonflikt zwischen den USA und der Volksrepublik unter die Räder zu geraten oder als Verhandlungsmasse missbraucht zu werden. Einige artikulierten die Sorge, dass Donald Trump, um einen Deal mit Xi Jinping zu erreichen, Taiwan sogar ganz aufgeben könnte.

Bei meinen Besuchen in China wiederum gab es zwei Weisen, den eskalierenden Konflikt in der Taiwanstraße zu kommentieren. Wenn ich Menschen, die mir begegneten, sagte, dass ich derzeit auf Taiwan lebte, sagten die: »Ah, in der Provinz Taiwan«, und verwendeten damit reflexhaft den offiziellen Sprachgebrauch ihrer Führung, den jedes Kind in China bereits in der Schule lernt: Taiwan ist ein Teil Chinas. Die anderen, die konzilianter auftraten, sagten: »Oh, auf Taiwan gibt es leckeres Essen.« Eine sehr diplomatische Weise, das Gespräch am Leben zu halten und dafür zu sorgen, dass man sich nicht sofort über Politik in die Haare bekommt. Ich habe diese Haltung immer sehr geschätzt. Denn anders als der Konflikt um Taiwan, der nicht über eine Nudelrindfleischsuppe zu lösen ist, besteht meiner Auffassung nach wirklich kein Zweifel daran, dass man auf Taiwan sehr gut und lecker essen kann.

Auf Mäßigung und Ausgleich bedachte Stimmen werden leider weniger und leiser in der chinesischen Öffentlichkeit, die mehr und mehr vom aggressiven Ton, den die Staatsführung um Präsident Xi Jinping ausgibt, dominiert wird. Dass sie Taiwan als einen Teil des Staatsgebietes der Volksrepublik betrachten, haben auch Xis Vorgänger so artikuliert. Auch die Maßgabe einer »Wiedervereinigung« Taiwans mit dem Festland gehörte stets ins Programm der Kommunistischen Partei. Blaupause hierfür war seit Deng Xiaoping das von ihm für Hongkong entwickelte Modell »Ein Land, zwei Systeme«. Die jüngsten Entwicklungen in Hongkong aber geben Anlass zu größter Sorge.

1.2
»EIN LAND, ZWEI SYSTEME«: DER FALL HONGKONGS UND SEINE BEDEUTUNG FÜR TAIWAN

Aus der Sicht Pekings sind Taiwan und Hongkong gleichermaßen Territorien, die zu China gehören. Da sie so verstanden den gleichen Status haben, verfolgt die KP die völlige Assimilation, das Aufgehen der beiden in die Volksrepublik, mit denselben Mitteln. Taiwan, das durch den Bürgerkrieg, und Hongkong, das durch die Kolonialmacht Großbritannien vom kommunistischen Mutterland getrennt wurde, sollen so zurückgeführt werden in den Schoß der allein selig machenden Partei. »Ein Land, zwei Systeme« verfolgt dieses Ziel, konzediert den beiden allerdings auf dem Weg zur Wiedervereinigung beziehungsweise vollständigen Integration in die Volksrepublik einen Übergang, eine Karenzzeit, in der die beiden ihre Eigenarten, die aus der Zeit der Selbstverwaltung und Semiautonomie stammen, Schritt für Schritt ablegen sollen.

Die britische Kronkolonie Hongkong, die 1997 von Großbritannien an die Volksrepublik China zurückgegeben wurde, soll in diesem Sinne bis zum Jahr 2047 ihren Sonderstatus behalten. Bis dahin kann die semiautonome Finanzmetropole, wie Taiwan auch, ihren eigenen Pass behalten und die eigene Währung, den Hongkong-Dollar, ausgeben. Verboten ist der Stadt jedoch eine eigene Außenpolitik und der Unterhalt eigener Streitkräfte. In der Zeit, als Deng »Ein Land, zwei Systeme« erdachte, steckte Chinas wirtschaftlicher Aufschwung noch in den Kinderschuhen. Das Land ächzte unter den Nachwehen von Mangelwirtschaft und Hunger, die Mao über die Volksrepublik gebracht hatte. Das prosperierende und glitzernde Hongkong nebenan war da Hoffnung und Modell zugleich: Nach seinem Vorbild sollten im ganzen Land sogenannte Sonderwirtschaftszonen entstehen, in denen nach marktwirtschaftlich-kapitalistischen Grundsätzen gearbeitet werden sollte.

Durch diese Reform fand China verspätet den Anschluss an den Aufstieg der anderen ostasiatischen Nationen. Die Sonderwirtschaftszonen wurden zum Schlüssel des ökonomischen Aufstiegs der Volksrepublik. Zu Beginn gab es vier solcher Areale: Shenzhen, Zhuhai, Shantou und Xiamen. Shenzhen liegt nicht weit entfernt von der chinesischen Grenze zu Hongkong. Heute leben fast 17 Millionen Menschen dort, die Metropole ist Heimat etlicher digitaler Großunternehmen. Im Jahr 1980, als Deng sie in den Rang einer Sonderwirtschaftszone erhob, war der Ort nicht mehr als ein verschlafenes Fischerdorf.

Von dort aus brauchte ich im Flieger nur rund fünfundvierzig Minuten hinüber nach Hongkong. Im Wintersemester 2017/2018 war ich dort an der City University Gastwissenschaftler. Korrespondierend zu meiner Arbeit in Taipeh schaute ich auf das demokratische System Hongkongs und wie es mit dem erstarkenden Autoritarismus unter Xi Jinping umgeht. Seit der Generalsekretär der Kommunistischen

Partei 2013 zum Präsidenten der Volksrepublik wurde, verschärften sich die Bedingungen, unter denen die Menschen in der nominell demokratischen Finanzmetropole ihr Leben führen. Seit 2014 waren Proteste an der Tagesordnung, die sich gegen Chinas Eingriffe richteten. Das Vorgehen Chinas wirkte damals befremdlich auf mich: Hatte die Volksrepublik nicht freie Hand, ab dem Jahr 2047 bestimmen zu können, wie es in Hongkong weitergeht? Warum die Eile, warum der Furor, mit dem internationale Verträge gebrochen werden, in denen sich Peking dazu verpflichtete, Hongkongs Integrität zu wahren? Ist der besondere Charakter der Stadt nicht auch ein Trumpf, angesichts der Tatsache, dass viele der neuen Millionenstädte in China in Eile aus dem Boden gestampft wurden und nun einheitlich und blass in der Gegend herumstehen, wohingegen Hongkong mit seiner einzigartigen, charakteristischen Skyline, den spargeldünnen Hochhäusern, die mit den Hügeln und Tälern der Inseltopographie auf und ab zu wandern scheinen, ein spezifisches Schaufenster und Eintrittstor nach China darstellt? In Hongkong leben auf engstem Raum 7,5 Millionen Menschen. Die Stadt ist so dicht bevölkert wie die Insel Manhattan in den USA und ebenso ein Schmelztiegel der Kulturen, in der, vielleicht noch mehr als New York, Ost und West aufeinandertreffen, wobei etwas einzigartig Neues entsteht.

Doch der Kommunistischen Partei ist genau diese Vielfalt ein Dorn im Auge. Pluralität, Diversität, das alles führt nach Meinung der Strategen in Peking zu alternativen Anschauungen und Meinungen, die sich artikulieren, ausbreiten und Fuß fassen – gerade in Städten, die schon seit der Antike der Inbegriff des Synkretismus, des gleichwertigen und gleichberechtigten Nebeneinanders von verschiedenen Religionen und Weltanschauungen, waren. Das Leben in der

Stadt, mit ihren Nischen und Subkulturen, unterminiert den allumfassenden Machtanspruch, den Xi für sich als Kopf der Kommunistischen Partei erhebt. Er will der Welt nichts vormachen. Er will kein Hongkong als hübsch dekoriertes Schaufenster, das davon ablenkt, wie es im übrigen Land zugeht. Hongkong soll nicht seiner Eigenständigkeit beraubt werden, *obwohl* es interessant und vielfältig ist, sondern *weil* es das ist. Die Stadt soll sich in die Reihe aller anderen chinesischen Städte eingliedern und nicht mehr herausstechen, nicht auffallen. Präsident Xi mag denken, dass man zu Dengs Zeiten vielleicht einen Leuchtturm wie Hongkong gebraucht haben mag. Heute aber, als erstarkte globale Macht, will er sich nicht mehr auf eine Stadt berufen müssen, die ihre Größe und Bedeutung der ehemaligen Kolonialmacht Großbritannien verdankt. Xi favorisiert »echte chinesische Städte« – wie das benachbarte Shenzhen. Diese Stadt vielleicht besonders, da sein Vater, Xi Zhongxun, in der Provinz Guangdong, in der Shenzhen liegt, Gouverneur war. In dieser Rolle hat er maßgeblich die Reformen Dengs in dem ehemaligen Fischerort durchgeführt. Reformen, von denen sich Xi mit seinem neuen ideologischen Kurs wieder entfernt hat. Zwar preist der Präsident gern den Standort für neue Technologien, gleichzeitig aber greift er hart gegen den Sektor durch, der für seinen Geschmack zu mächtig geworden ist und die unangefochtene Rolle der Partei angreifen und infrage stellen könnte. In diesem Sinne muss auch Shenzhen sich fügen und den Maßgaben Pekings unterordnen.

Hongkong kann nun nur noch vom Glanz vergangener Zeiten zehren. Gebäude aus der Kolonialzeit prägen das Gesicht der Stadt. Überragt werden sie von den Banktürmen, Shopping Malls und Kongresszentren. Hongkongs legendäre Taxis, die man im Westen aus zahllosen Actionfilmen kennt, sind noch immer omnipräsent: rote Karosserie, silbernes Dach, Schaltung am Lenkrad. Mit Englisch kommt man allerdings bei den Taxifahrern heute nicht mehr weit. Die wenigsten verstanden mich, sodass ich mich mit meinem Aushilfsmandarin durchschlagen musste. Seit Peking die Stadt drangsaliert, weigern sich aber immer mehr Menschen, Mandarin zu sprechen, auch wenn sie könnten. Sie ziehen nun Kantonesisch vor, die Sprache, die in diesem Teil Chinas ohnehin die vorherrschende ist.

Hongkong ist die einzige Metropole auf der Welt, in der Google Maps für Fußgänger nutzlos ist. Selbst die kleinsten Gässchen in Seoul oder Tokyo werden von dem Kartendienst aus dem Silicon Valley erfasst. In Hongkong laufen die Menschen allerdings nicht auf solchen Gassen und Bürgersteigen, sondern oberhalb des Straßenniveaus. Die Banktürme und Shopping Malls sind miteinander durch Brücken und Übergänge verbunden. Man muss sich das System als Besucher also zuerst einmal erarbeiten und lernen, wo man abbiegen muss, um ans Ziel zu gelangen: vorbei am Gucci-Shop, rechtsherum am Hermès-Laden vorbei, dann wieder links um den Burberry-Shop herum. In den Malls werden die immer gleichen Luxuswaren angeboten: Armbanduhren, Schmuck, Schuhe, edle Ledertaschen, Designer-Kleidung. Wenn die Anzahl der Läden Rückschlüsse auf die Exklusivität der dort feil gebotenen Waren zulassen sollte, dann sind Gucci und Louis Vuitton in Hongkong Discounter-Marken und Ramschware. Dort, wo es hügelig wird, erleichtern überdachte Rolltreppen den steilen Weg nach oben. Überdachungen sind in Hongkong, wie in Taiwan auch, allgegenwärtig – zum Schutz vor der Sonne und den heftigen Regenfällen. Gegen die Schwüle schützen sie aber auch dort nicht. Hongkong macht einem das Ankommen nicht leicht. Mehr als einmal musste ich bei der Suche frustriert pausieren, mich sammeln und neu orientieren.

Wer die zunehmende Aggression Chinas in der Region verstehen will, der muss auf Taiwan und Hongkong schauen. Anders als die Minderheiten der Uiguren, Tibeter und Mongolen, die aufgrund ihrer Ethnie und Religion von der KP als unchinesisch gebrandmarkt werden, hasst Peking Taiwan und Hongkong wegen ihrer Anbindung an den Westen. Die demokratische Regierungsform, die freiheitliche Gesellschaft, die unabhängigen Medien – all das steht der KP im Weg bei ihrem Siegeszug zur Alleinherrschaft.

Hongkong und Taiwan wehren sich in gleicher Weise gegen die Vereinnahmungsversuche durch Peking. Im Jahr 2014 gab es hier wie dort massive Proteste. In Hongkong kam es zu Demonstrationen, als Peking demokratische Wahlen in der semiautonomen Stadt unterbinden wollte, indem alle Kandidaten vorab einen Check durch die kommunistische Parteiführung in China durchlaufen sollten. Nur wer diesen bestehen würde, konnte am Ende auf die Wahlliste gesetzt werden. Der Bevölkerung Hongkongs waren bei der Rückgabe an China freie Wahlen zugesichert worden, die mit einem solchen Verfahren nicht vereinbar waren. Die Menschen ließen sich das nicht bieten und gingen auf die Straße. Nicht zum ersten Mal: Bereits im Jahr 2003 gingen sie auf die Straße, da Peking versuchte, ein sogenanntes Sicherheitsgesetz durchzusetzen, das die freie Meinungsäußerung massiv eingeschränkt hätte: Jede Äußerung, die man in Festlandchina als Sympathiebekundung für die Demokratie hätte interpretieren können, wäre als Aufruf zur Abspaltung und zur Unabhängigkeit gedeutet und mit hohen Haftstrafen belegt worden. Es kam zu Massendemonstrationen. Das »Sicherheitsgesetz« wurde eingemottet – für den Moment.

Ebenfalls zu Protesten kam es, als Peking das Schulfach »Vaterländischer Unterricht« einführen wollte, den alle Kinder und Jugendlichen hätten erhalten sollen. Die Hongkonger protestierten dagegen, nicht zuletzt die Lehrer. Die Demonstranten lehnten die ideologische Indoktrination ihrer Kinder in der kommunistischen Lehre ab. Auch dieser Gesetzentwurf wurde aus dem Verkehr gezogen. Das Projekt wurde nicht weiter verfolgt – für den Moment. Genauso wie das »Sicherheitsgesetz« hat auch ein »patriotischer Gesinnungstest« für Lehrkräfte mittlerweile Einzug in die Stadt gehalten.

1.3 »REGENSCHIRM-« UND »SONNENBLUMENBEWEGUNG«: HONGKONG UND TAIWAN VEREINT GEGEN PEKING

Im Jahr 2014 kam es dann zu Massenprotesten mit Hunderttausenden Teilnehmenden, die weltweit Schlagzeilen machten und zum ersten Mal ins globale Bewusstsein riefen, was in Hongkong passiert. Die Bilder gingen um die Welt: Regenschirme, in allen Farben. Aufgespannt ergaben sie ein buntes Mosaik, unter dessen »Steinchen« sich die Menschen zusammenkauerten und dem Wasser trotzten, das aus riesigen Kanonen auf sie geschossen wurde. Das bunte Bild gab den Prosteten ihren Namen. Man sprach fortan von der »Regenschirmbewegung«. Peking hatte die Stadt seit der Rückgabe mehr und mehr eingekreist, demokratische Reformen zurückgedreht, Versprechen missachtet, Verträge gebrochen. Vor allem die jungen Menschen in der Stadt haderten mit diesem Schicksal. Haben wir hier, in der Stadt, in der wir geboren wurden und aufgewachsen sind, noch eine Zukunft?, fragten sie sich. Zum Sprachrohr der Proteste wurde der damals achtzehnjährige Joshua Wong, der die Zukunftsangst einer ganzen Generation artikulierte und mit aller Entschlossenheit in sein Megaphon schrie. Das brachte ihn unter der Überschrift »Das Gesicht der Proteste« im Oktober 2014 auf das Cover des *Time Magazine* – und danach ins Gefängnis. Seit dem Beginn der Proteste saß Joshua Wong wiederholt im Gefängnis. Ich bin Wong noch nicht persönlich begegnet, habe mich aber mehrfach per Chat mit ihm unterhalten. Für die englische Ausgabe meines Buches *Homo Empathicus: Von Sündenböcken, Populisten und der Rettung der Demokratie* schrieb er eine Kurzkritik und Empfehlung, wie sie auf den Buchrücken US-amerikanischer Publikationen üblich sind. Ich habe ihn noch nicht fragen können, ob er 2014 die verheerende Entwicklung in Hongkong vorausgeahnt hat. Hat er deswegen unter dem Einsatz seines Lebens öffentlich gegen Peking protestiert? Oder war er der Meinung, dass die internationale Aufmerksamkeit, die Hongkong durch die Demonstrationen bekommen würde, die kommunistische Führung letztlich davor zurückschrecken lassen würde, es in der Stadt zum Äußersten kommen zu lassen?

Zur gleichen Zeit kam es auch im benachbarten Taiwan zu Protesten. Die Kuomintang-Partei, die 2014 die Regierung stellte und in ihrem Programm für eine Annäherung an die Volksrepublik warb, wollte ein Handelsabkommen mit dem Festland unterzeichnen, das in den Augen der Demonstrierenden Taiwan Peking ausliefern und von ihm abhängig machen würde. Die Wirtschaftsverbindungen zwischen beiden Ländern sind, trotz der ständigen Spannungen, konstant und stabil geblieben. Viele Taiwanesen haben in der Volksrepublik studiert oder gearbeitet, taiwanesische Firmen haben in Fabriken in der Volksrepublik investiert, wo Güter noch günstiger produziert werden konnten als auf der Insel.

Die Kuomintang, die, anders als die Demokratische Fortschrittspartei, bis heute offiziell am »1992-Konsens« festhält und in dem damaligen unverbindlichen Gesprächsausgang eine Bestätigung für ein eigenes Existenzrecht Taiwans ausmacht, wollte durch ein neues Handelsabkommen die wirtschaftliche Integration mit der Volksrepublik voranbringen.

Das »Cross-Strait Service Trade Agreement« (CSSTA) sollte den Dienstleistungssektor – unter anderem den Gesundheitssektor, den Bankensektor, aber auch die Filmindustrie – liberalisieren und Investitionen und Personenverkehr für Arbeitende in diesen Branchen für unbestimmte Zeit zulassen. Viele Taiwanesinnen und Taiwanesen sahen dieses Abkommen kritisch. Das visumfreie Reisen zwischen beiden Ländern, die Vermischung von Investitionen, mit der der Erwerb von Anteilen an taiwanesischen Unternehmen verbunden wäre – all das deutete stark auf eine Übernahme Taiwans durch die Hintertür. Gegenüber dem wirtschaftlich und finanziell starken China hätte Taiwan in der Umsetzung dieses Abkommens zu wenig Gewicht in die Waagschale werfen können. Die Demonstranten wandten sich gegen die KMT-Regierung unter Präsident Ma Ying-jeou, weil das Abkommen unter Missachtung des parlamentarischen Prozederes verhandelt worden war. Die Studierenden besetzten aus Protest gegen dieses Vorgehen den Legislativ-Yuan, die gesetzgebende Kammer im Parlament in Taipeh. Sie wählten als ihr Symbol die Sonnenblume, die in den Jahren der Demokratisierung Taiwans, in den späten achtziger Jahren, zu einem Symbol der Demokratiebewegung geworden war. Die Studierenden hatten mit ihrem Protest Erfolg. Das Abkommen wurde vom Legislativ-Yuan nicht ratifiziert. Bei den Kommunalwahlen im November 2014 verloren die Kuomintang haushoch. Premierminister Jiang Yi-huah trat daraufhin zurück.

Ich habe Jiang Yi-huah in Taiwan kennen- und als guten Gesprächspartner schätzen gelernt. Er war es auch, der mich, in seiner Eigenschaft als Gastprofessor an der City University Hongkong, dorthin eingeladen hatte. Angesichts Chinas zunehmender Aggression gegenüber Taiwan sieht sich selbst die Kuomintang inzwischen jeder Perspektive beraubt, mit der Volksrepublik zusammenzuarbeiten. Nach den Regionalwahlen 2014 gingen im Jahr 2016 auch die Präsidentenwahlen für die Kuomintang und Ma Ying-jeou verloren. Die politische Stimmung im Land hat sich in den vergangenen Jahren nachhaltig Richtung DFP entwickelt. Die KMT fasst in der neuen Wirklichkeit, die von Chinas Präsident Xi bestimmt wird, nicht mehr Fuß mit ihrem Politikansatz gegenüber der Volksrepublik. Warum, wurde im Februar 2020 noch einmal deutlich, als Ma Ying-jeou in einem Interview mit der *Taipei Times* sagte: »Ich denke, das Festland hat noch nicht die Verantwortung für das Missverständnis [im ›1992-Konsens‹; A. G.] übernommen, weil es ›Ein China‹ überbetont und dabei einen anderen Teil des Textes außer Acht lässt, der besagt, dass beide Seiten ihre eigene Interpretation [dessen, was ›Ein China‹ heißt; A. G.] haben.« Und Ma ergänzte, dass das Verhältnis zwischen den beiden Ländern zunehmend schwieriger würde, »sollte dieses Missverständnis nicht geklärt werden«. Die Nachrichtenplattform *Ketagalan Media* ordnete die Aussage des ehemaligen Präsidenten so ein: »Keine der beiden Seiten hat je definiert, was der Konsens wirklich sei. Für die KMT bedeutete er, dass ›beide Seiten ihre eigene Interpretation von diesem China haben‹. Für die KP wiederum bedeutet der ›Ein-China-Konsens‹, dass Taiwan ein Teil der Volksrepublik sei.«

Das Jahr 2014 markiert einen Wendepunkt in der Politik Chinas, der zeigt, wohin die Volksrepublik sich unter dem neuen Anführer Xi Jinping hin entwickeln würde. Auch wenn die Protestwellen in Hongkong und in Taiwan in westlichen Medien aufgegriffen und diskutiert wurden, erschloss sich den Menschen dort noch nicht der grundsätzliche Wandel, für den sie standen. An den Schauplätzen des Geschehens hatten die Menschen indes begriffen, dass das Projekt »Ein Land, zwei Systeme« zu scheitern drohte – in Hongkong, weil nun auch den Letzten klar war, dass China seine Versprechen niemals einhalten würde, und in Taiwan, weil »Ein Land, zwei Systeme« in Hongkong gescheitert war. Die Wählerinnen und Wähler machten durch die Abwahl der KMT in den Jahren 2014 und 2016 deutlich, dass sie eine weitere Annäherung an China aufgrund der Entwicklung in der Volksrepublik nicht mehr wünschen.

Die Taiwanesen genießen das Privileg, anders als die Menschen in Hongkong, ihr Geschick per Wahl ändern und gestalten zu können, denn sie leben in einer Demokratie. Was das beutetet, zeigt sich nicht zuletzt daran, wie der Staat mit seinen Kritikerinnen und Kritikern umgeht. Ich habe den führenden Kopf der Sonnenblumenbewegung, Lin Fei-fan, in England getroffen, wo er ein Masterstudium an der London School of Economics absolvierte. Er erzählte mir davon, wie sie damals, im März 2014, das Parlament besetzt hielten, um gegen das Handelsabkommen mit China zu protestieren. Drei Wochen lang. Schließlich zogen sie friedlich ab, wenn auch ohne greifbares Resultat. Für seine Beteiligung an der Besetzung stand er, wie andere Demonstrierende auch, vor Gericht. Er wurde von allen Vorwürfen freigesprochen. Seit 2019 ist er stellvertretender Generalsekretär der Demokratischen Fortschrittspartei.

Sein Mitstreiter, der Aktivist Chen Wei-ting, managte die Kampagne der »New Power Party«, die nach den Sonnenblumenprotesten gegründet worden war und die nach der Wahl 2016 mit drei Abgeordneten ins Parlament einzog. Auch mit ihm traf ich mich – zum Hot-Pot-Essen in einem Restaurant im Regierungsviertel von Taipeh. Es regnete in Strömen, das klassische Winterwetter im Norden. Das heiße Gericht würde uns aufwärmen, so wie es das, der Erzählung nach, bereits seit eintausend Jahren tut. In eine gewürzte, kochende Brühe wird mit Stäbchen rohes Fleisch, Fisch, Gemüse gehalten und so in kürzester Zeit gegart. Wei-ting trug Anzug und Krawatte. Aus dem Aktivisten von einst war ein geschäftiger junger Mann im Parlamentsbetrieb Taiwans geworden. Er und Lin Fei-fan sind nicht die einzigen, aber die bekanntesten der früheren Aktivisten, die sich aufgrund der Erfahrung in der Sonnenblumenbewegung ganz der Politik verschrieben haben.

Und was wurde aus den Regenschirmaktivisten in Hongkong? Bei meinem Besuch in der Stadt im Sommer 2018 traf ich einen Aktivisten und Mitstreiter von Joshua Wong zum Kaffee – Nathan Law. Dieser Juli war nicht nur in politischer Hinsicht heiß, sondern auch in meteorologischer. Es war tröstlich zu sehen, dass Law, der die meiste Zeit seines Lebens in Hongkong verbracht hat, genauso mit der Hitze zu kämpfen hatte wie ich. Der Kellner, ein älterer Herr, zeigte mir durch Kopfschütteln an, dass er das Englisch, in dem ich bestellen wollte, nicht gut verstehe. Mein Mandarin wollte er allerdings auf gar keinen Fall hören. Er gab sich keine Mühe, seine Ablehnung zu verbergen: »Cantonese, please«, sagte er zur mir. Nathan bestellte meinen Iced Latte ohne Zucker in der Sprache des Kellners. Und damit waren wir auch schon mitten in dem Thema, über das wir sprechen wollten. Auch in diesem Sommer hatten sich in den Straßen mehr als eine Million Menschen zusammengefunden, um gegen das »Sicherheitsgesetz« zu protestieren, das als »Auslieferungsdekret« neu aufgelegt werden sollte. Doch die Proteste stießen in Peking offensichtlich auf taube Ohren. Im demokratischen Taiwan dagegen konnten die Demonstranten etwas bewirken. Sie beeinflussten die öffentliche Meinung und führten so am Ende zur Abwahl der Regierung. Das umstrittene Abkommen kam nie zustande. In Hongkong können so viele Menschen auf die Straße gehen wie die Stadt Einwohner hat – wenn Peking nicht will, dann ändert sich auch nichts. Die Frustration darüber war Nathan Law anzumerken. Aber nicht nur ihm. Alle, mit denen ich sprach, schienen der Verzweiflung nah: Was können wir tun, wohin soll das alles noch führen?

Dennoch dürfe man die Hoffnung nicht aufgeben, so Law, die Hoffnung, dass der überwältigende Zuspruch für das Demokratielager Peking am Ende vielleicht doch zum Umdenken bewegen könnte. Im Jahr 2003 hatte das ja auch geklappt. Aber dieses Jahr war mit den vergangenen nicht zu vergleichen. Gerade wegen des Erfolgs der Demonstranten musste mit allem gerechnet werden. Für Pekings Statthalterin, Hongkongs Regierungschefin Carrie Lam, ging es jedenfalls ums Ganze. Sie hatte sich verkalkuliert, hatte nicht mit einem derart großen Widerstand gerechnet. Sie war vor den Augen der Welt düpiert worden, und wenn Carrie Lam düpiert ist, dann sind es auch Peking, die Parteispitze und Präsident Xi Jinping höchstpersönlich.

Nathan Law, der im Jahr 2018 noch verhalten optimistisch war, lebt mittlerweile im Exil in London. Die von Peking eingesetzte Regierung Hongkongs hat seine Auslieferung verlangt. Ihm droht lebenslange Haft. Großbritannien hat dem Ersuchen der Volksrepublik nicht stattgegeben. Vielmehr hat das Land, wie viele andere demokratische Nationen auch, das Auslieferungsabkommen gekündigt. Hongkongs Unabhängigkeit ist dahin. Die Gerichte werden von Peking aus gelenkt.

Die Ergebnisse der Proteste in Taiwan und Hongkong könnten verschiedener nicht sein. Die Gründe dafür, dass es zu ihnen kam, sind jedoch identisch. Die Menschen begehren auf gegen das harsche, aggressive Auftreten Pekings, hier wie dort.

Während meines Gastspiels in Hongkong habe ich einen Politikprofessor kennengelernt, dessen Namen ich hier nicht nennen möchte, um seine Sicherheit nicht zu gefährden. Einst in den sozialen Netzwerken sehr aktiv ist es um ihn, wie um viele andere, die dem demokratischen Hongkong nachtrauern, still geworden. Mit der zunehmenden Einflussnahme Pekings in der Stadt verschwanden Bücher wie die seinen aus den Regalen der Buchhandlungen.

Wahrscheinlich findet man sie auf der anderen Seite der Taiwanstraße in Taipeh, in einer Filiale der Buchhandelskette Eslite. Dort, so sagten mir Freunde, sehe man viele Chinesen vom Festland, die hastig im Stehen durch Bücher blättern, die sie drüben, im »Da Lu«, nicht bekommen. Würde man diese Schriften, meist Bücher zum aktuellen Zeitgeschehen, aber auch Bücher mit geschichtlichen Themen, beim Grenzübertritt am Zoll bei ihnen finden, müssten sie mit unangenehmen Fragen rechnen.

In einem seiner Bücher hat der Professor aus Hongkong die Ursache der Proteste in Taiwan und Hongkong analysiert. Er geht dabei von einer »Zentrum-Peripherie-Theorie« aus. Sie besagt, dass immer, wenn im Zentrum des politischen Handelns der Kurs verschärft würde, sich an der Peripherie Fliehkräfte entwickelten, Absatzbewegungen, wie sie in Hongkong und Taiwan zu beobachten sind, seit Präsident Xi

Jinping 2013 an die Macht kam und die politischen Koordinaten auf maximale Aggression umgestellt hat. In Hongkong und Taiwan habe man, so der Professor, auf diese neue Gewalt aus Peking mit Protesten reagiert. Da die Insel nicht von China aus regiert wird, muss sich Präsident Xi, im Moment jedenfalls noch, auf wüste Rhetorik und Kriegsdrohungen beschränken. Den demokratischen Prozess in Taiwan kann er jedenfalls nicht beeinflussen. Das haben die Wahlausgänge gezeigt, deren Sieger die pekingkritische Demokratische Fortschrittspartei war. Hongkong hingegen bekam die volle Wucht des Zentrums, Pekings, zu spüren, als sich in der Stadt Widerstand gegen Xi Jinpings Politik Bahn brach.

Die Ereignisse in der Handelsmetropole folgen dem Paradigma der »Zentrum-Peripherie-Theorie«: In Hongkong sollte im Jahr 2019 ein »Auslieferungsdekret« das erreichen, was dem »Sicherheitsgesetz« im Jahr 2003 nicht gelungen war. Das Gesetz sah vor, dass alle Personen, die Peking im Verdacht hatte, an vermeintlich subversiven, separatistischen oder terroristischen Aktivitäten beteiligt gewesen zu sein, auszuliefern und dort vor Gericht zu stellen seien. Das Gesetz hätte nicht nur für Hongkonger gegolten, sondern auch für Ausländer, die sich beruflich oder privat in der Stadt aufhielten. Die Gerichte in China unterstehen der Kommunistischen Partei. Rechtsprechung heißt für sie, den ideologischen Vorgaben der KP zu folgen.

Carrie Lam hatte sich, wie gesagt, zu der Annahme hinreißen lassen, dass die unterdrückten und aus ihrer Sicht erfolglosen Regenschirmproteste aus dem Jahr 2014 die Menschen vom weiteren Demonstrieren abhalten würden. Dass gut ein Viertel der 7,5 Millionen Einwohner auf einmal auf die Straßen der Stadt gehen würde, um Peking die Stirn zu bieten, hatte sie nicht erwartet. Die Polizei sprach pflichtschuldig von etwas weniger als 340000 Teilnehmenden, die BBC jedoch bestätigte die Zahl der Organisatoren, die von bis zu zwei Millionen Menschen bei dem Protestzug am 17. Juni 2019 ausgingen. Selbst wenn diese Zahl zu hoch gegriffen sein sollte, berichtete die chinafreundliche *South China Morning Post*, dass bei einer Demonstration zuvor, am 10. Juni, eine Million Menschen teilgenommen haben sollen. Mag die Zahl von der Regierung in Peking auch noch so kleingerechnet werden, die Fotos und Videos zeigen eine unüberschaubare Menschenmenge und sprechen gewissermaßen für sich. Es war ganz klar, dass die Proteste alle Schichten und Altersgruppen der Bevölkerung einschlossen: Lehrer, Angestellte, Studierende. Carrie Lam brandmarkte sie alle als »Aufrührer«, was sie unter dem Auslieferungsdekret, gegen das sie protestierten, bereits zu Straftätern gestempelt hätte, denen in der Volksrepublik der Prozess gemacht gehörte.

Kurz nach diesen Massendemonstrationen traf ich Nathan Law in der Stadt. Die Spannung war mit Händen zu greifen: Wie würde Lam mit dem Gesichtsverlust umgehen? Ende Juli bekamen Hongkong und die Welt darauf die Antwort. Vermummte Gestalten, die, um sich von den schwarz gekleideten Demokratie-Aktivisten abzusetzen, weiße T-Shirts trugen, prügelten mit Stangen und Knüppeln bewaffnet wehrlose Menschen in der U-Bahn nieder. Dabei wurden nicht nur Demonstrierende getroffen. Der Hass der Schläger richtete sich gegen alle, die in diesem Moment kein weißes T-Shirt trugen. Beklatscht für ihr Tun wurden sie, wie Videomaterial zeigt, von einem prochinesischen Abgeordneten, der die Schläger anfeuert und sie mit erhobenem Daumen lobt. Aber auch dieser Rückschlag entmutigte die Menschen in Hongkong nicht. Das Demokratielager konnte bei den Regionalwahlen im November 2019 17 der 19 Distrikte für sich entscheiden. Die Menschen hatten stundenlang Schlange gestanden, um ihre Stimme abgeben zu können.

Dann kam die Coronapandemie, die Peking und Carrie Lam für sich zu nutzen wussten. Im Frühjahr 2020 wurden führende Vertreter des Demokratielagers verhaftet und verurteilt, darunter auch der betagte, in Hongkong sehr beliebte Politiker Martin Lee, der in der Übergabezeit am »Basic Law«, dem Grundgesetz Hongkongs, mitgeschrieben hatte. Diese Verhaftungsaktion sendete Schockwellen durch die Stadt, in der die Demonstrationen aufgrund der Pandemie zum Erliegen gekommen waren.

Mit Verweis auf Covid-19 verschob Carrie Lam schließlich die Parlamentswahlen, die eigentlich im September 2020 hätten stattfinden sollen. Im Juli 2020 kam es dann schließlich doch, das Sicherheitsgesetz, mit dem sich Peking seither den Zugriff auf die Demokratiebewegung in dem semiautonomen Territorium sichert. Immer wieder kommt es zu Verhaftungen. Die pekingkritische Zeitung *Apple Daily* musste schließen, ihr Eigentümer wurde verhaftet. Joshua Wong und seine Mitstreiter Agnes Chow und Ivan Lam mussten ins Gefängnis, weil sie prodemokratische Demonstrationen organisiert hatten. Die Wahlen sind ein weiteres Mal verschoben worden. Peking wird festlegen, wer zur Wahl aufgestellt werden darf und vor allem wer nicht. Das Demokratielager existiert nicht mehr, denn wer sich in dieser Situation als Demokrat outet, dem blüht Gefängnis, unter Umständen lebenslänglich. Wer kann, verlässt die Stadt. Viele emigrieren nach Großbritannien. Der Kolonialherr von einst ist zum sicheren Hafen geworden.

»Ein Land, zwei Systeme« ist tot. Das hat unmittelbare Konsequenzen für die Menschen in Hongkong. In Taiwan befürchten viele, man könnte das nächste Opfer von Pekings

Aggression werden – nicht zu Unrecht, denn Chinas Machthaber planen bereits die Invasion. Es ist eine Frage des *Wann*, nicht des *Ob*. Auf der Insel reagieren die einen resigniert darauf, die anderen kampfbereit. Bei meinem letzten Besuch Ende Oktober 2019 war bereits spürbar, dass auch die Kampfbereiten mürbe waren. Die Jahre der Proteste haben an den Kräften gezehrt. Immer auf der Hut sein zu müssen hat seinen Preis. Wie muss es sich anfühlen, wenn im Fernsehen regelmäßig Militärangehörige und Sicherheitsexperten darüber diskutieren, ob oder wann es im Land zum Krieg kommt und wie er verloren wird? Sechs Jahre lautet ihr Urteil, innerhalb dieser Zeitspanne wird Peking die Insel angreifen. Wie soll das Leben auf der Insel weitergehen, nachdem seine Städte durch Bomben zerstört und ihre Bewohner zur Flucht in die Berge gezwungen wurden?

Als ich im Oktober 2019 mit Vertretern der Kuomintang zusammensaß, um über die Zukunft des Landes zu reden, war die Stimmung entsprechend gedrückt. Wie könne man, so fragte einer von ihnen, angesichts des Vorgehens der KP noch an der Auslegung des »1992-Konsenses« festhalten? Die Unterjochung Hongkongs, die Übergriffe aus dem »Zentrum«, wie es in der Theorie des Hongkonger Professors heißt, hatte da bereits schonungslos offengelegt, dass man in der Volksrepublik nicht an einem moderierten Ausgleich von Interessen mit Taiwan interessiert war, sondern den kleineren Vertragspartner, wie Hongkong zuvor, auf die Knie zwingen würde.

Jeder Perspektive beraubt, den Wählerinnen und Wählern einen Vorschlag für eine tragende China-Politik machen zu können, erwartete die KMT daher geduldig ihre Wahlniederlage, die dann im Januar 2020 auch kam. Amtsinhaberin Tsai Ing-wen gewann die Wahl deutlich, vor allem, weil sie an die

Adresse Xi Jinpings gerichtet keinen Zweifel daran ließ, für die Demokratie und die Freiheit Taiwans kämpfen zu wollen. Mit ihrer Solidaritätsadresse an die Menschen in Hongkong traf sie die Stimmung der Taiwanesinnen und Taiwanesen. Für diejenigen, die von jeher im DFP-Lager standen, waren die Ereignisse nur traurige Bestätigung dessen, was sie schon immer geahnt hatten und was Tsai Ing-wen nach ihrer ersten Amtseinführung bereits im Interview zu Protokoll gab, nämlich, dass es einen »Konsens« im Jahr 1992 nie gegeben habe, dass er eine Fiktion und Peking folglich daran auch nicht gebunden sei. Für Jubel und Siegesfeiern angesichts der Niederlage des innenpolitischen Gegners war trotz des Wahlsiegs im Übrigen keine Zeit. Chinas Aktivitäten im Süd- und Ostchinesischen Meer bestätigten der Regierung in Taipeh, worum es Peking wirklich ging. Die Volksrepublik würde früher oder später die Insel an sich reißen wollen, denn nur so würde sie ihre Pläne im Westpazifik vollständig umsetzen können.

Als jemand, der an beiden Orten war, gerne in Taiwan gelebt und dort ebenso wie in Hongkong Freunde gewonnen hat, ist es schrecklich, diese Entwicklung mit ansehen zu müssen. Wenn mein Freund, der Professor aus Hongkong, mit seiner Theorie recht hat, dann stellt sich doch die Frage, warum das Zentrum, warum Peking, den Druck erhöht, ohne dass es dafür einen erkennbaren äußeren Grund gegeben hat. Hongkongs Semiautonomie war der Stadt vertraglich bis zum Jahr 2047 zugesagt worden. Warum jetzt die massive Polizeigewalt? Warum die vielen Verhaftungen? Warum nimmt Peking in Kauf, es sich mit der internationalen Staatengemeinschaft vollends zu verscherzen, wenn alles, was es gebraucht hätte, um die Massendemonstration erst gar nicht entstehen zu lassen, gewesen wäre, zu den eigenen Zusagen zu stehen?

Hongkong, daran bestand und besteht ja kein Zweifel, ist ein unveräußerlicher Teil Chinas. Erst durch die Aggression der chinesischen Führung entstand überhaupt der Gedanke eines unabhängigen Hongkongs. Die Demonstranten haben eine Unabhängigkeit übrigens niemals gefordert. Ihre fünf Punkte, die sie von der Hongkonger Regierungschefin Carrie Lam forderten, waren: die Rücknahme des Auslieferungsdekrets, ein Ende der Kriminalisierung von Demonstranten als Aufrührer und ihre Straffreiheit, eine unabhängige Untersuchung der Polizeigewalt und, schließlich, die freie Wahl der Regierungschefin oder des Regierungschefs von Hongkong.

Indem die chinesische Führung das Grundgesetz Hongkongs, das »Basic Law«, und die internationalen Verträge missachtete, schuf sie selbst erst den Wunsch der Bevölkerung nach Abspaltung. Ein Beleg dafür: Nach der Rückgabe der Stadt betrachtete sich eine Mehrheit der Einwohner Hongkongs als Chinesen, heute – die Episode mit dem Kellner, der Nathan Law und mich im Café bediente, verdichtet das anekdotisch – als Hongkonger. Das gilt übrigens auch für Taiwan: Längst fühlt sich eine große Mehrheit der Menschen dort als taiwanesisch, nicht mehr als chinesisch.

Der Grund für Hongkongs Flirt mit der Unabhängigkeit liegt auf der Hand: Wenn Menschen von der Regierung, die zu ihrem Schutz verpflichtet ist, nicht geschützt, sondern im Gegenteil drangsaliert und unterdrückt werden, wird der Ruf nach Freiheit von den Unterdrückern laut. War Peking nicht bewusst, was es mit seiner Politik in Gang setzt? Ist die irrige Annahme von Carrie Lam, ein Auslieferungsdekret ohne Gegenwehr durchsetzen zu können, dafür verantwortlich, dass der Konflikt um die Stadt am Ende eskaliert ist? Dann hätte sich die Misskalkulation Pekings zu einem geopolitischen Skandal ausgeweitet, der niemals im Interesse der KP gewesen wäre und der das von ihr gepflegte Narrativ, krisensicher kommende Jahrzehnte planen zu können, unterlaufen hätte. Vielmehr ist es so, dass Peking an all den Orten im Westpazifik, im Süd- und Ostchinesischen Meer, mit den Anrainerstaaten Japan, Südkorea, Taiwan und den Philippinen, im Konflikt liegt und aggressiv vorgeht. Denn das neue »Reich der Mitte«, das Xi Jinping verwirklichen will, betrachtet nicht nur Hongkong und Taiwan als seine Peripherie. Das Vorgehen Pekings, wenn es darum geht, die Peripherie unter Kontrolle zu bringen, mag von Fall zu Fall variieren, die ideologische Gesinnung, die hinter ihrem Vorgehen steht, ist stets die gleiche.

Die Ankunft der Europäer, das Zeitalter der Kolonialisierung, hat dem Narrativ von einem chinesischen Kaiser, der im Zentrum der Welt auf seinem Thron sitzt, um den herum in konzentrischen Kreisen die übrigen Teile der Welt gelagert sind, ein Ende bereitet. Für das imperiale China war zum Beispiel Großbritannien ein bemitleidenswerter Weltteil, allein schon deshalb, weil er so weit vom Zentrum der Welt entfernt lag. Dass eine, in dieser Weltsicht, unterlegene Nation es wagen konnte, chinesisches Territorium in seinen Besitz zu bringen, wurde und wird als große Schande gesehen, die getilgt werden muss. Diese Haltung mag den Furor und die Eile erklären, mit dem Chinas Präsident Xi die Autonomie Hongkongs, seine Eigenständigkeit und Demokratie, die es von den Briten übernommen hatte, zerstört hat. Auch Taiwan, das vom verhassten japanischen Kaiserreich kolonialisiert worden war, soll das genommen werden, was in Peking als unchinesisch abgelehnt wird: Freiheit, Demokratie und Menschenrechte.

Auch in Taiwan hat das aggressive Tun Pekings zu einem Wiedererwachen des Unabhängigkeitsgedankens geführt.

Die Kriegsrhetorik Pekings verheißt für die Menschen auf der Insel nichts anderes als Unterdrückung und den Verlust der eigenen Identität. Eine solche Aussicht kann zu nichts anderem führen, als den Freiheitsdrang der Menschen zu befeuern. Einen Freiheitsdrang, der sich in der formalen Unabhängigkeit von der Mutternation manifestieren muss. Peking weiß das und kalkuliert das ein, denn nur so können Chinas Machthaber eine Invasion Taiwans vor ihrer Bevölkerung rechtfertigen. Es ist dieselbe Rhetorik, mit der die KP in den gelenkten Medien die Protestbewegung dämonisierte: Die Protestbewegung sei eine subversive Kraft, so hieß es, die die Abspaltung von China suche und der man daher mit aller Entschiedenheit entgegentreten werde.

Hongkong und Taiwan sind allerdings nur der Anfang: Der »chinesische Traum«, von dem Xi Jinping spricht und den er bis 2049 verwirklichen will, ist vor der pazifischen Haustür der Volksrepublik nichts anderes als ein groß angelegtes Hegemonialprogramm. Der Westpazifik – die Lebensader des freien Welthandels – ist dabei das eigentliche Ziel, dem man sich zuwenden wird, sobald die Menschen in den Provinzen, wozu China Hongkong, Taiwan, Tibet, die Innere Mongolei und Xinjiang zählt, unterworfen und sinisiert sein werden. Das Mastermind dieser Strategie ist Chinas Machthaber Xi Jinping, der die Volksrepublik von Grund auf verändert und zu einer Gefahr für den Weltfrieden gemacht hat.

2

DER CHINESISCHE TRAUM VON DER AGGRESSIVEN WELTMACHT

Mit der Wahl Xi Jinpings zum chinesischen Präsidenten im Jahr 2013 änderte sich die politische Ausrichtung der Volksrepublik derart grundlegend, dass man von einer ideologischen Kehrtwende sprechen muss. Anfangs trat Xi noch moderat auf, vermittelte den Eindruck, Kontinuität wahren zu wollen. Doch heute, keine zehn Jahre später, zeigt sich mehr als deutlich das andere China, das zu schaffen Xi bereits damals im Sinn gehabt hatte. Seine neue Innen-, Wirtschafts-, Technologie- und Außenpolitik bricht radikal mit der Politik der Öffnung, die seine Vorgänger vertreten haben. Xi kehrt zu Maos Lehren zurück, beendet den marktwirtschaftlichen Kurs des Landes, startet eine aggressive Außenpolitik, überwacht die eigene Bevölkerung. All das geschieht unter der Maßgabe, die Kommunistische Partei zur alles kontrollierenden Instanz der Volksrepublik zu machen, an deren Spitze er, der Präsident, steht. Xi hat die Begrenzung der Amtszeit des chinesischen Präsidenten auf zwei Perioden abgeschafft und sich somit zum Präsidenten auf Lebenszeit erklärt. Der Führerkult, den er um seine Person inszeniert hat, folgt Mustern, die an den faschistischen Führerkult des zwanzigsten Jahrhunderts in Europa erinnern muss. Der Staat ist die Partei, die Partei ist er, Xi. Der Präsident ist der Lehrer der Nation. Seine Schriften zu Politik und Wirtschaft sind in Verfassungsrang erhoben und werden, neben denen Maos, im ganzen Land rezipiert und studiert. Das chinesische Zeichen Xi bedeutet passenderweise »lernen, studieren, wiederholen, üben«, was seine Propaganda-Strategen zu indoktrinierenden Wortspielen einlädt. Seine Gegner in der Kommunistischen Partei hat Xi im Zuge einer Antikorruptionskampagne ausgeschaltet. Aus ihren Reihen droht ihm keine Gefahr mehr.

Der Gleichschaltung der Partei folgte die der Gesellschaft. Jede Opposition wird unterdrückt und mag sie noch so marginal erscheinen. Die reine Anwesenheit von dem, was Xi als nichtchinesisch ansieht, erregt schon Ärgernis und wird aus dem Weg geräumt. So fällt im China Xis, im Vergleich zu dem seiner Vorgänger, die nationalistische Rhetorik auf, die immer in Unterdrückung und Herabwürdigung ethnischer Minderheiten mündet. Xis aggressiver Ethno-Nationalismus gegen alles »andere« im Land (das sich sowohl gegen die Minderheiten im Land als auch gegen Besucher aus dem Ausland richtet) soll den Chinesen einbläuen, dass sie überall von Feinden umgeben seien, die den Aufstieg der Nation zu verhindern suchten. Alles, was nicht nach seinem Plan läuft, kann so dem Ausland und seinen Agenten in China in die Schuhe geschoben werden. So wurden die Funktionäre der KP denn auch nicht müde zu erklären, die Proteste in Hongkong seien aus dem Ausland gesteuert und finanziert, eben mit dem Ziel, die Volksrepublik zu schwächen. In einem Land mit gleichgeschalteten Medien glaubt die Bevölkerung dies unbesehen und unterstützt den Machthaber mit allen Kräften.

Mit dem Ethno-Nationalismus im Inneren korrespondiert die aggressive Außenpolitik. Die Staaten des Westpazifik und ihr mächtigster Verbündeter, die Vereinigten Staaten von Amerika, werden dämonisiert und ebenfalls als Gegner des chinesischen Aufstiegs angeprangert. Das erhöht die Akzeptanz für die steigenden Militärausgaben und die Armee im Land und bereitet den Weg für einen Krieg, den auch der vielleicht mächtigste Mann der Welt nicht ohne die Unterstützung aus der Bevölkerung gewinnen kann.

In der Volksrepublik kommt noch der ökonomische Aspekt dazu, der, als Teil der kommunistischen Revolution Maos, wieder neues Gewicht bekommen hat. Xi Jinping beschränkt den Technologiesektor, schließt Unternehmen, lässt prominente Unternehmer verschwinden und vernichtet im Handumdrehen Milliardenindustrien. Damit hat er das marktwirtschaftlich-kapitalistische System, das das Land auf den Weg des wirtschaftlichen Wohlstands geführt hat, de facto abgeschafft, mit ungeheuren Konsequenzen für die Menschen im Land. Die Überwachung, die unter Xi neue Dimensionen angenommen hat und in einem sogenannten Sozialkreditsystem kulminiert, ermöglicht es dem Staat, ideologisch unliebsamen Menschen das Reisen mit dem Zug oder dem Flugzeug zu verbieten. Ohne die Möglichkeit, Einspruch zu erheben, können Menschen so ihrer Bewegungsfreiheit beraubt werden. Das Internet wird ohnehin pausenlos überwacht, auf linientreue Aussagen und um Proteste zu verhindern, die aus dem Digitalen in die reale Welt überschwappen könnten. Peking legte sich in Hongkong mit Apple an, weil in dessen App Store eine App zu finden war, die den nächsten Weg zu medizinischer Versorgung zeigte, sollten Demonstrierende verletzt worden sein. Beispiele wie diese gibt es genügend. Der Zweck ist, zivilgesellschaftliche Aktivitäten und Zusammenschlüsse jenseits der Kommunistischen Partei zu zerschlagen beziehungsweise zu verunmöglichen. Das ist auch der Grund, warum Religionen im Reich der Mitte, nicht nur der Islam, sondern auch das Christentum, verfolgt und unterdrückt werden. Religionen bieten den Menschen Heimat und Identität, sie sind Träger von Kultur und als solche älter als das falsche politische Heilsversprechen, das Xi in sich und seiner Partei verkörpert sieht. Er bietet den Menschen daher neben seiner und Maos Lehre noch einen abgespeckten Konfuzianismus an, der den Menschen darlegen soll, dass es vom imperialen China bis in die Gegenwart einen geraden, aufsteigenden Weg für das Land gibt, dessen Gipfel nun, in Xis Herrschaft, erreicht sei und einen Abschluss finde. Diese Form von politisch ideologischer Religion findet sich in vielen Diktaturen und Autokratien. Durch das Vorgaukeln historischer Kontinuität wird politische Legitimität in der Gegenwart behauptet.

Seine politische Ideologie nennt Xi Jinping »Sozialismus chinesischer Prägung« – die Synthese von Konfuzius und Mao, die, von ihm, Xi, zusammengeführt, interpretiert und verfeinert, den Kern der Identität Chinas, aller Chinesinnen und Chinesen, darstellt. Auf dieser Grundlage, so Xi, werde es der Volksrepublik gelingen, den »chinesischen Traum« zu verwirklichen. Auf dem Weg dahin hat Xi zwei Daten im Kalender als richtungsweisend markiert: das Jahr 2021 – der hundertste Geburtstag der Kommunistischen Partei Chinas – und das Jahr 2049, der hundertste Jahrestag der Gründung der Volksrepublik. Im Jahr 2021 sollte China, gewissermaßen als Zwischenstufe und zum Beleg dafür, dass der eingeschlagene Weg der richtige ist, die Armut im Land abgeschafft haben. 2049 schließlich soll China zu einer der führenden Industrie- und Militärnationen der Welt aufgestiegen sein. Das Jahr 2049 mag der heute 68-Jährige selber nicht mehr erleben. Er hat aber heute schon die Weichen dafür gestellt, dass man ihm die glorreiche Zukunft Chinas anrechnen werde und keinem seiner Nachfolger, die, zwischen Mao und ihm, auf einem historischen Irrweg wandelten.

Der Jubel, den sich Xi Jinping zum Geburtstagsfest seiner Partei und aus Anlass der behaupteten Abschaffung der Armut bestellt hat, kommt indes zu früh: Die Weltbank hält den Ideologen der Volksrepublik vor, dass sie als Existenzminimum für Menschen in China eine Zahl angesetzt hätten, die nur ein Drittel des Werts betrage, den die Weltbank selbst festlege. Die nationale Einheit wird zudem mit der massiven Unterdrückung der Uiguren erkauft, von denen eine Million in Xinjiang in Umerziehungslagern einsitzen. Der Weg zur Weltmacht im Jahr 2049 ist für Xi Jinping, so wie es im Moment aussieht, vor allem ein totalitärer nach innen und ein aggressiv wirtschaftspolitischer nach außen. Die Welt kann das, was in Xis China vorgeht, deshalb kaum kaltlassen.

2.1 ETHNO-NATIONALISMUS UND DIE UNTERDRÜCKUNG VON MINDERHEITEN

Die nationale Einheit, wie sie Präsident Xi Jinping versteht, bedeutet eine Dominanz der Han-Chinesen – jener Ethnie, zu der über neunzig Prozent der Bevölkerung gehören – gegenüber den 55 anderen ethnischen Gruppen, die auf dem Gebiet der Volksrepublik China leben. In den Provinzen des Landes, in denen Menschen mit eigener, nicht han-chinesisch kultureller Prägung in der Vergangenheit zumindest eingeschränkt die Möglichkeit hatten, ihre Eigenständigkeit zu bewahren, haben sich die Lebensbedingungen unter Xi drastisch verschlechtert, und das, obwohl die Verfassung Chinas hervorhebt, dass alle Ethnien in dem Land gleich seien.

Was diese Änderung in der ideologischen Ausrichtung Chinas bedeutet, erleben die Menschen in der Inneren Mongolei, in Tibet und in Xinjiang jeden Tag schmerzlich.

In der Inneren Mongolei sollte nach dem Willen der Partei der »vaterländische Unterricht« an den Schulen auf Kosten der Schulstunden, die sich der mongolischen Sprache und Kultur widmen, ausgeweitet werden. Es ist eine ebensolche patriotische Unterweisung, wie sie in Hongkong vor dem Fall der Stadt 2020 von Lehrern und Schülern gleichermaßen abgelehnt wurde. Die Gleichschaltung des Klassenzimmers gehört zum kleinen Einmaleins jedes Diktators. Die Führung in Peking hat überdies im Juli 2021 den privaten Bildungssektor, eine Milliardenindustrie, praktisch abgeschafft. Bislang haben private Unternehmen in China die Sprösslinge der Reichen und der neuen Mittelschicht auf ein Studium in den USA oder Großbritannien vorbereitet. Damit soll künftig Schluss sein. Denn im Ausland erleben diese jungen Menschen Alternativen zur heimischen Einparteiendiktatur und bringen unter Umständen demokratische Ideen mit zurück in die Volksrepublik. Zu den Maximen Deng Xiaopings, derjenige seiner Vorgänger, den Xi Jinping am meisten verachtet, gehörte, zuzuhören und von anderen zu lernen. So etwas hat der allwissende Herrscher auf Lebenszeit nicht nötig. Deshalb sind ihm die Chinesen, die Bildungseinrichtungen für ihre Kinder im Ausland suchen, ein Dorn im Auge. Das Kraut gegen das Gift des kritischen Denkens ist der vaterländische Unterricht. Für jedes chinesische Kind ist es fortan ausreichend zu wissen, wie einzigartig Xi Jinping und wie großartig die Kommunistische Partei ist.

Der »vaterländische Unterricht« ist nicht zuletzt das Mittel, mit dem Präsident Xi der Vielfalt und Pluralität in den Provinzen seines Reiches ein Ende bereiten will. In Tibet, das die Volksrepublik bereits seit 1950 besetzt, weil es das Land als einen Teil seines Territoriums sieht, kämpfen die Menschen weiterhin um ihre kulturelle Identität.

Während meines Aufenthalts auf Taiwan, es war im Februar 2018, brach in Lhasa in einem der bedeutendsten buddhistischen Tempel ein Feuer aus. Ich verfolgte die Neuigkeiten über meinen Social-Media-Account. Ein Video nach dem anderen, das das lichterloh brennende historische Gebäude zeigte, füllte meine Timeline. Kurz darauf zensierten die chinesischen Behörden diese Videos, denn die erschütterten und frustrierten Kommentare der Menschen sahen die chinesische Besatzungsmacht am Werk. Es wäre nicht das erste kulturelle Denkmal, das von Peking in seinem Han-Überlegenheitswahn zerstört wurde. Die Kommentatoren in den westlichen Medien erinnerten daran, dass es bereits 2013 Berichte gab, wonach die chinesische Führung die Zerstörung Lhasas plane. Im gottlosen Peking gilt der Dalai Lama, das geistliche und, bis zum Einmarsch der »Volksbefreiungsarmee«, auch weltliche Oberhaupt aller Tibeter, als Scharlatan. Nachdem die Proteste der tibetischen Bevölkerung gegen die Machtübernahme Pekings im Jahr 1959 von den Truppen Chinas niedergeschlagen worden waren, war der Dalai Lama nach Indien geflohen, wo er bis heute in Dharamsala mit seiner Regierung im Exil lebt. Die Tibeter bereiten sich auf den Tod des 1936 geborenen Religionsführers vor. Sie möchten den neuen Dalai Lama bestimmen. Dieser wird im Glauben und der Tradition der Tibeter nach von Mönchen ausgewählt, die Experten in den heiligen Schriften des Buddhismus sind. Zudem wird erwartet, dass übernatürliche Phänomene die Wahl des wahren Dalai Lama begleiten. Im

Jahr 2011 deklarierte Peking, dass nur die Kommunistische Partei Chinas den nächsten Dalai Lama bestimmen dürfe. Im Reich Xi Jinpings, der sich, der alten konfuzianischen Lehre gemäß als »Sohn des Himmels«, ausgestattet mit dem »Mandat des Himmels« in säkularem Gewand verehren lässt, werden keine Götter neben ihm geduldet. Aus demselben Grund werden auch Katholiken im Reich der Mitte, die den Papst als Oberhaupt ihrer Kirche betrachten, verfolgt. Schon seit der maoistischen Revolution sind den Kommunisten der Pontifex und sein Einfluss auf die Gläubigen ein Ärgernis. 1951 endeten deshalb die diplomatischen Beziehungen zwischen dem Heiligen Stuhl und der neu gegründeten Volksrepublik.

Anders als das laizistische China war und ist die Republik China ein religionsplurales Land. Bis heute setzt Taiwan diese Tradition fort. Als ich bei einem Besuch im Außenministerium in Taipeh die für den Kontakt zu Europa zuständige Diplomatin traf, stand auf dem Tischchen zwischen unseren Sesseln eine Tafel, in der auf Mandarin und Latein die gute Verbindung zwischen dem Vatikan und Taiwan beschrieben wurde. Der Vatikan ist das einzige Land in Europa, das offiziell Taiwan den diplomatischen Vorzug vor der Volksrepublik gibt.

Der Streit zwischen Rom und Peking ist ähnlich gelagert wie der mit Tibet. Peking möchte bestimmen, wer Bischof im kommunistischen China werden darf. Der Wunsch nach allumfassender Kontrolle und die Paranoia, die damit einhergeht, hat die Katholiken in China in den Untergrund getrieben. Peking hat eine eigene »patriotische« katholische Kirche aus der Taufe gehoben und selbst Bischöfe ernannt. Die Kleriker Pekings gelten in der römisch-katholischen Kirche allerdings nicht als wahre Nachfolger der Apostel, da nur der Papst Bischöfe ernennen kann. Die Sakramente, die sie spenden, sind nach katholischer Lehre ungültig.

Aus diesem Grund suchte der Vatikan eine Annäherung an Peking, die im September 2018 in eine gemeinsame Erklärung mündete. Der Vatikan sprach davon, aus »pastoralen« Gründen eine Übereinkunft anzustreben, um das Schisma, also die Trennung der Katholiken in China, zu beenden – 13 Millionen der 1,4 Milliarden Chinesen bekennen sich zum katholischen Glauben, fünf Millionen davon gehören der »patriotischen« Kirche an. Das Verhandlungsergebnis besagt im Einzelnen: Der Vatikan erkennt die bisher von Peking ernannten Bischöfe an, was das Schisma beendet und die Einheit der Kirche in China wiederherstellt. Was künftige Bischofsernennungen betrifft, wird die Kommunistische Partei dem Papst Anwärter für dieses Amt vorschlagen. Der Papst kann allerdings vorgeschlagene Kandidaten ablehnen. Das Abkommen, so stellte der Pressesprecher des Vatikan, Greg Burke, heraus, ziele nicht auf politische oder diplomatische Angelegenheiten und Sachverhalte. Für Peking mögen allerdings genau diese Gründe ausschlaggebend gewesen sein. Von einem Abkommen mit dem Vatikan erhoffte man sich Prestige auf dem diplomatischen Parkett und verband dies mit der Hoffnung, der Heilige Stuhl würde seine diplomatische Verbindung mit Taiwan zugunsten der Volksrepublik aufgeben.

Ein solcher Richtungswechsel hätte Rom allerdings nicht gut zu Gesicht gestanden. Er wäre einem Verrat gleichgekommen, nicht nur an den Katholiken, sondern an allen Menschen in China, denen das Recht auf freie Religionsausübung verwehrt wird. In Taiwan gibt es vor allem deshalb so viele Kirchen und christliche Schulen, weil viele religiöse Menschen vor Maos Schergen dorthin geflohen sind. Die Online-Enzyklopädie Wikipedia spricht (Stand Juni 2021) von

2845 Kirchen und kennzeichnet Taiwan als den Ort Asiens mit der größten Dichte religiöser Kultstätten, und das, obwohl nur vier Prozent der Taiwanesen Christen sind. In der Volksrepublik werden nicht nur katholische Christen verfolgt, sondern Angehörige aller christlichen Konfessionen. Regelmäßig wird von der Zerstörung von Kirchen und der Behinderung der freien Religionsausübung berichtet. Pekings Furor macht dabei auch nicht vor Meditierenden halt: Mitglieder der Falun-Gong-Bewegung werden seit langem in dem Land verfolgt, es gibt Berichte von Folter und Morden.

Aber all diese Verbrechen erscheinen nur wie eine Art Vorspiel für das Grauen, das Xi Jinping und seine Clique über die Menschen in Xinjiang gebracht haben. In der Provinz im Nordwesten des Landes sitzen Schätzungen zufolge mehr als eine Million Menschen, die zur ethnischen Minderheit der muslimischen Uiguren gehören, in Lagern ein, in denen sie »umerzogen« werden sollen. Die chinesischen Behörden haben die Existenz dieser Lager lange bestritten. Satellitenbilder belegen jedoch ihre Existenz und zeigen auch, dass es mehr werden, nicht weniger. Die totale Überwachung hat aus Xinjiang ein riesiges Freiluftgefängnis gemacht. Xinjiang zeigt, wozu der Wahn und die Paranoia der kommunistische Führung fähig ist. Es gibt keinen Grund anzunehmen, dass die dort eingesetzte Überwachung, die von Kameras an jeder Ecke und Wachposten allerorten geprägt ist, nicht auch auf alle anderen Landesteile ausgeweitet werden wird, wenn Xi das will. Gesichtserkennungssoftware ist in der Volksrepublik schon seit einiger Zeit im Einsatz. Sie wird genutzt, um Menschen, die die Straße nicht an einer Ampel oder einem Zebrastreifen überqueren, öffentlich anzuprangern. Das Konterfei der Sünder wird öffentlich ausgestellt, um die Betreffenden zu beschämen und zu ächten.

Von den Lagern in Xinjiang gibt es Videos und Fotos. Ehemaligen Insassen, denen die Flucht aus China gelang, berichten über die Zustände in Xinjiang. Das Leugnen Pekings ist daher zwecklos. Die Berichte sprechen eine deutliche Sprache. Es wird von Gehirnwäsche berichtet, mit der den Uiguren ihre muslimische und uigurische Identität ausgetrieben werden soll. Die Kommunistische Partei entsendet in jede Familie einen Parteikader, der die Frauen und Kinder überwachen soll, während die Männer im Gefängnis sind. Er berichtet an seine Vorgesetzten, was bei den Muslimen getan und ob gebetet wird. Vorwürfe sind laut geworden, dass sich diese Kader an den Frauen vergehen. Auch sollen Maßnahmen ergriffen worden sein, zu verhindern, dass die uigurischen Frauen Kinder bekommen. So soll das Wachstum der nicht han-chinesischen Bevölkerung nach dem Wunsch von Machthaber Xi kontrolliert werden.

Im September 2020 berichtete die englische Zeitung *The Guardian*, dass in Xinjiang Tausende Moscheen zerstört oder beschädigt worden sein sollen, darunter die aus dem Jahr 1540 stammende Heytgah-Moschee in der Stadt Kashgar, die dem Erdboden gleichgemacht wurde. Satellitenbilder belegen, dass an der Stelle, an der zuvor eine Moschee stand, heute eine leere Fläche zu sehen ist. Etliche andere Moscheen sollen, so der *Guardian* weiter, entweiht und einem anderen Zweck zugeführt worden sein. In Xinjiang erinnert das an die Grauen der Kulturrevolution, in der viele buddhistische Tempel, Klöster und Bibliotheken in Flammen aufgingen. Die Uiguren sind hier im leidvollen Klagen über ihre zerstörte Kultur mit den Tibetern vereint. In den verbliebenen Moscheen und Kirchen hängen Kameras, die überwachen, wer zum Gebet kommt. Wer seine Religion öffentlich ausübt, muss mit Schikanen leben und bereit sein, für seinen Glauben ins Lager zu gehen.

Der Kongress der Vereinigten Staaten nennt das, was in Xinjiang geschieht, einen Genozid, und meint damit die systematische Unterdrückung und Maßnahmen zur Eliminierung uigurischer Identität und Lebensweise. All das geschieht auf Pekings Geheiß und ist Ausdruck von Xi Jinpings Ideologie, mit der er sich im Pantheon kommunistischer Denker direkt neben Mao hat setzen lassen. Der »Sozialismus chinesischer Prägung« ist ein hässlicher Nationalismus mit genozidalen Ausbrüchen. Die nationale Einheit, die Xi gegen Feinde im In- und Ausland heraufbeschwört, ist eine Fiktion, die nur funktioniert, wenn alles, was anders ist, aus dem Erscheinungsbild Chinas verschwindet.

Inwieweit der Rassismus, der bei der Durchsetzung dieser vermeintlichen Einheit zum Tragen kommt, »echter« Rassismus ist, also sich auf eine behauptete biologische Überlegenheit der Han-Chinesen gegenüber den anderen Ethnien in China gründet, oder nur das übliche Mittel von Autokraten und Diktatoren, den Zusammenhalt im Innern zu sichern, ist Gegenstand von akademischen und feuilletonistischen Debatten. Das Rad neu erfinden musste Xi Jinping in diesem Zusammenhang selbstredend nicht. Tatsächlich greift er, wie viele andere Autokraten und Diktatoren auch, auf ererbte Vorurteile und Ressentiments zurück. Die katholische Konfession wird bereits seit der gescheiterten Jesuiten-Mission im Reich der Mitte (1582–1744) mit Argwohn betrachtet. Wenn sich die Kommunistische Partei gegen Katholiken wendet, kann sie sich dabei auf einen in der Bevölkerung verbreiteten Argwohn gegenüber dieser Glaubensgemeinschaft stützen.

Letztlich werden Religion und religiöse Kultur nicht so sehr wegen ihres dogmatischen Glaubens abgelehnt, sondern wegen der Rolle, die sie im sozialen Gefüge und der ethischen

Prägung einnehmen. An erster Stelle soll eben die Partei stehen und nichts und niemand sonst.

Anders als Mao Zedong integriert Xi Jinping den Konfuzianismus in seine Ideologie und macht ihn zu einem Element des »Sozialismus chinesischer Prägung«. Xi betrachtet ihn als Teil des nationalen Erbes und nutzt ihn zur Polarisierung (»wir gegen die«) in dem Sinne, wie es Yuval Harari für die ausgrenzenden Narrative menschlicher Gesellschaften formuliert hat. Die dominierende Gruppe begründet ihre Fähigkeit zusammenzuarbeiten in der gemeinsamen Abstammung, Kultur und Religion. Eine in diesem Sinne politisierte Religion gibt es in allen Kulturkreisen. Wladimir Putin benutzt den russisch-orthodoxen Glauben, indem er ihn als moralisches Bollwerk gegen einen vermeintlich dekadenten, moralisch verkommenen Westen stellt. Genauso verfährt der indische Premierminister Narendra Modi, indem er indische Identität exklusiv mit dem Hinduismus verbindet und somit die rund 200 Millionen Muslime in dem Land ausschließt. Auch der türkische Präsident Recep Erdoğan verfährt so: Türke zu sein bedeutet Osmane zu sein, bedeutet Muslim zu sein. In einem Land, in dem eine Bevölkerungsmehrheit islamischen oder christlichen oder hinduistischen Glaubens ist, fällt es besonders auf, wenn die Mehrheitsreligion und -kultur als Alleinstellungsmerkmal herausgehoben und gegen die Minderheiten im Land oder potenzielle ausländische Gefahren positioniert wird. Denn die Mehrheitsreligion ist ja nicht wirklich in Gefahr – wie könnte sie angesichts der Zahlen?

Diese radikalisierte Form der Religion wird »politische Religion« genannt, weil sie mit der dogmatischen oder spirituellen Seite einer Religion wenig zu tun hat. Gerade in Ländern und Regionen, in denen seit Jahrhunderten verschiedene

Religionen nebeneinander existieren, haben die Menschen einen Weg gefunden, recht undogmatisch mit dieser Pluralität umzugehen. Diese Pluralität führt in den seltensten Fällen zur Relativierung der eigenen Religion in dem Sinne, dass geglaubt würde, alle Religionen seien gleich wahr. Sie anerkennen aber gegenüber den Angehörigen anderer Religionen in der Regel den Wert ihrer spirituellen Suche und religiösen Tradition. Es ist wichtig, die politische Religion, die von (weltlichen und geistlichen) Machthabern als Mittel der eigenen Überhöhung, durch die die Gesellschaft gespalten und ein friedliches Miteinander (Koexistenz) zwischen den Bevölkerungsgruppen verunmöglicht werden soll, von anderen Formen des Religiösen zu unterscheiden. In diesem Sinne ist politische Religion eine Ideologie, die zum Zweck des Machterhalts instrumentalisiert wird. In Europa ist dies vor allem in Polen und Ungarn zu beobachten. In beiden Ländern wurde eine politische Religion salonfähig gemacht, die für sich in Anspruch nimmt, den katholischen Glauben zu repräsentieren, die aber tatsächlich nur als Grundlage dient für Hass gegenüber Juden und Muslimen und deren Unheilslehre in direktem Widerspruch zur päpstlichen Lehre steht, die zu schützen die Autokraten in Warschau und Budapest vorgeben. Deutlicher kann der Unterschied nicht heraustreten als hier.

Als Xi Jinping im November 2012 zum Generalsekretär der Kommunistischen Partei und kurz darauf, im März 2013, zum chinesischen Präsidenten gekürt wurde, war von einer solchen Entwicklung noch nichts zu spüren. Ganz im Gegenteil: Xis Wahl war mit großen Erwartungen verbunden, auch in der freien Welt. Von Washington bis Berlin hofften demokratische Politikerinnen und Politiker, dass Xi die vorsichtige Öffnung, die das Land unter seinen Vorgängern seit

Deng Xiaoping unternommen hatte, fortsetzen und auf ein neues Niveau heben würde. Xis Vorgänger Hu Jintao war alles andere als ein großer Reformer, aber es gab für die Bürgerinnen und Bürger in China immerhin die Möglichkeit, sich zum Beispiel in der neu aufkommenden Blogosphäre zu artikulieren und dosiert Gesellschaftskritik zu äußern. Demokratische Gedanken fassten Fuß in China, das sich in dieser Zeit ökonomisch der Marktwirtschaft zugewandt hatte. In den westlichen Ländern bestätigte sich einmal mehr die Gleichung, wonach nachhaltiger ökonomischer Erfolg in den Wunsch mündet, sich politisch zu artikulieren. So geschehen in Südkorea und Taiwan, die zu Beginn ihres raketenhaften Aufstiegs als Tigerstaaten ein durch das Militär gestützter Einparteienstaat waren und spätestens seit den neunziger Jahren zu echten Demokratien geworden sind. Gerade weil dieser Zusammenhang wahr und in der unmittelbaren Umgebung Chinas zu beobachten ist (nicht zuletzt von den Menschen in China selbst), wollte Präsident Xi hier gegensteuern. Für ihn war die in den Augen der freien Welt als positiv gesehene Entwicklung der Volksrepublik ein Abirren vom wahren Weg – vielleicht vergleichbar mit der Aussage Wladimir Putins, wonach der Zusammenbruch der Sowjetunion die größte Katastrophe des 20. Jahrhunderts gewesen sei.

Die Öffnung der Volksrepublik hatte, wie wir heute wissen, nicht nur Freunde. Ein Feind dieser Öffnung ist der Sohn Xi Zhongxuns, der für Deng Xiaoping das ehemalige Fischerdorf Shenzhen zur Sonderwirtschaftszone ausbaute und damit den Grundstein legte für – wie sein Sohn Jinping es sieht – den Verrat am Marxismus-Leninismus, dessen verheerende Planwirtschaft Millionen Chinesen das Leben gekostet hat. Der Sohn, der sich vom Vater emanzipiert und radikal absetzt – mit Konsequenzen für China und die Welt.

2.2
KONFUZIANISMUS ALS STÜTZE VON XI JINPINGS TOTALITARISMUS

Der chinesische Staat ist ein laizistischer Staat, in dem freie Religionsausübung nicht gewährleistet ist. Die Kulturrevolution Mao Zedongs richtete sich gegen alles Klassische der chinesischen Kultur und somit auch gegen die Klöster, Schreine und Tempel im Land, von denen viele den Flammen zum Opfer fielen und deren Schätze für immer verloren gingen. Mao betrachtete die klassische chinesische Kultur als Grund für die Rückschrittlichkeit Chinas. Kern dieser klassischen Kultur ist der Konfuzianismus, eine philosophisch-ethische Lehre, die zurückgeht auf Kong Fuzi (孔夫子), den »Lehrmeister Kong«. Konfuzius ist die latinisierte Form seines Namens, die auch heute noch in der westlichen Welt geläufig ist. Konfuzius, der wahrscheinlich in den Jahren 551–479 vor Christus lebte und zunächst als Staatsdiener, dann als Wanderlehrer und Berater an verschiedenen Fürstenhäusern tätig war, war für Mao Zedong und seine Vorstellung vom neuen Menschen das personifizierte Hindernis auf dem Weg in eine neue Zeit. Als höfisch und bourgeois verschrien gab es in der Volksrepublik keinen Platz mehr für Konfuzius. Die Sentenzen aus den *Analekten* oder *Gesprächen des Konfuzius*, die frühere Generationen auswendig kannten, hatten den *Worten des Vorsitzenden Mao Tsetung* zu weichen, die im »kleinen roten Buch« versammelt waren. Farbe und Größe der Sammlung gaben der Publikation ihren Namen. Außerhalb Chinas war sie vor allem als »Mao-Bibel« bekannt.

Religionen wie das Christentum wurden unter Mao als fremdländisch und somit als Instrument des Klassenfeindes gebrandmarkt, den es zu zerschmettern galt. Auch Mao konnte sich dabei auf die Ressentiments verlassen, die im Reich der Mitte seit der gescheiterten christlichen Mission existierten. Im Zuge eines Streites der Missionare mit dem Herrscherhaus darüber, welche der chinesischen Riten in den christlichen Ritus integriert werden könnten, zerstritten sich die beiden Parteien derart, dass das Christentum 1724 in China verboten wurde. Allein die Jesuiten, die sich auf die chinesische Kultur eingelassen hatten und sich für eine chinesische Variante des christlichen Ritus aussprachen, durften im Land verbleiben.

Die von Mao verfolgten Christen flohen aus seinem Einflussgebiet, unter anderem nach Hongkong und nach Taiwan, wo sie vor seinen Häschern in Sicherheit waren. Der Vatikan erkennt aufgrund dieses historischen Umstands bis heute die Volksrepublik China nicht an, sondern unterhält, als einziger Staat in Europa, diplomatische Beziehungen zu Taiwan.

Auch Buddhisten und Muslime hatten sehr unter der chinesischen Religionspolitik seit Mao zu leiden. Sowohl die Buddhisten Tibets als auch die Muslime Xinjiangs sehen sich massiven Menschenrechtsverletzungen ausgesetzt. Die Kommunistische Partei duldet neben sich keinen anderen Taktgeber für das Leben der Menschen. Die Einschränkungen, die Peking den Menschen auferlegt, betreffen dabei nicht nur den kultischen öffentlichen Vollzug der Religion, sondern richten sich, wie zu Maos Zeiten auch, gegen Gebäude, Kultur und Sprache der jeweiligen religiösen Gruppen. Daran hat sich unter Xi Jinping nichts geändert. Die Unterdrückung ist Teil der Ideologie, mit der er seinen Ethno-Nationalismus verfolgt. Er glaubt daran, dass die Ethnie der Han, die große Mehrheit im Lande, den anderen Ethnien, ihren

Kulturen und Religionen, überlegen ist. Der Konfuzianismus als bestimmender Teil des han-chinesischen religiösen Erbes wird dabei in die Pflicht des Staates genommen. In einer von der Kommunistischen Partei Chinas modellierten Variante kommt ihm eine zentrale, tragende Rolle zu.

Wie bei anderen religionsfeindlichen Umbrüchen, zum Beispiel in Mexiko, Frankreich, Russland oder der Türkei, ist es auch in der Volksrepublik nicht gelungen, das religiöse und kulturelle Erbe der Vergangenheit gänzlich auszulöschen. Das Leben der 1,4 Milliarden Menschen in dem Land dreht sich auch heute noch um religiöse Fest- und Feiertage aus dem alten, kaiserlichen China. Es gibt Festtage, die den Frühling und den Herbst begrüßen, es gibt das Neujahrsfest oder das Qingming-Fest, zu dem die Gräber der Ahnen besucht und in Ordnung gebracht werden (was dem Fest im Volksmund den Namen »Grab-Fege-Tag« eingetragen hat). All diese religiösen Feiertage werden weiterhin begangen. Seit 2008 ist das Qingming-Fest ein offizieller Feiertag in China, was einmal mehr illustriert, dass die Kommunistische Partei von Maos Kurs abgerückt ist und nun vielmehr darauf setzt, eine Linie vom Alten China zum heutigen zu zeichnen und dafür ein Narrativ zu erfinden, das die Behauptung einer historischen Kontinuität stützt.

Die Kommunistische Partei Chinas will sich im hundertsten Jahr ihres Bestehens als Trägerin dessen ausweisen, was es heute heißt, chinesisch zu sein. Es geht um nicht weniger als die Legitimierung des chinesischen Staates, so wie er sich heute, in der von Xi Jinping umgestalteten Form, darstellt. Xi, der die zeitliche Begrenzung für amtierende Präsidenten hat aufheben lassen und dessen Ideologie in die Verfassung der Kommunistischen Partei übernommen wurde, hat keinen Zweifel daran aufkommen lassen, dass die Kommunistische

Partei die einzige ist, die auf der Grundlage des chinesischen, und das heißt für ihn: des konfuzianischen, Erbes dazu berufen sei, China anzuführen. Der Konfuzianismus ist dabei nicht mit den monotheistischen Religionen vergleichbar. Es geht nicht um die Heilsgeschichte der Menschheit, sondern um ethische Prinzipien mit unmittelbarer Relevanz für Herrschende und Beherrschte. Um zu verstehen, welche Bedeutung der Konfuzianismus heute für die Machthaber in Peking hat, ist es daher notwendig, diejenigen Aspekte der Lehre, auf die Xi und seine Berater sich berufen, mit demokratietheoretischen Aspekten zu vergleichen und nicht etwa mit den Glaubenssätzen der christlichen Religion.

Konfuzius, der in etwa zur selben Zeit lebte wie Sokrates (469–399 v. Chr.), stellt sich im Fernen Osten dieselbe Frage wie sein europäischer Philosophenkollege: Wie gelangt der Mensch zu Erkenntnis? Die Ordnung der Welt, die Harmonie der Dinge zu ergründen und zu verstehen, wird bei der Beantwortung dieser Frage für Konfuzius zur Grundlage seines Denkens, von der Kosmologie bis zur Staatslehre. Acht Aspekte umfasst seine »Große Lehre«. Kernelemente sind die Verpflichtung zur Erziehung, Bildung, Disziplin, Charakterbildung. Ohne die Einübung in diese Tugenden gelingt es dem Menschen nicht, sich seiner Stellung in der Ordnung der Dinge zu vergewissern und gemäß seinen Anlagen auszufüllen. Bemüht man sich konsequent auf diesem pädagogischen Weg, verdient man sich Schritt für Schritt den Aufstieg, in die Sphären höherer Erkenntnis, in die höheren Sphären der Verwaltung und des Hofes.

Für Konfuzius bilden die Welt und der Himmel eine harmonische Einheit, die in einer Wechselbeziehung stehen. Die Welt ist dabei alles, was »unter dem Himmel« ist (*tianxia*, 天下). Der Himmel ist der Ort der Unsterblichen, unter ihm liegt die Erde als Ort der Lebenden. Zu dieser mythologischen Bestimmung kommt eine dritte Komponente: die der politischen Souveränität des chinesischen Reiches, die es durch seine Lage, mitten unter dem Himmel und im Mittelpunkt der Welt, erhält. (So erklärt sich auch das Synonym für China: »Reich der Mitte«; China selbst heißt auf chinesisch *Zhongguo* (中国: »Land/Staat der Mitte«). Je näher er diesem Zentrum der Gravitation und der Macht ist, desto glücklicher darf sich ein Mensch schätzen. Dabei hat die Frage, wie genau *tianxia* geographisch zu bestimmen sei, im Lauf der Geschichte der chinesischen Imperien, die sich ausbreiteten und wieder zerfielen, die Gemüter bewegt. Diese Frage wirkt auch heute noch im gegenwärtigen China nach, wenn es um Regionen wie Tibet, Xinjiang oder die Innere Mongolei geht, deren Einwohner keine Han-Chinesen sind.

Die Verbindung zwischen Himmel und Erde, die Balance des *tianxia*, wird durch Riten geregelt. Diese formalen Zeremonien sollen die Ordnung der Welt, philosophisch wie politisch, in vollkommener Harmonie erhalten. Es sind diese Riten, die die Kulturrevolution ausmerzen wollte, die jedoch noch immer zum Alltag vieler Millionen Chinesen gehören und einen festen Platz in der Öffentlichkeit haben. Buddhistische Tempel wie der Jing'an-Tempel in Shanghai (der in der Kulturrevolution verwüstet wurde) wurden vom Staat wieder aufgebaut, um in ihnen das Ritual des Baibai (拜拜) vollziehen zu können. (Dabei werden gekreuzte Räucherkerzen vor dem gebeugten Oberkörper als Zeichen der Verehrung der Ahnen auf und ab bewegt.) Der kommunistischen Führung der Volksrepublik geht es dabei nicht darum, spirituelle Bedürfnisse der Menschen zu bedienen, sondern herauszustellen, dass sie, die Kommunistische Partei, die eine, den Chinesen gemäße Ordnung unter dem Himmel repräsentiert. Letztlich ist es in der alten chinesischen Vorstellung der Himmel, der das Mandat zum Herrschen verleiht.

Sokrates' Schüler Platon betonte ebenso wie Konfuzius, dass das Mandat des Herrschers mit Verpflichtungen verbunden ist. Die Vorstellung, dass ein Philosoph auf dem Thron ein gerechter König wäre, setzte sich im Fernen Osten genauso durch wie in der christlichen Welt. Wenn es eine einvernehmliche Entsprechung zwischen dem Herrscher und dem Himmel gibt und sich innere Harmonie durch äußere Umstände, also gerechte Politik, *good governance*, einstellt, dann ist der Herrscher ein legitimer Herrscher.

In der demokratischen Hemisphäre gibt es diese Vorstellung heute nicht mehr. Wahlen sind kein Gottesurteil, sondern geben Auskunft, ob die Regierenden ihrer Aufgabe gerecht geworden sind oder nicht. In der Volksrepublik hingegen, in der nicht gewählt wird, kann die politische Führung noch von einem Nimbus zehren, der sie zum einen unantastbar macht, zum anderen aber dazu führen kann, dass das regierte Volk sehr wohl einen legitimen Aufstand machen könnte, wenn es denn zu der Auffassung käme, vom Herrscher nicht gut geführt zu werden. Kritik und Protest sind daher bisweilen (unter den Augen der mitlesenden Staatsmacht) im chinesischen Internet erlaubt. *Good governance* verlangen die Menschen vom König, vom Diktator und vom Parlament gleichermaßen. *Good governance* ist daher nicht das entscheidende Kriterium der Unterscheidung zwischen freier und unfreier Welt. In der freien Welt wird eine Regierung, die ihre Aufgaben nicht erfüllt, abgewählt. Der König hat Rivalen, die nur darauf warten, ihn zu beerben, sollte er des Thrones, durch Absetzung oder Ermordung, verlustig gehen. Letztlich stehen auch hinter einem Diktator Widersacher, die die Messer gewetzt haben und nur darauf warten, den Machtwechsel herbeizuführen.

Die Tiefen von *good governance*, die Niederungen einer öffentlichen Verwaltung, durchwallen gottgleiche Herrscher wie die chinesischen Kaiser nicht. Ihre Existenz allein verbürgt Harmonie. In einer solchen Ordnung tragen die Regierten unter dem Himmel die eigentliche Bürde. Ihre Aufgabe ist es, ihre Rolle für das Ganze zu erfüllen und es zu stützen. Damit die Menschen diesem Mandat gerecht werden, das ihren Ort darin bestimmen kann, führt Konfuzius das Prinzip der Hierarchie ein.

Die Harmonie des Kosmos spiegelt sich laut Konfuzius in der Hierarchie der Welt. Alles hat seinen Platz unter der Sonne, was Ausdruck in einer Ordnung findet, die von Über- und Unterordnung geprägt ist. Die verschiedenen hierarchischen Zuordnungen – Konfuzius benennt fünf – ergeben zusammen die vollkommene Harmonie, in der eine Gesellschaft entstehen, sich entfalten und bestehen kann. Die fünf Beziehungen, in denen diese Hierarchie zum Tragen kommt, sind: die Beziehung von Herrscher und Minister, die Beziehung von Vater und Sohn, die Beziehung von Ehemann und Ehefrau, die Beziehung von Alt und Jung sowie von Freund und Freund. Im täglichen Leben konfuzianisch geprägter Gesellschaften, auch außerhalb der Volksrepublik, dürften bis zum heutigen Tag die beiden Verhältnisse Vater / Sohn und Ältere / Jüngere für Menschen am wichtigsten sein. Unter dem Sammelbegriff »kindliche Pietät« beschreiben sie die Verpflichtung der Kinder, den Eltern zeitlebens zu gehorchen, sie im Alter bei sich aufzunehmen und für sie zu sorgen und sie nach ihrem Tod als Ahnen zu verehren und das Ritual des Baibai öffentlich und am Hausaltar für sie zu zelebrieren. Ein Verstoß gegen diese Verpflichtungen stört das kosmische Gleichgewicht.

Von Kindesbeinen an wird jeder neuen Generation geradezu ein Schuldgefühl auferlegt, das sich in einer (Anti-)Kultur der Scham niederschlagen kann.

Die Vorstellung, dass die vom Himmel ermächtigte Hierarchie der Familie sich auch in der Gesellschaft niederschlagen muss, macht den Konfuzianismus anfällig, als politische Theologie der machthabenden Kommunistischen Partei Chinas missbraucht zu werden. Die Vorstellung von Familie, Gesellschaft und Welt als harmonischer Hierarchie findet sich denn auch in Xi Jinpings Revitalisierung des Konfuzianismus wieder. Die Gleichsetzung von Familie und Staat soll die Chinesen dazu verpflichten, Xi Jinping so zu verehren, wie es die Pflicht ist, den eigenen Vater zu ehren.

Westliche Autoren der Gegenwart haben die Bereiche der Hierarchie um einen sechsten zu erweitern versucht, den der Technologie. Daniel A. Bell und Wang Pei argumentieren in ihrem Buch *Just Hierarchy*, dass es eine klare Hierarchie geben müsse im Umgang von Menschen, künstlicher Intelligenz (KI) und Robotern, und sie begründen dies auf Basis der konfuzianischen Lehre. Der Wettstreit der Systeme, zwischen Freiheit und Autokratie, wird also auch über jenes entscheidende Zukunftsfeld geführt.

Wer in den oben beschriebenen Tugenden versiert ist und sich in ihrem Geiste bei seinen Aufgaben bewährt, der steigt laut Konfuzius in der Ämterhierarchie und der Verwaltung konstant auf. Auch hier, ähnlich wie in der Beschreibung von Himmel und Erde, liegen ethisch-spirituell Entrücktes und Handfestes, Irdisch-Administratives nahe beieinander. Die Verpflichtung zum Lernen, die Konfuzius seinen Schülern auferlegt, soll garantieren, dass nicht Herkunft und Familienname, sondern allein Fleiß und Können über das Vorankommen entscheiden.

Die Tugenden, in die sich die Aspiranten in der Lehre üben sollen, sind Menschlichkeit, Rechtschaffenheit, Weisheit und die Einhaltung der Riten, von denen oben die Rede war. Diese Mischung aus, wenn man so will, Konkretem und Abstraktem weist darauf hin, dass der Staat, in dem die Menschen ihren Dienst tun, kein rein funktionaler ist und sich demnach *good governance* nicht ausschließlich auf Administrationsfragen beschränkt, sondern staatliches Tun die Werte vorgibt, nach denen gelebt werden soll. Eine Regierung hat sich sowohl um die materiellen Grundlagen der Bevölkerung als auch um deren ethisch-philosophische, tugendhafte Ausbildung zu sorgen. In der gegenwärtigen Diskussion um das Wesen der Menschenrechte vertritt die Volksrepublik in den internationalen Gremien, mit zunehmend größerem Einfluss, den Standpunkt, dass sich diese Menschenrechte in der Sicherung des materiellen Wohlstandes der Bevölkerung erschöpften. Diese Seite, diese Aspekte der Menschenrechte, die sich, um auf den liberalen Soziologen Ralf Dahrendorf zurückzukommen, in »sozialen Rechten« für die Menschen niederschlagen, korrespondieren allerdings mit »bürgerlichen Rechten«, zu denen unter anderem freie Meinungsäußerung, Religionsfreiheit oder das Wahlrecht gehören.

Diese bürgerlichen Rechte gehen in der westlichen Freiheitsgeschichte den sozialen voraus. Die Frage nach Religionsfreiheit bestimmt die Anfänge des europäischen Menschenrechtsdenkens. Früchte dieses Denkens sind die französische und amerikanische Revolution, in deren Mittelpunkt das Streben nach Glück steht, das in dem Moment ermöglicht ist, in dem der Mensch sich frei als der bestimmen kann, der er sein möchte. Eine staatlich gelenkte philosophisch-religiöse Standortbestimmung wird bewusst gemieden. Die soziale

Frage wird später, mit dem Beginn der Industrialisierung, der Landflucht und der Massenverelendung, immer drängender und verlangt nach einer Antwort, die nicht weniger grundsätzlich sein konnte als jene Standortbestimmung am Beginn der Neuzeit. Im heutigen freiheitlichen Denken korrespondieren beide, »bürgerliche Rechte« und »soziale Rechte«, als gleichberechtigt miteinander.

Xi Jinping dagegen maßt sich an, den Chinesinnen und Chinesen alle Werte und Verhaltensweisen, nach denen sie leben sollen, vorzuschreiben. Er glaubt zu wissen, dass Computerspiele den Charakter der Jugend verderben und feminines Aussehen bei Jungen und Männern die Moral untergräbt. Er hat kurzerhand angeordnet, dass entsprechende Darstellungen im Fernsehen und im Kino verboten sind. In seinem China geht es in dieser Hinsicht zu wie in Putins Russland (Homosexualität ist dekadent und der Untergang des Westens) und in Erdoğans Türkei (es gibt keine schwulen Türken, und muslimische Mütter müssen soundsoviele Kinder gebären).

Die meritokratische Gesellschaft, die Konfuzius vorschwebt, bleibt (indem er bürgerliche Freiheiten nicht explizit definiert) eine vormoderne. Würde Xi Jinping sagen, dass der Konfuzianismus sich mit der freiheitlichen Demokratie nicht vertrage, dann hätte er damit sicher recht. (Der katholische oder der islamische Glaube, beide, wie der Konfuzianismus auch, in tribalen Gesellschaften entstanden, vertragen sich streng genommen ebenfalls nicht mit den Werten der liberalen Demokratie.) Xi sagt aber, dass Chinesen aufgrund ihrer konfuzianischen Disposition keine Demokraten sein könnten, was natürlich Unsinn ist und reine Propaganda. Dass die Kommunistische Partei Chinas aus einer solchen Lehre Gewinn für ihr autokratisches Herrschafts- und Gesellschaftsmodell schlagen kann, ist klar, und entsprechend erfreut sich die Philosophie des Konfuzius heute wieder derart großer Beliebtheit.

Würde Xi Jinping wirklich konfuzianisch denken, müsste er allerdings die Menschen, die er zu repräsentieren vorgibt, mit einbeziehen, ihre Meinung hören, um so sein Regierungshandeln zu verbessern. Die Vorgänger Xis haben das gemacht, indem sie Experten aus dem Ausland einluden, um von ihnen zu lernen. Denn die konfuzianische Meritokratie kennt eine Rechenschaftspflicht – ein Gedanke, der sich bis heute in der Volksrepublik hält und der erklärt, warum es für eine bestimmte Zeit Protest im chinesischen Internet geben kann, bevor er durch die Zensoren verunmöglicht wird. Dieser Aspekt des Konfuzianismus wird von Xi allerdings geflissentlich übersehen. Damit sich im Volk nicht ein unkontrollierbarer Freiheitsdrang entwickelt, nutzt die Parteiführung moderne Überwachungstechnologien sowie das bereits erwähnte »Sozialkreditsystem«. Lokal dosiert ist Protest nicht unmöglich, einer Vernetzung dieses Protests tritt die Kommunistische Partei entschieden und mit aller Härte entgegen.

Xi und Konfuzius – eine unheilige Allianz. Xi Jinping zitiert beständig Konfuzius und andere klassische Quellen der chinesischen Philosophie und Geschichte. Der Journalist und Herausgeber Zhang Fenzhi versammelt in dem Band *Xi Jinping – How to Read Confucius and Other Chinese Classics* aus dem Jahr 2015 (da war Xi Jinping drei Jahre im Amt) zweihundert Passagen aus Reden, Artikeln und Interviews von Xi und analysiert, wie Xi diese Quellen im Kontext seiner politischen Entscheidungen gebraucht und interpretiert. Allein *dass* er diese Quellen gebraucht, unterstreicht den Anspruch Xis, die heutige Volksrepublik auf der Grundlage und nach dem Vorbild des alten China als eine Weltmacht auf die internationale Bühne zurückzuführen. Vor allem aber geht es um den Versuch, das moralische Vakuum, das eine totalitäre Ideologie zwangsläufig erzeugt, zu füllen und so der Diktatur Legitimität und Glanz zu verleihen.

Das *Time Magazine* nannte das Unterfangen Xis bereits im Jahr 2014 sehr zu Recht ein durchschaubares Spiel, denn er picke sich aus der Lehre des Konfuzius nur die zwei Aspekte »Hierarchie« und »Harmonie« heraus und lasse völlig außer Acht, dass die Idee vom Philosophen auf dem Thron nicht vereinbar sei mit der Autokratie und dem Kadavergehorsam gegenüber der Partei, die Xi zu Maximen seiner Herrschaft erhoben hat. Außer Acht lasse Xi vor allem die Rechenschaftspflicht, von der Konfuzius spricht, die Minister und andere Berater vom Herrscher einfordern konnten. Chinesische Herrscher hätten, so der Artikel, »oberste Autorität«, nicht jedoch »unumschränkte Macht« gehabt.

Xi Jinping hat erreicht, dass seine Doktrin gleichberechtigt neben der Mao Zedongs in der Verfassung der Kommunistischen Partei Chinas aufgeführt ist, eine Ehre, die dem Reformer Deng Xiaoping, der China nach den Wirren, dem Morden und dem Hungern der Kulturrevolution modernisiert hat, vorenthalten wird. Vielmehr hat Xi das Andenken Dengs aus der Öffentlichkeit verdrängt. Xis Version eines tugendhaften Führungsstils (Umerziehungslager und Zwangssterilisationen in Xinjiang, Gängelung der Tibeter, Untergrabung der Autonomie Hongkongs, Kriegsgebärden gegenüber Taiwan) lässt keinen Zweifel daran, dass der Philosoph ihm nur als ein Mittel des Machterhalts dient. Xis Konfuzianismus ist politische Theologie, das heißt, sie entbehrt völlig jener spirituellen und ethischen Dimension, die Religion ursprünglich ausmacht und die allein dazu in der

Lage wäre, Menschen, wenn sie es denn wollen, zu besseren Zeitgenossen zu machen.

2.3
XI JINPINGS TOTALITÄRER FÜHRERKULT

Heute, neun Jahre nach seinem Amtsantritt, ist deutlich, wohin Jinping Partei und Land lenken will: Er hat seine Konkurrenten in der Kommunistischen Partei mittels Korruptionsvorwürfen marginalisiert und unschädlich gemacht. Er hat seine Doktrin, neben Mao, in der Verfassung verankert. Deng Xiaoping und seine Nachfolger sind aus dem öffentlichen Diskurs verschwunden. Und schließlich hat sich Xi zum Präsidenten auf Lebenszeit ernennen lassen und damit alle Kontrollinstanzen, denen gegenüber er Rechenschaft ablegen müsste, außer Kraft gesetzt. In seine Amtszeit fällt der 100. Geburtstag der Kommunistischen Partei Chinas, der im Juli 2021 pompös begangen wurde. Die Bilder der Militärparade, die zu Ehren dieses Tages in Peking abgehalten wurde, erinnerten in Europa an die Paraden und Schauspiele, mit denen sich die Faschisten Adolf Hitler und Benito Mussolini feiern ließen.

In aller Kürze können die acht Jahre seiner Amtszeit so zusammengefasst werden: Xi Jinping hat die Volksrepublik in seiner Amtszeit von einer Autokratie in eine Diktatur verwandelt. Wenn er im Jahr 2023 zum dritten Mal zum Präsidenten gewählt wird, ist dieser Systemwechsel abgeschlossen. In einer Autokratie, wie es die Volksrepublik zuvor war, gibt es keine absolute Macht für eine einzelne Person. Auch wenn China keine Demokratie war, so gab es doch verschiedene Strömungen in der Kommunistischen Partei. Deng Xiaoping war bekannt dafür, dass er Expertenmeinungen aus dem Ausland einholte und so Informationen sammelte mit dem Ziel, die besten Ergebnisse für die Entwicklung der Volksrepublik zu erzielen. Das ist kein demokratischer Prozess, aber doch immerhin eine Form des Dialogs. Unter dem Präsidenten auf Lebenszeit Xi Jinping ist ein Dialog nicht vorgesehen. Ganz im Gegenteil.

Wie jede Diktatur funktioniert auch die chinesische nur mit Angst und Einschüchterung nach innen und einem Feindbild von außen. Das »Sicherheitsgesetz« in Hongkong macht deutlich, wie Xi vorgeht. Im Wortlaut nicht eindeutig ist es zuallererst dazu gedacht, die Menschen dazu zu bringen, aus Furcht vor Strafe die eigenen Gedanken zu zensieren und womöglich sogar zu sanktionieren. Die Furcht vor einer jederzeit möglichen Strafe führt bei der Bevölkerung zwangsläufig zu Paranoia, denn die Einschüchterung verläuft nie nach rationalen Gesichtspunkten. Man stelle sich vor, einer meiner Gesprächspartner wäre nach unserem Treffen von der Polizei einbestellt worden. Gewiss wäre er gefragt worden, woher wir uns kennen. Selbst wenn mein Bekannter die Wahrheit gesagt hätte – dass wir uns beispielsweise von der Universität her kennen –, so wäre nicht abzusehen gewesen, welche Folgen das für ihn gehabt hätte, ob es womöglich zu einem Verfahren und einer Verurteilung gekommen wäre – oder auch nicht. Die Nichtberechenbarkeit möglicher Sanktionen wegen nicht begangener Straftaten macht auf Dauer mürbe. Es führt zum Misstrauen der Menschen untereinander. Nie ist man sicher, ob einen die Nachbarn oder Arbeitskollegen anschwärzen, um ihren eigenen Kopf aus der Schlinge zu ziehen. Es gibt keinen Lebensbereich mehr, in dem man sich sicher fühlen kann, weder in der Kirche noch in der Schule oder dem Sportverein.

Diese Paranoia macht keineswegs halt vor den Schaltzentralen der Partei bis hinauf in die höchsten Ränge. Ein guter Beleg dafür ist der Kopfverlust, der die chinesischen Kontrollbehörden erfasst, wenn etwa ein Basketballer der NBA aus den USA einen unterstützenden Tweet für Hongkong absetzt oder eine Schauspielerin bei einem Statement Taiwan etwa ein »Land« oder gar einen »Staat« nennt. Wäre die Volksrepublik eine erstarkende Wirtschaftsmacht, könnte ihre Führung gelassen bleiben und müsste sich nicht in fast schon entwürdigender Weise im Kontrollwahn über alles und jeden hermachen. Gelassenheit gibt es in Diktaturen nicht. Xi Jinpings Schergen nutzen jede abweichende Stimme, um gegenüber den eigenen Landsleuten zu belegen, dass der äußere Feind jederzeit zuschlagen kann. Damit ziehen sie auch die Schlinge um die Hälse ihrer Landsleute enger, denen klar wird, dass auch sie, nicht nur Ausländer, jederzeit zum Schweigen gebracht und bestraft werden können.

Es ist fraglich, ob in einer solchen Gesellschaft der Diktator selbst einen kühlen Kopf behalten kann oder ob nicht auch er der von ihm selbst gestreuten Paranoia am Ende zum Opfer fällt. Mittlerweile sieht auch Xi Jinping nur noch Feinde, daheim und draußen in der Welt. Bei einem meiner Besuche in Hongkong erklärte mir ein deutscher Wirtschaftsvertreter, dass man vor Deutschland, einem Land, das in Wirtschaft und Handel ein verlässlicher Partner Chinas war, letztlich keinen Respekt mehr habe. Man verbitte sich jede Form der Kritik, die, noch in der mildesten Form vorgetragen, sofort als Affront verstanden werde. Immerhin Angela Merkel, so der Gesprächspartner, genieße in der Volksrepublik noch einen gewissen Respekt, ein Privileg, das ein Kanzler, eine Kanzlerin nach Merkel nicht mehr genießen werde. Nach der Veröffentlichung meines Hongkong-Buches im September

2020 sprach ich mit einem Mitglied des Europaparlaments zum Thema und drückte meine Hoffnung aus, dass Deutschland als langjähriger Partner Chinas vielleicht eine vermittelnde Rolle einnehmen könne in dem eskalierenden Streit zwischen der Diktatur und den USA. Ich sagte: »China wird doch wenigstens einen Freund in der Welt behalten wollen.« Doch mein Gesprächspartner winkte ab. »Nein, das will die chinesische Führung offenbar nicht.«

Angesichts dieses Befunds ist der Weg der ideologischen Transformation Chinas abgeschlossen: Das Land ist eine faschistische One-Man-Show. Eigenverantwortliches Handeln der Untergebenen ist nicht erwünscht, sondern Planerfüllung gefordert. Auf den lokalen Ebenen müssen die Funktionäre der Partei Ergebnisse erzielen, die sie direkt an Peking zu übermitteln haben. In einer solchen Stimmung, in der nicht die Besten im Sinne der konfuzianischen Lehre an den Schalthebeln der Macht sitzen, sondern willfährige Parteikader, werden Zahlen übermittelt, die die jeweiligen Funktionäre in gutem Licht dastehen lassen und nicht ihre Zukunft in Gefahr bringen.

Ein solches System der Angst vor Bestrafung oder davor, bei der nächsten Beförderung übergangen zu werden, hat nicht nur Konsequenzen für die Menschen in der Volksrepublik, sondern auch für die Weltgemeinschaft, wie während der Coronapandemie deutlich wurde. Um ihr Gesicht zu wahren, haben Funktionäre auf der lokalen Ebene nicht entsprechend Meldung an die Behörden gemacht, als das Virus begann, in Wuhan zu wüten. Diese Verschleppungstaktik zieht sich bis in die Staatsspitze, die ihrerseits gegenüber der Weltgesundheitsbehörde keine vollständigen Angaben gemacht hat. Noch heute verweigert Peking einer Gruppe von internationalen Wissenschaftlerinnen und Wissenschaftlern, die den

Ursprung der Pandemie in China untersuchen möchte, um für künftige Ausbrüche gewappnet zu sein, den Zugang und die Zusammenarbeit.

Die Angst vor dem Gesichtsverlust (und den damit verbundenen existenziellen Folgen) zieht sich durch die ganze Gesellschaft. Selbst ein Präsident Xi muss Ergebnisse vorweisen – er muss nach außen Stärke demonstrieren, um im Innern seinen Machtanspruch zu festigen. Dies stellt ihn, Xi, und mit ihm den Rest der Welt vor eine besondere Herausforderung, wenn es um Taiwan geht. Der Präsident steht unter Druck. Er muss früher oder später seinen vollmundigen Drohungen gegenüber der benachbarten Inselrepublik Taten folgen lassen. Die Scharfmacher in Peking erwarten von ihm die militärische Eroberung der Insel. Xi hat seine Regierungszeit genutzt, den in der Volksrepublik ohnehin verbreiteten Glauben, bei Taiwan handele es sich um eine abtrünnige Provinz, mit seiner Rhetorik der harten Hand zu verbinden. In einem Moment, in dem es keine politische Konkurrenz und keine zugelassene zweite Meinung gibt, droht der Konflikt mit Taiwan in einen globalen Krieg zu eskalieren. Das von Xi gleichgeschaltete politische System der Volksrepublik wird hier keinen Bremsblock zwischen Taiwan und die »Volksbefreiungsarmee« werfen.

Die Mitglieder des Nationalen Volkskongresses werden keineswegs von den Chinesinnen und Chinesen gewählt, sondern von der Parteiführung ausgesucht. Die Mitgliedschaft in diesem »Parlament« gilt als Auszeichnung, ein Dank für die Verdienste um die Kommunistische Partei. Theoretisch könnte hier eine gewisse Durchlässigkeit aufrechterhalten werden, die zwar nicht auf Leistung, aber dennoch auf Kriterien beruht, die Parteikadern bekannt sind. Wenn die Spitze des Staates auf Jahrzehnte womöglich nicht mehr neu besetzt wird, wird selbstverständlich auch die Motivation der jungen Generation nicht geweckt, denn sie weiß: Nicht durch Leistung, sondern nur durch Anbiedern kann sie in Machtpositionen gelangen.

Der Zustand des Nationalen Volkskongresses zeigt einmal mehr, wie sehr Xi Jinpings Ideologie von den Überzeugungen eines Deng Xiaoping entfernt ist: Deng hat für gut funktionierende, unabhängige staatliche Institutionen und Verwaltung geworben, und dies nicht, um die Partei zu schwächen, sondern um die Umsetzung der von ihr gemachten Politik effizient zu gestalten und nachhaltig zu gewährleisten. Für Xi hingegen steht die Partei über allem, nicht der Staat. Er möchte, dass alle Regungen der Gesellschaft von der Partei in einem ersten Schritt erkannt und in einem zweiten gesteuert werden. So muss jedes Unternehmen, das mehr als drei Mitglieder der KP als Mitarbeiter beschäftigt, ein Verbindungsbüro zur Partei unterhalten. Die Partei setzt eine Verbindungsperson in dem Unternehmen ein, dem die Aufgabe zufällt, die Linientreue der Unternehmensführung und der Mitarbeitenden im Blick zu behalten. Es werden also nicht nur uigurische Muslime zu Hause von Parteikadern bespitzelt. Überall in der Volksrepublik unterhält die Partei Zellen, deren Aufgabe es ist, die Mitbürgerinnen und Mitbürger auszuspionieren. Derzeit gibt es Schätzungen zufolge fünf Millionen solcher Zellen in China.

Die Kommunistische Partei China hat heute (Stand Juli 2021) rund 95 Millionen Parteimitglieder, das sind ungefähr 6,6 Prozent der chinesischen Gesamtbevölkerung. 2300 von ihnen werden ausgewählt, die Kommunistische Partei im Nationalen Volkskongress zu repräsentieren. Dieser tritt einmal im Jahr, in der Regel im März (am Beginn des neuen chinesischen Jahres), zusammen. Aus der Reihe dieser Delegierten werden die 380 Mitglieder des Zentralkomitees bestimmt.

Das Zentralkomitee wiederum bestimmt die Mitglieder des Politbüros, dessen Zahl je nach Vorliebe und Bestimmung des amtierenden Generalsekretärs verändert werden kann. Derzeit gehören 25 Personen dem Politbüro an. Von diesen Mitgliedern des Politbüros werden einige in den Ständigen Ausschuss berufen. Auch hier wird die Zahl vom Generalsekretär festgelegt.

Unter Xi Jinping dienen sieben Menschen in diesem Komitee. Der Generalsekretär, der dieser Gruppe angehört, ist ihr wichtigstes Mitglied und zugleich der Vorsitzende aller 95 Millionen Parteimitglieder. Die Posten in der Kommunistischen Partei Chinas werden nicht durch die Wahl der Besten vergeben, sondern es wird hinter verschlossenen Türen bestimmt, wem die Mitgliedschaft im Politbüro und dem Ständigen Ausschuss übertragen werden soll. Die auf diese Diskussion folgende Wahl gilt als Formalie. Die bestätigten Mitglieder der beiden Kammern wiederum bestimmen, wer in das Zentralkomitee aufgenommen werden soll. Auch hier gilt die Wahl im Anschluss als eine Formalie.

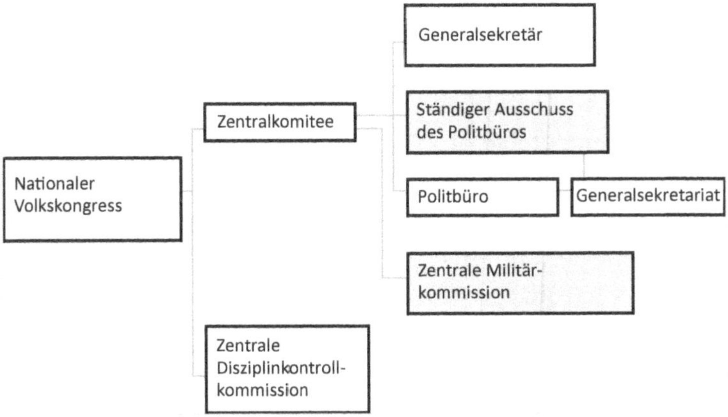

Abb. 3: Politisches System der Volksrepublik China

Harvard-Professor und China-Experte Anthony Saich beschreibt die Mitgliedschaft im Nationalen Volkskongress in einer Publikation des von ihm geleiteten »Ash Center« »als einen Ausdruck der Wertschätzung durch die nationale Führung« und betont den »zeremoniellen« Charakter, den diese Aufgabe auszeichne. Die Aufgabe des Nationalen Volkskongresses, so Saich, habe mit jenen eines Parlaments im demokratischen Sinne nichts gemein. Der Kongress kommt nur einmal im Jahr für zwei Wochen zusammen, für den Rest der Zeit ist das Organ, das die Gesetze macht, der Ständige Ausschuss. Im Nationalen Volkskongress hält die Kommunistische Partei China 2300 der 2980 Sitze. Die anderen Sitze sind für Angehörige anderer zugelassener Parteien vorgesehen, die sogenannten acht demokratischen Parteien. Die Bedingung für ihre Integration in den Nationalen Volkskongress ist, dass sie den Primat der Kommunistischen Partei Chinas anerkennen. Zudem werden auch Experten in diese Versammlung bestellt, die kein Parteibuch haben. Es wird erwartet, dass die bei der Versammlung des Nationalen Volkskongresses vorgestellten Initiativen von den anwesenden Delegierten angenommen werden. Das letzte Mal, dass es zu einem offenen Dissens bei dieser gut durchchoreographierten Veranstaltung kam, war im Jahr 1992, als ein Drittel der Delegierten sich gegen den Bau eines kontrovers diskutierten Staudamms aussprachen. Trotz des Widerspruchs wurde der Damm am Ende gebaut. Nominell gilt laut der Verfassung der Nationale Volkskongress als das Herzstück des chinesischen Staatsaufbaus. Dieses Gremium hat aber de facto keinen Einfluss auf Anträge, Gesetze und politische Vorhaben. Entwürfe hierfür werden ihm lediglich »for consideration« vorgelegt, wie Saich schreibt, also »zur Abwägung«.

Deng Xiaopings Marktreformen waren von der Erkenntnis geleitet, dass Wandel durch Institutionen vorangebracht wird, die möglichst eigenständig agieren, um nicht für Partikularinteressen missbraucht zu werden. Dieses Modell des Reformers, dem alle seine Nachfolger bis zu Xi Jinping folgten, sah den Staat und die Partei als jeweils eigene Akteure. Ähnliches galt auch für die Judikative, die in der Deng-Ära zur Eigenständigkeit ermutigt und nicht den Postulaten der Partei unterworfen wurde. Die Herrschaft des Rechts sollte demnach auch eine Ordnung jenseits des Klassenkampfs etablieren, der in den frühen Jahren nach der maoistischen Machtergreifung zu Enteignungen und Morden geführt hat.

Der Klassenkampf sollte Dengs Maßgaben zufolge Rechtsprinzipien weichen. Das machte aus China noch keinen Staat, in dem es Gewaltenteilung gegeben hätte. Die Prinzipien der Verfassung waren nach wie vor der Ideologie der Kommunistischen Partei verpflichtet. Präsident Xi jedoch ging so weit, seine Lehre in den Verfassungsrang zu heben. Im Jahr 2018 wurden zudem eine ganze Reihe von Regelwerken der Kommunistischen Partei unter dem Oberbegriff »Regelgeleitetes Regierungshandeln« zur politischen Kontrolle des Landes eingeführt. »Chinas Rechtssystem unterscheidet sich von allen anderen durch die ›Kommission für Politik und Recht‹ der Kommunistischen Partei und deren lokale Untergruppierungen, um die Oberherrschaft der Partei über die Judikative zu sichern«, schreibt Anthony Li in *China Perspectives* (2/2016). »Die Kommission ist mit immenser Macht ausgestattet«, so Li, »um die Gerichte und andere juristische Einrichtungen im Hinblick auf ihre ideologische Ausrichtung und ihre Organisationsstruktur zu kontrollieren.«

Noch Xis Vorgänger, Hu Jintao, hatte die Prämisse ausgegeben, dass eine innerparteiliche Demokratie »das Leben der Partei« sei. Unter Xi ist die Hierarchisierung der Partei zum Leitprinzip geworden. Im Jahr 2023 endet die zweite Amtszeit des Präsidenten. Seine Bestätigung für eine dritte dürfte reine Formsache sein. Noch scheint Xi Jinping seinen Regierungsapparat unter Kontrolle zu haben. Aber spätestens in seiner nächsten Amtszeit wird sich zeigen, wie weit das Land von einer effektiven Verwaltung abrücken muss, um die zentralisierte Macht zu erhalten.

2.4
ÜBERWACHUNGSSTAAT CHINA: TECHNOLOGIE IM DIENSTE DES DIKTATORS

Das Buch *Schöne neue Welt* des englischen Autors Aldous Huxley aus dem Jahr 1932 gehört zu den bedeutendsten Romanen des zwanzigsten Jahrhunderts. Es spielt in einer dystopischen Zukunft, in einem Staat, der seine Untertanen bis in die letzte Regung kontrolliert und überwacht. »Keine Privatsphäre, keine Familie, keine Monogamie«, lauten die drei wichtigsten Regeln in dieser Welt. Der Inhalt dieses verstörenden Romans wurde seit seinem Erscheinen immer wieder mit realen Diktaturen verglichen und die Frage gestellt: Wie weit kann Überwachung gehen, wie weit Kontrolle und Manipulation?

Nicht minder berühmt ist der Roman *1984* des Autors George Orwell, der im Jahr 1949 erschienen ist. In der Welt, die Orwell entwirft, ist jede individuelle Regung verboten. Dass die Menschen nicht aus der verordneten Passivität ausbrechen, darüber wacht die herrschende Partei mit ihrem Parteiführer, dem Großen Bruder.

Die technologischen Möglichkeiten der Gegenwart machen diese Bücher wieder aktuell. In der Volksrepublik China will ein flächendeckendes soziales Kontrollsystem alle Menschen im Land danach beurteilen, ob und wie sehr sie mit der Partei auf einer Linie sind. Wer sich etwas zuschulden kommen lässt, muss mit Sanktionen rechnen. Die Möglichkeiten, Einspruch gegen die Entscheidung des Systems einzulegen, gibt es im Unrechtsstaat China nicht.

Im Nordwesten des Landes hat die kommunistische Führung die Provinz Xinjiang in ein großes Freiluftgefängnis verwandelt. In sogenannten Umerziehungslagern werden (vor allem männliche) Uiguren gefangen gehalten und einer Gehirnwäsche unterzogen. Sie sollen ihre Kultur und Religion aufgeben und zu »echten Chinesen« werden. Darüber hinaus hat Peking in der Provinz Überwachungssysteme installiert, die jeden Schritt, den die Menschen tun, beobachten. Die Mobiltelefone, die die Menschen verwenden müssen, geben der Führung in Peking genauen Aufschluss darüber, wie sich die Nutzer wann und wohin bewegen. Die kommunistische Führung nutzt für dieses Tun die junge Tech-Industrie der Volksrepublik, die auf diese Weise mitschuldig wird an den Verbrechen gegen die Menschlichkeit, die in China begangen werden. Doch damit nicht genug: Es ist das Ziel der Volksrepublik, ihre Technologien an andere Diktaturen zu verkaufen. Damit leisten sie dem totalitären Modell, für das China die globale Patenschaft übernommen hat, Vorschub und exportieren die Unterdrückung der Menschen weltweit.

In Xinjiang kommt es, wie wir bereits gesehen haben, wie in Huxleys Buch zur Kontrolle der Fruchtbarkeit uigurischer Frauen. Peking möchte verhindern, dass Muslime Kinder bekommen. Der Kongress der Vereinigten Staaten von Amerika hat daher, wie bereits erwähnt, das, was in Xinjiang geschieht, als Genozid, als Völkermord bezeichnet.

Die totale Überwachung im Inneren ist ein Kernelement

der Gleichschaltung nach faschistischem Vorbild, die Präsident Xi Jinping in der Volksrepublik umsetzen will. Der Machthaber hat die Marktreformen Deng Xiaopings annulliert, um totale Kontrolle über die Wirtschaft zu gewinnen. Für die Unterhaltungsindustrie hat er verordnet, dass nur noch »männliche« Charaktere gezeigt werden dürften, alles »Weibliche«, das die gesunde Volksseele zersetzen könnte, darf nicht mehr auf Bildschirme und Bühnen. Dasselbe gilt für Computerspiele, deren wöchentlich erlaubte Nutzungszeit von ihm weiter reduziert wurde. Vom Teenager bis zum höchsten Richter sind die Chinesen angehalten, *Xi Jinpings Gedanken* zu lesen, eine Sammlung von Büchern, in denen der Diktator darlegt, wie in China künftig gelebt und gedacht werden soll.

Gleichzeitig werden Militär und Zivilgesellschaft zusammengeführt, Rüstung und Wirtschaft miteinander verzahnt und Chinas Expansionsgelüste durch Aufrüstung und die Instrumentalisierung der sogenannten Neuen Seidenstraße zu militärischen Zwecken vorangetrieben. China möchte nicht nur Einfluss auf die eigene Gesellschaft nehmen, sondern auch auf den Rest der Welt: Die Volksrepublik will steuern, wie die Nationen weltweit über China denken, und hat klare Vorstellungen davon, wie diese Nationen dem Reich Xi Jinpings gegenüber aufzutreten haben.

Dieser vielgliedrige Umbau der Gesellschaft wird in den Regierungen der freien Welt selten zusammen gesehen. Das verhindert eine umfängliche Neuausrichtung der Politik gegenüber einem zunehmend aggressiven China, das die eigene Bevölkerung gängelt und eine Gefahr für die Freiheit der Menschen auf der ganzen Welt darstellt.

Neun der zehn am meisten überwachten Städte liegen in der Volksrepublik China. »Die Stadt Chongqing hält den zweifelhaften Rekord, die am meisten überwachte Stadt der Welt zu sein. Die brodelnde Masse von 15,35 Millionen Menschen, die die Gegend um den Zusammenfluss des Jangtse und des Jialing bevölkern, wurde im Jahr 2019 mit 2,58 Millionen Kameras überwacht, wie eine Analyse der Technologie-Website Comparitech im August 2021 festgestellt hat. Das sind Orwell'sche Verhältnisse – eine Überwachungskamera für 5,9 Bürger. Das ist 30-mal mehr als in Washington, D.C.«, wie das *Time Magazine* schreibt. Ein solches Vorgehen, die anlasslose biometrische Kameraüberwachung, verstößt gegen den »Internationalen Pakt über bürgerliche und politische Rechte«. Dieses Abkommen sieht vor, dass nur die Daten von den Menschen gesammelt und genutzt werden dürfen, die in Zusammenhang mit konkreten Verstößen gegen das Gesetz gebracht werden können. Flächendeckende Überwachung mit diesen Technologien lehnt der Pakt klar ab. Zudem haben Menschen das Recht zu wissen, welche biometrischen Daten eine Regierung von ihnen hat. China implementiert dieses Abkommen nicht in seine nationale Gesetzgebung, sodass es in dem Land keine Möglichkeit gibt, diese Rechte vor Gericht einzuklagen.

Der Wissenschaftliche Dienst des Deutschen Bundestages hält bezüglich der Akzeptanz internationaler Abkommen in China fest: »Die Volksrepublik China ist Vertragsstaat vieler bedeutender internationaler Menschenrechtsverträge. Hervorzuheben ist, dass China den Zivilpakt (Internationaler Pakt über bürgerliche und politische Rechte, IPbpR), einen der zentralen Menschenrechtsverträge mit 173 Vertragsstaaten, zwar unterzeichnet, aber bislang nicht ratifiziert hat. Dass China den Sozialpakt (Internationaler Pakt über wirtschaftliche, soziale und kulturelle Rechte, IPwskR) dagegen ratifiziert hat, signalisiert eine Präferenz und Priorisierung der wirtschaftlichen und sozialen Rechte« (in: »Die Volksrepublik China und der internationale Menschenrechtsschutz«, WD 2–3000–027/20).

Ich habe an anderer Stelle bereits darauf hingewiesen, dass die chinesische Führung »bürgerliche Rechte« als gleichberechtigte Menschenrechte neben den »sozialen Rechten« – die Unterscheidung, die unter anderem Ralf Dahrendorf in seinem Buch *Der moderne soziale Konflikt* herausgestellt hat – nicht akzeptiert. Kommentatoren verweisen als Begründung dafür auf die konfuzianische Tradition, die den Wert des Einzelnen für das Gemeinwesen in den Vordergrund rücke. Mir scheint das bewusste Nichtimplementieren internationaler Abkommen in die nationale Rechtsprechung eher nahezulegen, dass man nach außen illustrieren möchte, man achte zwar das Internationale Recht, nach innen allerdings völlig anders agiert.

Für die Zentralregierung in Peking sind die Kameras ein Element der Steuerung ihrer Bürger. Anders als beispielsweise in London – der Stadt mit den meisten Überwachungskameras in einem westlichen Land – dienen die Kameras in China nicht nur der Verfolgung von Straftätern im öffentlichen Raum. Sie werden vielmehr verknüpft mit anderen Daten, die die Führung etwa durch den Zugriff auf die Daten von Handy-Nutzern erhält. Telekommunikationsunternehmen verfolgen bereits seit langem die Bewegungen ihrer Nutzer. China Mobile bietet beispielsweise den Einwohnern von Peking an, ihnen per SMS mitzuteilen, wo sie sich in den letzten 30 Tagen aufgehalten haben. Laut Agentur Reuters erklärte die Firma dazu, »dass dieser Service nützlich sein könnte, sollten ihre Nutzer von den Behörden oder ihren Arbeitgebern dazu befragt werden, wo sie sich aufgehalten haben«.

Human Rights Watch fasst die Situation in China wie folgt

zusammen: »Die Regierung sammelt und bündelt Daten der Chinesinnen und Chinesen, die sie aus verschiedenen Quellen zusammenträgt. Seit August 2016 veröffentlicht das ›Xinjiang Bureau of Public Security‹ Beschaffungsmitteilungen, die die Einrichtung der ›Integrated Joint Operations Platform‹ (IJOP) bestätigen. Das ist ein System, das Daten über Einzelpersonen aus vielen verschiedenen Quellen erhält. Die Präfektur Kashgar scheint eine der ersten Gegenden zu sein, in denen das System vollständig ist und regelmäßig genutzt wird. Hinweise zeigen, dass das IJOP Informationen aus mehreren Quellen oder ›Sensoren‹ sammelt. Eine Quelle sind CCTV-Kameras, von denen einige über Gesichtserkennungs- oder Infrarotfunktionen verfügen (damit ist auch Nachtsicht gewährleistet). Einige Kameras sind an Orten angebracht, die von der Polizei als sensibel eingestuft werden: Supermärkte, Schulen, religiöse Stätten und Internetcafés beziehungsweise Spielhallen. Eine weitere Quelle sind ›WLAN-Sniffer‹, die die eindeutigen Identifizierungsadressen von Computern, Smartphones und anderen vernetzten Geräten sammeln. Das IJOP erhält auch Informationen wie Kfz-Kennzeichen und Bürgerausweisnummern von einigen der unzähligen Sicherheitskontrollen der Region und von ›Besuchermanagementsystemen‹ in Gemeinden mit Zugangskontrolle.«

Damit haben die Menschen in China keine Möglichkeit mehr, sich zu verhalten, zu äußern oder zu bewegen, ohne dass die Führung sie kontrollieren kann. Aber Kontrolle ist das eine, Lenkung das andere. Sind der Regierung die Verhaltensmuster der Menschen bekannt, kann sie diese künftig auch steuern. Sie können den Menschen suggerieren, sie täten bestimmte Dinge auf eigene Initiative. Dabei folgen sie in Wahrheit einem Realitätsmuster, das die Diktatur ihnen über ihre Smartphones als die Wirklichkeit verkauft. Aus der Volksrepublik China wird so ein neues Nordkorea, in dem die Spitze des Staates, Xi Jinping und sein engster Kreis, die Macht hat, jede Windung des Lebens aller Menschen in China zu manipulieren. Was in den dystopischen Romanen von Huxley und Orwell die Lesenden gruseln sollte, ist heute Realität geworden. Nach innen wird diese Kontrolle als notwendiger Schritt verkauft, sich gegen die Einflüsse der Feinde aus dem Ausland abzuschotten und zu sichern und gleichzeitig alle »feindlichen Elemente« im Inneren zu isolieren und unschädlich zu machen. »Die Übernahme der digitalen Souveränität spielt eine Schlüsselrolle beim Schutz unserer nationalen Interessen gegen feindliche Kräfte im In- und Ausland«, sagt He Aoxuan, Forscher an der Pekinger Beihang University in einem Artikel der *Financial Post.*

Digitale Souveränität bezeichnet in der freien Welt die Möglichkeit von Nutzerinnen und Nutzern, eigenverantwortlich zu regeln, welcher Anbieter online welche Daten von den jeweiligen Menschen erhält. Die Forderung nach digitaler Souveränität geht einher mit dem Mandat, Möglichkeiten zum Erwerb von Medienkompetenz bereitzustellen, sei es durch die erzieherischen Institutionen des Staates zum einen oder durch die jeweiligen digitalen Plattformbetreiber auf der anderen Seite. In jedem Fall meint der Begriff nicht die totale Überwachung jeder Person durch den Staat. Die Verwendung des Begriffs »digitale Souveränität« hier kann nur als gezielte Verschleierung betrachtet werden für das, was in China wirklich passiert.

Regime wie das chinesische geben sich gern Namen, die nach Demokratie klingen. Man heißt verständlicherweise lieber »Volksrepublik China« als »Totalitäre Diktatur China«. Der Artikel in der *Financial Post* deckt diesen Zusammenhang richtig auf und bezeichnet die Volksrepublik aufgrund ihrer Möglichkeiten und ihres ungehemmten Vorgehens als »techno-authoritarian superpower«. Dabei greift der Begriff »autoritär« noch zu kurz. Ungarn, Polen oder die Türkei sind autoritär geführte Staaten. Solange es dort noch, bei allen Schwierigkeiten, die zweifelsohne bestehen, eine politische Opposition, unbeirrbare Richter oder den Rest einer freien Presse gibt, sind diese Länder keine Diktaturen. In China sind auch noch die letzten kritischen Stimmen zum Verstummen gebracht und jede Instanz, die als Kontrollmöglichkeit der Herrschenden fungieren könnte, abgeschafft worden. Daher gilt: Das Land ist eine Diktatur, kein autoritärer Staat.

Die Volksrepublik trachtet danach, ihren Einfluss als führende Diktatur weltweit auszubauen. Ein Baustein hierfür ist es, die im Land entwickelte Technologie zur Totalüberwachung der Bevölkerung zu exportieren. »Während westliche Demokratien Sicherheitsvorkehrungen treffen, um die Bürger vor der grassierenden Datensammlung durch Regierungen und Unternehmen zu schützen, exportiert China seine KI-gestützte Überwachungstechnologie an autoritäre Regierungen auf der ganzen Welt. Laut einem Bericht von Freedom House aus dem Jahr 2018 stellen chinesische Firmen mindestens 18 Nationen von Venezuela bis Simbabwe Hightech-Überwachungstools zur Verfügung«, schreibt das *Time Magazine*.

Dabei nutzen die Führung Chinas und die Technologiefirmen, die sich in ihren Dienst stellen, perfiderweise die Daten der Uiguren, der ethnischen Minderheit in der Provinz Xinjiang im Nordwesten der Volksrepublik. Der *Guardian* berichtet: »Die Parteiführung begann, chinesischen Technologiefirmen Anreize zu geben, Technologien zu entwickeln, die der Regierung helfen könnten, die uigurische Gesellschaft zu kontrollieren. Milliarden Dollar an Regierungsaufträgen wurden vergeben, um ›intelligente‹ Sicherheitssysteme in der gesamten Uiguren-Region zu bauen«, so das britische Blatt. Der Artikel wartet mit beunruhigenden Details auf, wie Regierung und Technologie bei der Entrechtung der Uiguren Hand in Hand gehen: »Aus Sicht des sicherheitsindustriellen Establishments Chinas besteht der Hauptzweck des Lebens der Uiguren darin, Daten zu generieren, die dann verwendet werden können, um diese Überwachungs- und Kontrollsysteme weiter zu verfeinern [...] Wie ein Sprecher eines dieser Technologie-Start-ups es ausdrückte, sind 60 Prozent der Länder mit muslimischer Mehrheit Teil von Chinas wichtigstem internationalen Entwicklungsprojekt, der ›Neuen Seidenstraße‹, sodass es ›unbegrenztes Marktpotenzial‹ für die Art der Bevölkerungskontrolltechnologie gibt, die sie in Xinjiang entwickeln.«

Mit anderen Worten: Weil die Kommunistische Partei Chinas Muslime generell für eine Gefahr für Frieden und Stabilität hält, legt sie den Ländern, in denen sie mit der »Neuen Seidenstraße« aktiv sind (rund 140 insgesamt, 60 Prozent sind demnach 84), implizit nahe, Überwachungstechnologie für etwaige muslimische Proteste oder gar Aufstände zu erwerben. Die Uiguren werden also nicht nur zur Zwangsarbeit verpflichtet, all ihrer Rechte beraubt, sondern auch noch ausgebeutet als Quelle für Daten, die helfen sollen, sie besser zu unterdrücken und, als Folge, hilfreich dabei sind, andere Menschen gleichermaßen zu unterjochen.

Die *New York Times* berichtet aus Kashgar, einer Stadt in Xinjiang, die die chinesischen Behörden in einen, so die *NYT*, »virtual cage«, einen »virtuellen Käfig«, verwandelt haben: »Das von der China Electronics Technology Corporation, einem staatlichen Rüstungshersteller, entwickelte und verkaufte System in Kashgar steht an der Spitze eines florierenden neuen Marktes für Technologie, mit dem die Regierung Millionen von Uiguren und Mitgliedern anderer muslimischer ethnischer Gruppen in Xinjiang überwachen und unterwerfen kann.«

Mit den Daten, die zu Hause erhoben werden, will China den Bedarf nach Überwachung im Ausland stillen. Das Internetportal für Wirtschaftsnachrichten *Quartz* berichtet in diesem Zusammenhang: »Laut eines Berichts des Carnegie Endowment for International Peace setzen mindestens 75 von 176 weltweit befragten Nationen KI-Technologien aktiv zu Überwachungszwecken ein. Dazu gehören Gesichtserkennungssysteme, intelligente Polizeiinstrumente und die Einrichtung sicherer Stadtplattformen. Die weltweit führenden Anbieter dieser Systeme sind chinesische Firmen, angeführt von Huawei, die diese Technologien in mindestens 50 Staaten weltweit geliefert hat.« Angesichts der zentralen Rolle von Huawei erscheint das Anliegen, die Firma in freiheitlichen Ländern nicht operieren zu lassen, einmal mehr gerechtfertigt.

Im Jahr 2019 begann die KI-Überwachungsexpansion Chinas auf dem afrikanischen Kontinent. Das erste Land, in dem chinesische Firmen tätig wurden, ist Simbabwe. Das Land wurde bis 2017 knapp dreißig Jahre lang von Diktator Robert Mugabe gelenkt. Seit seinem vom Militär erzwungenen Rücktritt lenkt einer seiner Vertrauten, Emmerson Mnangagwa, die Geschicke des Landes. Die Nachrichtenplattform *AllAfrica.com* zitiert in einem Bericht über den Beginn der Zusammenarbeit im Oktober 2019 den ehemaligen simbabwischen Botschafter in China Christopher Mutsvangwa mit den Worten: »China hat sich als unser Allwetterfreund erwiesen, und dieses Mal haben wir uns an sie gewandt, um unsere KI-Revolution in Simbabwe anzuführen.« Das Land habe, so Mutsvangwa weiter, kürzlich Spenden von Gesichtserkennungsterminals von CloudWalk Technology, einem Unternehmen mit Sitz in der südchinesischen Provinz Guangdong, erhalten. »Es ist das erste Mal, dass China das KI-Feld in Afrika betritt.«

Diktaturen unter sich. Sie werden die Möglichkeiten, mit neuen Technologien Menschen zu entrechten, ohne jeden Zweifel bis zum Äußersten nutzen. Xinjiang belegt das. In der Konfrontation zwischen freier und unfreier Welt wird der Technologiesektor eine, wenn nicht die entscheidende Rolle spielen.

Das sogenannte Sozialkreditsystem ist jedenfalls nur denkbar mit den vielfältigen Überwachungsmöglichkeiten, die die Kommunistische Führung in China bereits geschaffen hat. Es ist gedacht als eine Möglichkeit der Instant-Sanktionierung für Regelverstöße, sodass, wenn es einmal flächendeckend eingesetzt werden kann, Gerichte überflüssig werden könnten. Den Bürgerinnen und Bürgern werden Punkte von ihrem »sozialen Kredit« abgezogen, wenn sie bei der Übertretung eines Verbotes ertappt werden. Eine solche Herabstufung kann bereits erfolgen, wenn eine Person die Straße nicht an einer dafür vorgesehenen Ampel überquert. Die Überwachungskameras erfassen das Vergehen und spielen, aufgrund der biometrischen Erkennung, zu der sie fähig sind, das Gesicht der Übertreter auf große Leinwände. Die Menschen sollen auf diese Weise öffentlich beschämt werden, ihr Gesicht verlieren. Ein solcher Gesichtsverlust gilt als größte Demütigung in China.

Das Sozialkreditsystem startete im Jahr 2020 in der Stadt Rongcheng. Dort wurden die Menschen mit einem sozialen Guthaben von 1000 Punkten ausgestattet. Neben »äußerem« Fehlverhalten, also dem unsachgemäßen Überqueren einer

Straße, sollen auch »innere« Unkorrektheiten durch das Bewertungssystem sanktioniert werden. So führt etwa das Posten von regierungskritischen Aussagen auf sozialen Medienplattformen zu einem Punkteabzug, oder die Mitgliedschaft in einer religiösen Vereinigung, die die Kommunistische Partei als »Sekte« oder »Kult« klassifiziert hat. Gegen die Entscheidung des Punkteabzugs kann keine Berufung eingelegt werden. Auch scheint, von Modellprojekt zu Modellprojekt verschieden, keine oder nur eine bedingte Möglichkeit zur Einsicht in die eigene Bewertung zu bestehen. Offiziellen Angaben zufolge solle eine schlechte Gesamtbewertung allerdings nicht zu Nachteilen beim Arztbesuch führen oder den Schulbesuch der Kinder negativ beeinflussen. Die technischen Möglichkeiten allerdings dazu bestehen, und es gibt wenig Grund und Anlass zu glauben, dass die Kommunistische Partei an einem für sie günstigen Punkt nicht zu solchen Maßnahmen greifen würde, um die Bevölkerung weiter zu Gehorsam zu zwingen. Tatsächlich werden bereits seit Jahren Sanktionen im Rahmen des Sozialkreditsystems verhängt. Dabei geht es um Strafen für säumige Bußgelder oder für nicht gezahlte Steuern, die durch Gerichte verhängt werden, wie der *Guardian* berichtet: »Nach Angaben des ›Nationalen Sozialkredit-Informationszentrums‹ verboten chinesische Gerichte Menschen, die reisen wollten, bis Ende 2018 17,5 Millionen Mal den Kauf von Flügen. Bürger, die wegen Sozialkreditdelikten auf schwarze Listen gesetzt wurden, wurden 5,5 Millionen Mal am Kauf von Bahntickets gehindert. In dem Bericht heißt es: ›Einmal diskreditiert, überall begrenzt‹.«

Tiefer als 600 Punkte kann eine Chinesin oder ein Chinese nicht fallen. Besonders gehorsame Genossinnen und Genossen können bis zu einem Maximum von 1300 Punkte sammeln.

Ähnliche Projekte wie in Rongcheng sollen nach anderen Quellen bereits in 70 Orten in der Volksrepublik getestet werden. Das System soll also auf das ganze Land ausgeweitet werden. Dabei habe China, so das Nachrichtenportal *The Diplomat*, im Moment jedoch noch das Problem, die an vielen verschiedenen Stellen zusammengetragenen Daten zu standardisieren: »Obwohl viele Informationen gesammelt werden, wird in offiziellen Dokumenten häufig die Notwendigkeit erwähnt, ›Prozesse zur Erhebung von Kreditauskünften zu standardisieren‹ und ›Informationen auszutauschen‹, da die Zentralisierung der Daten bisher begrenzt war.«

Großen Widerstand gegen das Überwachungssystem gibt es nicht. In persönlichen Gesprächen sagen einem Menschen aus China, dass die Gerichte in dem Land überlastet seien und es gut sei, auf diesem Wege kleinere Vergehen unbürokratisch ahnden zu können. Das ganze Orwell'sche Ausmaß, das das Sozialkreditsystem anzunehmen droht, scheint den Menschen dabei nicht bewusst zu sein. Tatsächlich wird das Ziel der totalen Überwachung durch das Bewertungssystem erst im Verbund mit den anderen Maßnahmen, die Xi Jinping zur Gleichschaltung der Gesellschaft in Stellung gebracht hat, sichtbar, im Verbund mit den neuen Überwachungstechnologien, der biometrischen Datenerfassung, dem Abhören von Gesprächen beim Nutzen von Taxis und Ähnlichem.

Am Ende geht es um die volle ideologische Kontrolle der Gesellschaft, deren Glieder sich, im vorauseilenden Gehorsam und aus Furcht vor Repressalien, lieber erst gar nicht dazu entscheiden, etwas zu tun, was sie potenziell in Schwierigkeiten bringen könnte. Xi möchte den gläsernen Untertanen erschaffen, der völlig ergeben den Maßgaben der Partei gehorcht. Die Wucht, mit der Xi Jinping Stimmen in Wirtschaft, Kultur und Medien zum Verstummen bringt, die ein Gesellschaftsbild propagieren, das seiner Ansicht nach »weich« oder »feminin« sei, belegt, dass es ihm nicht um das pünktliche Bezahlen von Strafzetteln geht, sondern um die Kontrolle des Denkens und Handelns aller Bürger, die nicht von seinen Maßgaben abweichen sollen.

2.5
DIE NEUE SEIDENSTRASSE ALS POLITISCH-MILITÄRISCHES MACHTMITTEL

Die »Neue Seidenstraße« – oder »Belt and Road Initiative« (BRI), wie der englische Terminus lautet – ist wohl das größte Infrastrukturprojekt, das es weltweit je gab: Auf Initiative Xi Jinpings im Jahr 2013 ins Leben gerufen umfasst es heute Projekte in 140 Ländern in Asien, Europa, Afrika, Südamerika und Ozeanien. Anknüpfend an das System der historischen Seidenstraße der Antike hat sich die Initiative zum Ziel gesetzt, auf dem Land- und dem Seeweg durch Straßen, Häfen, Flughäfen und Kraftwerke Korridore zu errichten, über die Güter aus dem Land in die Welt exportiert und umgekehrt Waren nach China importiert werden können. Dafür vergibt die Volksrepublik Kredite an die Länder, durch die diese neuen Infrastrukturkorridore laufen, und verspricht, die auf diesen Korridoren errichtete Infrastruktur künftig zu nutzen. Um an der »Belt and Road Initiative« partizipieren zu können, unterzeichnen Staaten ein »Memorandum of Understanding«, das die Grundlage der Kooperation darlegt und die Konditionen dafür auflistet. Peking macht diese Memoranda und die Liste der Länder, die sie unterzeichnet haben, nicht öffentlich. Peking gibt auch keinen Aufschluss darüber, welches Budget die Volksrepublik für diese Initiative insgesamt veranschlagen und welche Summen sie wo einsetzen will.

Schätzungen sprechen davon, dass seit 2013 1000 Milliarden Dollar in die BRI geflossen sein könnten. Die Neue Seidenstraße hat dabei zwei Hauptrouten, eine zu Land und eine zu Wasser. Der »Silk Road Economic Belt« ist jene Trasse zu Land, die durch den Westen Chinas und Kasachstan – ein »landlocked country«, ein Land also ohne Zugang zu einem der Weltmeere – nach Europa führt. Der Seeweg, die »Maritime Silk Road«, schließt wichtige Häfen wie jene in Piräus, Nairobi, Kalkutta, Colombo, Singapur und Jakarta mit ein.

Die Kredite, die China im Zuge dieses Projekts an die jeweiligen Länder vergibt, haben günstigere Konditionen als die privater Investoren, sind jedoch teurer als Kredite, die beispielsweise Entwicklungsbanken ausgeben. Diese Investitionen folgen keinem erkennbaren Muster, da innerhalb dieser Initiative so unterschiedliche Länder wie Venezuela und Iran gefördert werden. Einen unmittelbaren *Return on Invest* erwartet Peking daher nicht. Vielmehr setzt die chinesische Führung auf einen Langzeiteffekt: Sie möchte zuerst eine neue Transportinfrastruktur errichten und dadurch die Nachfrage erzeugen. Einen strategischen Vorteil erhofft sich die Volksrepublik dabei vor allem von den Investitionen auf der Neuen Seidenstraße zu Lande, da dadurch perspektivisch die Abhängigkeit von den Seewegen und den damit verbundenen Kosten für Containerfracht gebrochen werden kann. Dieses Vorgehen, zuerst massiv zu investieren und zu hoffen, so Kunden anzuziehen, ist nur möglich durch hohe Subventionen. Gleichzeitig hat die Volksrepublik mit einem solchen Versuch vor zwanzig Jahren schon einmal Erfolg gehabt: Damals wurden Trabantenstädte errichtet, die vorerst ohne Bewohner blieben und wie Geisterstädte leer standen. Heute sind etliche dieser Siedlungen bevölkert. Die Rechnung Pekings von damals ist zwei Dekaden später aufgegangen.

Mit der Neuen Seidenstraße zu Lande verfolgt die Zentralregierung in Peking die Strategie, den Westen des Landes zu fördern und zu entwickeln. In der nordwestlichen Provinz Xinjiang ist im Kasachischen Autonomen Bezirk Ili an der Grenze zu Kasachstan die Stadt Korgas entstanden, die allerdings in der jüngeren Vergangenheit durch die Umerziehungslager für die ethnische Minderheit der Uiguren in die Schlagzeilen geraten ist. Der Volkswagen-Konzern unterhält eine Produktionsstätte in Xinjiang, deren Betrieb aufgrund der Menschenrechtsverletzungen, die unter ihrem Dach begangen werden, heftig in der Kritik steht. Der Automobilbauer, der von den Nationalsozialisten gegründet wurde, entschädigte erst 1998 nach großem öffentlichen Drängen die Zwangsarbeiter, die im Dritten Reich in seinen Werken Frondienst verrichten mussten. VW scheint keinen Zusammenhang zwischen damals und heute zu sehen und verteidigt seine Präsenz in Xinjiang.

Einige der Länder, denen die Volksrepublik Kredite für ihre Infrastrukturprojekte gegeben hat, können diese Kredite nicht mehr bedienen. Darunter Länder wie Pakistan und Sri Lanka. Gemäß des Kreditvertrags mit Colombo würde der Hafen an die im Besitz des Staates befindliche »China Harbour Engineering Company« übergehen, sollte Sri Lanka nicht zahlen können. Der Hafen von Hambantota (siehe Abb. 10) ist eines der Projekte, die nicht die erhoffte Nachfrage nach sich zogen. Nur 34 Schiffe fuhren den Hafen im Jahr 2012 laut einem Bericht der *New York Times* an. Die Volksrepublik least nun den Hafen und 60 Quadratkilometer um ihn herum für die kommenden 99 Jahre. (Die Analogie zu den Verträgen, die einst die Kolonialmächte mit dem chinesischen Kaiserreich machten, drängt sich auf.) Damit gehört China ein Hafen in unmittelbarer Nähe zu seinem Rivalen Indien, eine Einrichtung also, die auch für militärische Nutzung geeignet ist. Sri Lanka ist nur ein Beispiel. Etliche Länder, die sich über die BRI Geld für Projekte geliehen haben, sind gegenüber China hoch verschuldet. Laut einer Auflistung des »Council on Foreign Relations« stehen die Mongolei, Tadschikistan, Kirgisistan und Kambodscha mit über 20 Prozent ihres Bruttoinlandsprodukts bei der Volksrepublik in der Kreide, Kasachstan mit 12 und Sri Lanka mit 9,5 Prozent. Spitzenreiter ist der afrikanische Staat Dschibuti, mit einer Verschuldung von mehr als 80 Prozent seiner Wirtschaftsleistung.

Aufgrund der Coronapandemie sind auch Länder wie Pakistan und Äthiopien in Zahlungsschwierigkeiten geraten. Nun mehren sich die Stimmen, die von der Volksrepublik einen Teilschuldenerlass fordern angesichts der drastischen Lage, in die viele Länder aufgrund von Covid geraten sind. Peking hat wahrscheinlich nicht mit massiven Kreditausfällen durch ein weltweites Ereignis gerechnet. Die Möglichkeit von Staatsbankrotten und Kreditausfällen erscheint jedoch real. Die Volksrepublik lässt sich von den Staaten, an die sie leiht, Sicherheiten geben. Diese nun aber während einer Pandemie einzuziehen, könnte sich politisch als unklug und praktisch als schwierig erweisen.

Die Volksrepublik ist mit der BRI auch nach Europa vorgestoßen. Dabei adressiert die Führung in Peking solche Länder in der Europäischen Union, die sich aufgrund ihrer eigenen fraglichen demokratischen Standards am ehesten mit einem autokratischen Land einlassen. Neben Italien und Ungarn ist die Volksrepublik sehr an Serbien, einem Beitrittskandidaten zur Europäischen Union, interessiert.

Die BRI ist das Vehikel, mit dem die Volksrepublik China ihre hegemonialen Ziele imperialistisch vorantreibt. Die Volksrepublik betrachtet die Initiative als eine Art Entwicklungshilfe, die China auf der Welt Glaubwürdigkeit und politisches Kapital, *soft power*, einbringen soll. In jedem Fall ist China auf dem internationalen Parkett zu dem mächtigsten Akteur geworden, der, allein aufgrund des Kapitals, das er in Bewegung setzt, vergleichbare Initiativen der Vereinigten Staaten und der Europäischen Union in den Schatten stellt. Die Konditionen, zu denen die USA und die EU Kredite vergeben und in Infrastruktur investieren, wahren dabei rechtsstaatliche Kriterien, wohingegen die Volksrepublik als autoritäre Diktatur darauf nichts gibt.

Dass sich die Memoranda und die Konditionen der Kredite, die im Rahmen von BRI durch eine staatsnahe Organisation der Kommunistischen Partei vergeben werden, dem kritischen Blick der Öffentlichkeit entziehen (es sei denn, die Kreditnehmer machen diese öffentlich), legt den Schluss nahe, dass in Peking politisch Opportunes ökonomisch Zielführendem vorgezogen wird. Die Vergabe von Krediten an Länder, die diese nicht werden bedienen können, lässt sich die Volksrepublik mit Garantien auf die nationalen Ressourcen absichern. Damit sind die Regierungen der Länder, die in die BRI involviert sind, in ihrer Eigenständigkeit eingeschränkt. Pakistan hat beispielsweise im Zuge seines BRI-Engagements mit der Volksrepublik den chinesischen Renminbi als gleichwertiges Zahlungsmittel neben dem US-Dollar eingeführt. Ziehen andere Staaten mit und gewähren Chinas Währung als Gegenleistung für günstige Kredite, Kreditaufschub oder gar Entschuldung den gleichen Status, dann würde sich die chinesische Währung neben dem Dollar als globale Leitwährung etablieren können. Im Zuge der Rückeroberung Afghanistans durch die Taliban haben sich Islamabad und Peking weiter aneinander angenähert. Dass von Pakistan islamistischer Terror ausgeht, der letztendlich auch zum Zusammenbruch der Ordnung im Nachbarland und der Rückkehr der Gotteskrieger geführt hat, lässt Peking kalt. Außenminister Wang Yi hatte sich bereits einen Monat vor der Rückkehr der Taliban mit einer Delegation der Gruppe getroffen und sich deren Untergebenheit durch die Zusage von Investitionen in die afghanische Infrastruktur erkauft. Peking möchte, neben der BRI-Trasse in Pakistan, eine neue Flanke eröffnen, um an die Bodenschätze Afghanistans zu gelangen: Lithium und seltene Erden. Wer diese Mineralien besitzt, hält ein Faustpfand in der Hand, mit dem er die Geschicke des Welthandels lenken kann.

Für das Inland lautet das offizielle Ziel der »Belt and Road Initiative«: die Förderung von Chinas ökonomisch unterentwickelten westlichen Provinzen. »Go West« ist die Marschroute der BRI, also weg von den reichen Hafenstädten, die im Osten des Landes liegen. So ist die Stadt Chengdu, die in der Antike der Ausgangspunkt für die südliche Seidenstraße war, im Zuge der BRI zu einem wichtigen Wirtschaftsstandort geworden, der die Küstenregionen mit dem Westen des Landes verbinden soll. Die BRI soll westwärts drei Korridore abseits der klassischen Hafenstädte schaffen, über die Güter gehandelt werden sollen: Korgas, das den Brückenkopf Richtung Europa bildet, Kashgar, das nach Pakistan führt, und Kunming, das die Flanke Richtung Indien, Bangladesch und Myanmar öffnet. Karten, die die BRI-Projekte in China zeigen, weisen neue Eisenbahntrassen aus, die die Regionen des Landes miteinander und über die großen Knotenpunkte wiederum das Land mit dem Rest der Welt verbinden werden.

Das volle ökonomische Potenzial kann dieses ambitionierte Infrastrukturprojekt in dem Moment freisetzen, wo es die

Wirtschaft im Land durch die Anbindung an die Weltmärkte ankurbelt. Wie das aussehen könnte, lässt sich an einem konkreten Beispiel zeigen: An der Grenze zu Kasachstan wurde nicht nur die Stadt Korgas aus dem Boden gestampft, sondern auch in einen *dry port*, einen sogenannten Trockenhafen, investiert, also ein Güterverkehrszentrum, wie man es für gewöhnlich in der Nähe eines Seehafens einrichtet. Das Besondere im Fall Korgas: Die Stadt ist der Ort auf der Welt, der am weitesten von einem Ozean entfernt ist. Der Umschlagplatz wurde nötig, da Schienen und Züge in China und Europa andere Abmessungen haben als in der ehemaligen Sowjetunion, zu der auch Kasachstan gehörte. Laut einem Bericht der *South China Morning Post* halbiert diese neue Landroute (die 2012 den Betrieb aufgenommen hat, und damit ein Jahr, bevor China offiziell die BRI startete) die Lieferzeit von Gütern, die bislang über See transportiert wurden. Allerdings: Die neue Strecke rechnet sich trotz dieses Vorteils noch nicht, da viele Züge leer aus dem Westen zurückkehren. Die Volksrepublik China exportiert viel mehr, als sie importiert.

Kasachstan gehört heute zu den Ländern, die am höchsten bei der Volksrepublik verschuldet sind. Das Verhältnis zwischen den beiden Ländern ist abgekühlt, nicht zuletzt aufgrund der Umerziehungslager, denn die Mehrheit der Kasachen bekennt sich zum islamischen Glauben (und in den Lagern sollen neben den muslimischen Uiguren auch Kasachen eingesperrt sein). Doch da es wirtschaftlich abhängig von China ist, gibt es nicht viel, was Kasachstan tun kann, um den Uiguren beizustehen.

Würde die Kommunistische Partei Chinas sich nicht zu einem Ethno-Nationalismus, also der Überlegenheit der eigenen Rasse, bekennen, und würde sie die Menschenrechte in ihrem unmittelbaren Einflussgebiet – in Xinjiang, Tibet, der Inneren Mongolei, in Hongkong – nicht mit Füßen treten, könnte man der Sichtweise zuneigen, dass mit der BRI ein Projekt gestartet wurde, das die Volksrepublik ökonomisch voranbringt und mit ihr viele andere Regionen auf der Welt. Leider ist das Gegenteil der Fall: Länder, die sich bei China verschuldet haben, sollen in politischer und finanzieller Abhängigkeit gehalten werden.

Die »Belt and Road Initiative« wurde kurz nach Xi Jinpings Amtsantritt im Jahr 2013 ins Leben gerufen. Sie steht ganz im Zeichen des sogenannten chinesischen Traums, den Xi zu propagieren nicht müde wird. Der chinesische Traum sieht nicht erst seit Xi die »Verjüngung der chinesischen Nation« vor. Doch Xi möchte dies in einer anderen Weise erreichen als der große Reformer Chinas, Deng Xiaoping. Deng glaubte an eine öffentliche Verwaltung und eine Exekutive, die der Partei als unabhängige Institutionen gegenüberstanden. Präsident Xi sieht hingegen ideologische Konformität und Gehorsam gegenüber der Partei als oberstes Gebot: »Der chinesische Traum ist die Kommunistische Partei«, fasste es das Parteiorgan *The People's Daily* kurz nach Xis Wahl zusammen. In diesem eingängigen Slogan zeigt sich die Verschränkung aller gesellschaftlichen Bereiche, die totalitäre Gleichschaltung, der heute, acht Jahr nach Xis Amtsantritt, auch die Wirtschaft unterworfen ist. China ist durch das Engagement seiner Banken, die im In- und Ausland investieren und dabei keiner Kontrolle der eigenen Notenbank unterworfen sind (und somit praktisch Geld drucken können, wie es der Führung beliebt), zur Planwirtschaft zurückgekehrt.

Inhaltlich wird unter dem »chinesischen Traum« ein chinesischer Weg des Wachstums verstanden, der zu einer breiten Mittelklasse unter Wahrung von Nachhaltigkeit und Umweltschutz führen soll. Genau diese Mittelklasse aber stellt die große Bedrohung für die Führung durch die Partei dar: Viele ihrer Angehörigen haben im Ausland studiert und bringen westliche Ideen mit zurück in Xis Reich. Durch die politische Polarisierung mit den USA, die Xi vorangetrieben hat, fühlen selbst diese nach Hause zurückgekehrten Kosmopoliten zunehmend nationalistisch. Wegen eines vermuteten äußeren Feindes versammeln sie sich mehr und mehr hinter dem Banner der Volksrepublik, und damit geht Xis Saat auf: Die Menschen unterwerfen sich freiwillig der kompletten Kontrolle durch ihre Verpflichtung auf die Doktrin der Partei.

Ich selbst habe Freunde, auf die dieses Verhaltensmuster zutrifft: Sie haben in Harvard, Oxford oder Cambridge studiert, sind aber in der Zwischenzeit völlig den Parolen der KP verfallen, wonach der Westen versuche, China zu demütigen und seines wirtschaftlichen und politischen Erfolgs zu berauben. Ein rationaler Diskurs über das Verhältnis von China zur freien Welt, ein kritischer Diskurs, der beide Seiten gleichermaßen kritisiert beziehungsweise Vorzüge und Erreichtes positiv herausstellt, ist nicht mehr möglich. Die zunehmende Polarisierung verunmöglicht das Gespräch, das gegenseitiges Verständnis fördern würde. Ideal für Präsident Xi wäre es, wenn sich diese kosmopolitische Klasse, die vor allem in den Städten sitzt, die zuerst von Deng Xiaoping zu Sonderwirtschaftszonen erklärt wurden (Shenzhen, Zhuhai, Shantou, Xiamen), völlig aus ihrem internationalen Netzwerk zurückzöge.

Der Traum vom Leben in der Mittelklasse ist die ökonomische Seite des »chinesischen Traums«, von dem Xi Jinping spricht. Im Jahr 2021 war China laut Xi bereits ein »moderat wohlhabendes Land«. Das ist ein Etappensieg, den die Kommunistische Partei durch die im Februar offiziell für besiegt erklärte Armut im Land als errungen betrachtet. (Dass dies mit der drastischen Herabsenkung der von der Weltbank errechneten Armutsgrenze erkauft wurde, haben wir bereits gesehen.) Im Jahr 2049 soll das Land kein Entwicklungsland mehr sein, sondern zu den entwickelten Ländern wie den Vereinigten Staaten oder der Bundesrepublik Deutschland aufgeschlossen haben. Der Zeitplan Xis gilt als ambitioniert, und genau darin sieht eine Analyse des Magazins *Foreign Affairs* die größte Gefahr für die ökonomische Entwicklung der Volksrepublik: »Präsident Xi lässt China nun einen riskanten Fahrplan angedeihen, einen, der in der Lage ist, die Leistungen, die seine Vorgänger seit dem Ende der Mao-Zeit erbracht haben, zunichtezumachen. Sein Glaube daran, dass die Kommunistische Partei die Wirtschaft und den privaten Sektor kontrollieren soll, wird das Wirtschaftswachstum des Landes einschränken. Seine Forderung, wonach Parteikader unverrückbar treu zu seiner Lehre stehen und ihm gegenüber loyal sein müssen, wird das Regierungshandeln und dessen Kompetenz unterminieren. Sein Fokus auf das, was er als nationale Sicherheit begreift, wird das Land letztlich mehr von der Welt abwenden und paranoid machen. Der Nationalismus, für den Xi steht, wird China aggressiver und zugleich isolierter machen. Aufgrund der Tatsache, dass er die Amtszeitbegrenzung aufgehoben hat und womöglich bis zu seinem Tode herrschen wird, wird Xi eine einzigartige Position im politischen System Chinas einnehmen, die Kurskorrekturen und frisches Denken in der Politik verunmöglichen wird.«

Dieser ambitionierte Zeitplan Xis, der in Abgrenzung zu dem bekannten Deng-Diktum steht, wonach China einen kühlen Kopf behalten, ruhig voranschreiten und nie eine Vormachtstellung anstreben solle, ist verschiedenen Faktoren geschuldet. Einer davon ein demographischer: Nach neuesten

Berechnungen der Vereinten Nationen wird die Weltbevölkerung ab 2064 rückläufig sein. Für China bedeutet das einen Rückgang des Anteils der Bevölkerung im Arbeitsalter von derzeit 950 Millionen auf dann 350 Millionen. Die Gesamtbevölkerung wird von heute 1,4 Milliarden auf 730 Millionen Menschen schrumpfen. Das hat vielfältige Konsequenzen, etwa für den Binnenkonsum, der nach dem Willen der KP die Volksrepublik in relativer Unabhängigkeit von anderen Nationen halten soll. Oder für die militärische Expansion, für die Präsident Xi viel Geld bereitstellt, die aber natürlich auch Menschen braucht, die in der Armee dienen wollen. Die Annexion Taiwans, die Oberherrschaft über den Westpazifik, der Grenzkonflikt mit Indien, all das sind Probleme, die Xi bis spätestens 2049 zu Chinas Vorteil gelöst haben will. Auch hier gilt: Die Schritte, die Xi Jinping in den kommenden Jahren zu gehen gedenkt, verschränken militärische und ökonomische Ziele. Die Demographie treibt Xi zu einer unbotmäßigen Eile an, die, gepaart mit der Paranoia, die er in Partei und Land gesät hat, zu herben Fehleinschätzungen führen wird, die die gesamte Welt in einen Krieg gegen die Volksrepublik ziehen könnten.

Die BRI wurde von wohlwollenden Stimmen aus dem Westen mit dem Marshallplan der USA für Europa verglichen. Der Vergleich hinkt. Durch den beliebig gefassten strukturellen Rahmen der BRI und die intransparente Kreditvergabe schafft die Volksrepublik eine Abhängigkeit, die sie jederzeit ausspielen kann, da die Kredite ja über eine staatseigene Entität vergeben werden. Die Annahme, dass Peking dies nicht in sein Kalkül mit einbezogen haben könnte, ist blauäugig. Zu eindeutig sind die Äußerungen der Staatsspitze, mit der BRI auch die Bereiche Diplomatie, Politik und Bildung zu berühren. Man darf die BRI daher sehr wohl als ein imperialistisches Projekt bezeichnen. Imperialismus bedeutet hier, im Gegensatz zu Diplomatie, dass es keinen partnerschaftlichen Dialog auf Augenhöhe, sondern Direktiven gibt, denen man sich zu beugen hat. Auf welchen Pfaden diese Direktiven in die Länder, die an der BRI beteiligt sind, gelangen, ist dabei nicht immer so genau zu sagen. Die negativen Effekte der BRI-Projekte sind indes schon jetzt offenkundig: Länder, die aufgrund ihrer Verschuldung bereit sind, auf Chinas Angebot einzugehen, sind auch bereit, Schritte zu unternehmen, die für die Bevölkerung, aber auch für die Natur in den jeweiligen Ländern von großem Nachteil sind. Für den Hafen Hambantota in Sri Lanka etwa wurden Menschen aus ihren Häusern vertrieben, die Küstenregion und mit ihr die Fischerei wurde in Mitleidenschaft gezogen. Bekannt ist außerdem, dass bei den Projekten der BRI der Schutz von Arbeitern deutlich zurückgefahren wird. Gewerkschaftliches Engagement ist unerwünscht.

Der große Jubel über das Projekt, das 2013 mit Pauken und Trompeten gestartet ist, scheint daher auch vorüber. Einige Länder, darunter Malaysia, Myanmar, Pakistan, Sierra Leone und Kirgisistan haben BRI-Projekte verkleinert oder ganz auf Eis gelegt. Was dafür jeweils der ausschlaggebende Grund war, lässt sich nicht immer sagen: Pakistan, das sich als enger Partner der Volksrepublik versteht, gab zu verstehen, dass die Coronapandemie der Ausschlag für den Zahlungsverzug gegeben habe. Die generelle Wirtschaftlichkeit, wie am Beispiel der Eisenbahnlinie durch Kasachstan zu sehen ist, war bei der Kreditvergabe für Peking nicht entscheidend. Die chinesische Führung setzt auf Erlöse in der Zukunft, auf Kredite, die in der Gegenwart zu bedienen sind. Am Ende sollen die BRI-Projekte idealerweise also die Wirtschaft Chinas ankurbeln, intern wie international. In der Zwischenzeit können die Länder, die ihre Kredite nicht bedienen können und so in eine Abhängigkeit zur Volksrepublik gelangen, für die Ziele Chinas vereinnahmt und unter Umständen sogar dazu erpresst werden, ihre Politik, vor allem gegenüber der demokratischen Welt, im Sinne der Pekinger Diktatur zu verändern.

Durch die geopolitischen Veränderungen in Afghanistan wird Pakistan zunehmend wichtiger für die Volksrepublik. Premierminister Imran Khan begrüßte die Taliban herzlich: Ihre Ankunft beende eine »Zeit in Ketten«, womit er die Nato-Mission in Afghanistan meinte. Ein erstarkender islamistischer Terrorismus, der, von Pakistan gefördert, nun hinüber an den Hindukusch schwappt, ist für Peking ein Problem. Er könnte das Investment in Pakistan gefährden. Chinas Außenminister Wang Yi hatte sich Ende Juli 2021 mit einer Delegation der Taliban getroffen, um ihnen unter anderem das Versprechen abzunehmen, dass sie den Uiguren nicht gestatten, von Afghanistan aus für ihre eingesperrten Landsleute aktiv zu werden. Kabul und Islamabad haben in der Vergangenheit bereits Jagd auf uigurische »Separatisten« gemacht, wie Peking sie nennt. Im Gegenzug gab es dafür Investitionen.

2.6
CHINAS MILITÄRAUSGABEN: VORBEREITUNG FÜR DEN KRIEG IM WESTPAZIFIK

Für Präsident Xi ist es als Militärchef des Landes ein Muss, über eine Armee zu verfügen, die, nach US-amerikanischem Vorbild, in der Lage ist, hegemoniale Interessen mit Kriegsgerät durchzusetzen. Nicht zuletzt die Militärparade aus

Anlass des 100. Geburtstags der Kommunistischen Partei im Juli 2021 ließ darüber keinen Zweifel. Sie erinnerte an sowjetische Militärparaden oder Aufmärsche, mit denen sich der nordkoreanische Führer preisen lässt. Solche Veranstaltungen, die Europa aus der Zeit des Faschismus kennt, lassen die Volksrepublik ganz und gar nicht als aufgeklärte Macht und rationalen Handelspartner erscheinen. Meine Freunde aus der Volksrepublik erklären mir in unseren Gesprächen die Haltung ihrer Landsleute so: Die Vereinigten Staaten, so sagen sie, hätten mehr als einmal in die Politik anderer souveräner Länder eingegriffen, sie hätten mittels Zwang und Folter den »Krieg gegen den Terror« geführt. Die Reaktion in China darauf sei nicht, dass man diese Vorgehen verurteile, sondern, im Gegenteil, bereite man sich, da man selbst zur Weltmacht geworden sei, darauf vor, andere Nationen genauso zu behandeln. Es scheint die Vorstellung zu existieren, dass das Verhalten, das die US-Amerikaner in ihrem Jahrhundert an den Tag gelegt haben, nun im chinesischen Jahrhundert von China kopiert und perfektioniert werden soll. Dieses bizarre Verständnis von Weltmacht konterkariert viele der Verlautbarungen Xi Jinpings, die in westliche Sprachen übersetzt werden, wonach China eine verantwortungsvolle Rolle in der Welt einnehmen wolle.

Die Volksrepublik möchte nicht nur den USA den Rang ablaufen. Der gegenwärtige offene systematische Konflikt zwischen den beiden ist jüngeren Datums. Die Vereinigten Staaten waren nicht als Kolonialmacht in China aktiv, sondern haben sich eher gegen die europäischen Invasoren positioniert. Peking schaut daher mit großer Genugtuung auf das ehemals imperiale Japan, mit dem man mehr als eine Rechnung offen hat. Präsident Xi scheint als Idealbild Chinas das vorzuschweben, was er jetzt seinen Landsleuten als Feindbild USA und Japan verkauft. Der ausufernde Militarismus hat bereits heute Auswirkungen auf die Nachbarn in der Region, die alarmiert sind vom chinesischen Aufrüsten. Das erklärte Ziel Xis ist es, über kurz oder lang die USA übertrumpfen zu können und nicht mehr, wie zuletzt 1996, von der amerikanischen Übermacht militärisch in seine Grenzen gewiesen zu werden.

Damals, im März 1996, wäre es beinahe zu einem Krieg zwischen den beiden Mächten gekommen. Grund dafür waren Raketen, die die chinesische Armee vom Festland Richtung Taiwan abgeschossen hatte. Mehrere davon landeten in den Schifffahrtslinien vor der im Süden der Insel gelegenen Stadt Kaohsiung, unserem Wohnort, eine andere vor Keelung, im Norden, unweit von Taipeh. Containerschiffe mussten die Häfen umgehen, auch der Flugverkehr war beeinträchtigt. Die Angriffe waren der Vorgeschmack auf zwei Szenarien, mit denen die Volksrepublik die Insel unter seine Knute zwingen könnte: durch eine Seeblockade und/oder durch eine Invasion durch die chinesische Armee. Dieser Angriff war der letzte in einer Reihe direkter militärischer Konfrontationen zwischen beiden Akteuren, die im Herbst 1995 begonnen hatten.

Auslöser für den Raketenbeschuss war der Besuch des amtierenden taiwanesischen Präsidenten Lee Teng-hui in den USA. Der Politiker war von der Cornell-Universität, an der er studiert hatte, eingeladen worden, einen Vortrag zu halten. Thema der Rede war der erfolgreiche Demokratisierungsprozess Taiwans. Der US-Kongress stimmte der Erteilung eines Visums zu. Die Volksrepublik protestierte dagegen, weil sie darin einen Verstoß gegen das »Ein-China-Prinzip« sah. Dieses besagt, dass Länder, die mit der Volksrepublik diplomatische Beziehungen eingehen, sich verpflichten, Taiwan als

Teil Chinas zu sehen und nicht als eigenständige Entität. Als Lee trotzdem in die Vereinigten Staaten reiste, beschuldigte ihn die Volksrepublik, auf diese Weise eine Unabhängigkeit Taiwans vorantreiben zu wollen.

Die chinesische Marine begann daraufhin im Juli 1995 mit Manövern in der Taiwanstraße, mit dem Ziel, Taiwan einzuschüchtern. Die USA kamen ihrem Partner Taiwan zu Hilfe und entsandten so viel Kriegsgerät nach Asien wie seit dem Vietnamkrieg nicht mehr, darunter zwei Flugzeugträger. Sollten Raketen Taiwan treffen, so die Aussage Washingtons, würde das »schwerwiegende Konsequenzen« für die Volksrepublik haben, ein Code für militärisches Eingreifen. Die Volksrepublik gab nach: Die Verantwortlichen in Peking sahen ein, dass sie bei einer militärischen Auseinandersetzung mit den USA keine Chance haben würden. Um bei dem nächsten Szenario dieser Art besser gewappnet zu sein, begann die Volksrepublik, ihre Militärausgaben zu steigern.

Heute stellt sich die Frage nach Chinas militärischen Fähigkeiten auf drastische Weise neu: Ein blutiger Grenzkonflikt mit Indien kostete im Juni 2020 vier Soldaten der Volksbefreiungsarmee das Leben. Neu-Delhi spricht von zwanzig toten indischen Soldaten. Im Westen Chinas wurde Ende Juni 2020 die Arbeit an 100 Silos begonnen, aus denen Raketen mit nuklearen Sprengköpfen gestartet werden können. Experten sprechen davon, dass die Volksrepublik damit rund 145 solcher Silos im Land habe. Nicht alle davon würden mit Sprengköpfen bestückt, um den potenziellen Feind in Unkenntnis darüber zu lassen, von wo aus die Sprengköpfe im Fall der Fälle gestartet werden würden. Der Ausbau des Atomarsenals als solcher ist kein gutes Zeichen, egal wie viele Sprengköpfe am Ende dort stationiert sein werden.

Chinas Machthaber Xi Jinping hat mehrfach in Richtung

Taiwan gedroht, die Insel mit Gewalt einnehmen und annektieren zu wollen. Die Volksrepublik hat nie den Anspruch auf Taiwan aufgegeben, gleichwohl war von einer Wiedervereinigung die Rede. Militärische Gewalt würde, wie Mitte der neunziger Jahre, nur in dem Fall angewandt, sollte Taiwan sich offiziell für unabhängig erklären. Als mit Tsai Ing-wen im Jahr 2016 eine Politikerin an die Macht kam, die den »1992-Konsens« infrage stellte, reagierte Peking prompt – dieses Mal mit Wirtschaftssanktionen. So verbot die Partei Tourismus vom Festland auf die Insel. Von militärischer Gewalt war da noch nicht die Rede. Xi Jinpings Ton änderte sich im März 2018. Bei einer Rede auf dem Nationalen Volkskongress drohte der Diktator in Richtung Taiwan und USA: Taiwan werde mit dem Festland zusammengelegt, dabei würden keine Mittel ausgespart. Damit feuerte er den nationalistischen Eifer weiter an, den er als Grundlage für seine Herrschaftssicherung braucht. Die Frage, ob die Volksrepublik China derzeit in der Lage wäre, Taiwan einzunehmen und dabei auch gegen die Armee der Vereinigten Staaten siegen zu können, wird seitdem mit steigender Dringlichkeit gestellt (siehe Kapitel 5).

Die USA haben an Taiwan großes Interesse, nicht nur, weil der Partner Taiwan einer der größten Chip-Hersteller der Welt ist. Die Insel liegt strategisch günstig im Westpazifik und ist ein wichtiges Glied in der Linie von US-Verbündeten in der Region: Japan, Südkorea, den Philippinen. Mit jedem dieser Länder hat die Volksrepublik Konflikte um Felsen und Inseln im Meer. Sie gehören zu den jeweiligen Ländern, werden aber neuerdings von China beansprucht (siehe Kapitel 6). Sollte es zu einem bewaffneten Konflikt kommen, der die Möglichkeiten und Grenzen des chinesischen Militärs offenlegen würde, dann in dieser Weltgegend. Über den Westpazifik und Ostasien hinaus stellen diese neuen Silos eine Gefahr für Washington und seine Alliierten dar. Aus der chinesischen Wüste abgefeuerte Raketen hätten eine Reichweite von rund 15 000 Kilometern und könnten damit das nordamerikanische Festland erreichen. Ein Kriegseintritt der USA und ihrer Partner – vor allem aus Gründen der regionalen Nähe – Japan, Australien und Neuseeland, gilt für viele Beobachter als gesichert, andere debattieren Art und Umfang einer Unterstützung für Taiwan (siehe Kapitel 7). Die Bereitschaft, Taiwan zu unterstützen hängt auch davon ab, wie Analysten und Sicherheitsexperten Pekings Hunger nach weiterer Eroberung einschätzen, sollte Taiwan erst einmal bezwungen sein (siehe Kapitel 8). Ich persönlich bin der Überzeugung, dass die Volksrepublik und ihr Führer Xi Jinping anstreben, die Volksrepublik zum globalen Hegemon zu machen und internationale Institutionen, Verträge und Abkommen entsprechend umzugestalten. Die Konsequenz ist das Ende einer auf den Menschenrechten basierenden Ära der konstitutionellen Rechtsstaatlichkeit. Die freie Welt muss mit allen Mitteln dagegen angehen, um selbst einer Versklavung durch Peking zu entkommen (Kapitel 10).

Wie viel China wirklich für sein Militär ausgibt, ist nicht bekannt. Es bestehen Zweifel, ob die offiziellen Angaben, die Peking hierzu macht, korrekt sind. »Die Veröffentlichung von elf Weißpapieren seit 1995 hat ein Stück weit Einblick gewährt in die Militärausgaben Chinas, jedoch mit unterschiedlicher Klarheit«, heißt es in einer Untersuchung des »Center for Strategic and International Studies« (CSIS). Die verfügbaren Daten haben daher eine begrenzte Aussagekraft. Als deutliche Tendenz aber sei zu erkennen, so der Think Tank, dass die Militärausgaben zwischen 1998 und 2019 enorm gestiegen seien, von 31 auf 253 Milliarden US-Dollar.

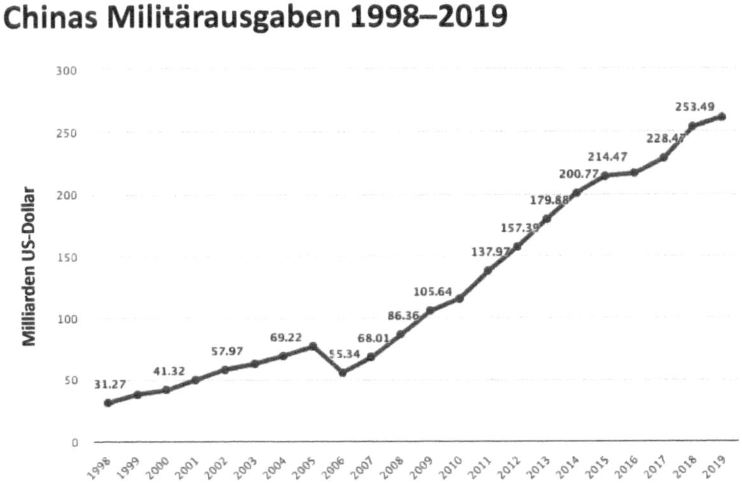

Abb. 4: Tatsächliche Militärausgaben der VR China nach Berechnungen des Portals Statista

Das Budget für die Militärausgaben, das jedes Jahr bei der Zusammenkunft des Nationalen Volkskongresses im März bekannt gegeben wird, stand im Jahr 2021 bei 209 Milliarden US-Dollar. Im Vergleich zum Vorjahr stiegen die Ausgaben für das Militär um sechs Prozent. In einem weiteren Papier des CSIS heißt es dazu: »Die Wachstumsrate der chinesischen Militärausgaben ist eng verknüpft mit den Sicherheitsrisiken, die gesehen werden, sowie dem Wirtschaftswachstum. Der Sprecher des Nationalen Volkskongresses, Zhang Yesui, hob dies hervor bei einer Pressekonferenz, die im Vorfeld der Versammlung des Nationalen Volkskongresses (im Jahr 2021; A. G.) gegeben wurde. Er sagte, dass ›Chinas Militärausgaben mit der Entwicklung des Landes insgesamt korrespondieren‹ und das Ziel haben, die Souveränität Chinas verteidigen zu können, die Entwicklungsziele des Landes abzusichern, internationale Verpflichtungen zu erbringen sowie die nötige Militärreform voranzubringen.« Wenn man diese Zahlen als die Spiegelung der wirklichen Militärausgaben sieht, dann gibt die Volksrepublik rund 1,9 Prozent ihres Bruttoinlandsprodukts für das Militär aus. Damit läge das Land unter der Grenze von zwei Prozent, die die Nato von ihren Mitgliedern als jährliche Ausgaben für das Militär verlangt.

Die tatsächlichen Militärausgaben seien jedoch so das CSIS, höher als öffentlich bekannt gegeben. Dabei zitiert der Think Tank die Schätzungen des »Stockholm International Peace Research Institute« (SIPRI), wonach im Jahr 2019 die wirklichen Ausgaben für das Militär 40 Prozent höher gelegen haben sollen als angegeben, insgesamt bei rund 240 Milliarden US-Dollar. Im Jahr 2020 sollen diese Ausgaben noch mal auf 252 Milliarden US-Dollar gestiegen sein.

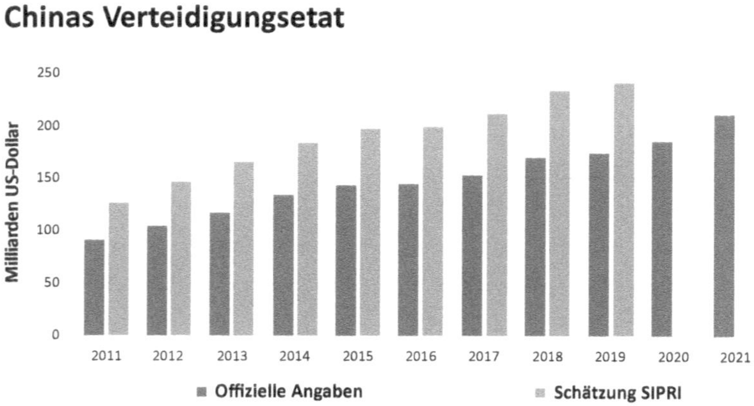

Abb. 5: Entwicklung des chinesischen Verteidigungsetats: offizielle Angaben Pekings und Ausgaben laut SIPRI im Vergleich

Die Volksrepublik stünde dann in Sachen Militärausgaben auf Platz zwei der Weltrangliste, mit weitem Abstand hinter den Vereinigten Staaten von Amerika, die im Jahr 2020 778 Milliarden US-Dollar für ihr Militär ausgegeben haben. Zum Vergleich: Die Bundesrepublik Deutschland gab im Jahr 2020 rund 53 Milliarden US-Dollar für die Bundeswehr aus und kommt damit auf Platz sieben im weltweiten Ranking.

Nach dem Jahresbericht 2020 des US-Verteidigungsministeriums an den Kongress der Vereinigten Staaten verfolgt die Volksrepublik mit der konstanten Erhöhung ihres Militärbudgets die Strategie, sowohl durch die Armee und ihre Ausgaben zum ökonomischen Fortschritt des Landes beizutragen als auch den zivilen und militärischen Bereich miteinander zu verzahnen. Das Papier nennt dieses Vorgehen eine »Military-Civil Fusion Development Strategy«: »Die ›Military-Civil Fusion‹ (MCF) hat sechs Ziele, die miteinander verwoben sind: (1) Zusammenführung von Chinas Verteidigungsindustrie mit der zivilen Industrie, (2) Integration und Verbesserung von Synergien zwischen dem militärischen und zivilen Sektor, (3) Förderung von Talenten und Vermischung von militärischem und zivilem Wissen, (4) Verbesserung der Nutzung ziviler Infrastruktur für militärische Zwecke, (5) vermehrte Nutzung ziviler Dienstleistungen und logistischer Möglichkeiten für das Militär, (6) tiefere Integration des nationalen Verteidigungs- und Mobilisierungssystems, um alle Aspekte der Gesellschaft für militärische Zwecke und Kriegsführung nutzen zu können.«

Eine solche Integration von Militärischem und Zivilem hat nicht nur das Ziel, Prosperität zu fördern und das Land ökonomisch voranzubringen. Sie legt eine grundlegende Verschränkung der Gesellschaft mit den militärischen Zielen der Kommunistischen Partei Chinas nahe. Die Aufbereitung von nationaler Infrastruktur für militärische Nutzung komplementiert das, was die Volksrepublik außerhalb ihrer Landesgrenzen mit der Neuen Seidenstraße, der »Belt and Road Initiative«, begonnen hat. Das Kreditprogramm dient nicht nur der Finanzierung von Infrastrukturprojekten rund um den Globus. Häfen, Straßen, Flughäfen, in die die Volksrepublik investiert, sollen auch militärisch genutzt werden können. Das »Asia Society Policy Institute« sieht eine klare Verbindung der BRI mit der MCF-Strategie: »Das chinesische Gesetz fordert, dass auch Infrastruktur außerhalb des Landes mit militärischen Standards kompatibel sein muss. Das Gesetz erlaubt dem Militär Zugriff auf Schiffe, Einrichtungen und Vermögenswerte, wenn diese chinesischen Firmen gehören. Aufgrund von Chinas Drängen auf zivil-militärische Integration werden kommerzielle und militärische Funktionalität in die BRI-Infrastruktur und die mit ihnen verbundenen Technologien eingebaut«, so das Papier der Asia Society.

Die Volksrepublik versetzt ihr Militär und ihre Zivilgesellschaft damit potenziell in permanente Gefechtsbereitschaft. Das Narrativ, wonach China niemals in seiner Geschichte expansiv gewesen sei und daher auch die Volksrepublik keine Expansion anstrebe, muss angesichts dieser Tatsachen zurückgewiesen werden. Die Fakten sprechen eine andere Sprache. Das US-amerikanische »Pacific Council on International Policy« fasst Chinas Ziele und Möglichkeiten so zusammen: »Peking hat seine militärische Präsenz im Ost- und im Südchinesischen Meer erhöht. Es nutzt regelmäßig Flugzeuge und seine Marine, um Seerecht, wie Peking es interpretiert, durchzusetzen. Peking beansprucht Souveränität über die Senkaku-Inseln, die zu Japan gehören. Im Südchinesischen Meer hat Peking Schritt für Schritt Territorium für sich reklamiert und Militärposten auf den Spratly-Inseln gebaut. Jüngsten Berichten zufolge hat China nun auch Raketensysteme und Militärausrüstung auf diesen Inseln stationiert.« Im Rahmen einer Befragung durch den Senat äußerte US-Navy Admiral Philip Davidson die Befürchtung, dass China nun in der Lage sei, »das Südchinesische Meer in allen denkbaren Szenarien außer in einem Krieg mit den Vereinigten Staaten zu kontrollieren«.

Die permanente Bedrohung im Westpazifik, die von einem China, das militärisch expandiert und erstarkt, ausgeht, gefährdet nicht nur die Vormachtstellung der USA in der Region. Sie ist auch eine Gefahr für die Verbündeten der Vereinigten Staaten. So berichtet das *Wall Street Journal* am 13. August 2021, dass Japans Verteidigungsministerium davon ausgeht, dass die Volksrepublik aufgrund ihrer immensen Investitionen in den Aufbau ihrer Armee und Marine einen Eroberungsfeldzug gegen Taiwan wohl gewinnen würde. Tokio sei außerdem davon überzeugt, dass die USA den Westpazifik nicht mehr halten könnten. Die Perspektive einer chinesischen Annexion Taiwans, die, ebenfalls einem Bericht des *Wall Street Journal* vom 12. August 2021 zufolge, nach Angaben aus dem US-Militär in den kommenden sechs Jahren erfolgen könnte, betrachtet Japan als Bedrohung für seine eigene Sicherheit.

Chinas immense Investitionen in gefechtsbereites Militär und militärisch-zivile Infrastruktur verändert nicht nur die Sicherheitsarchitektur in Ostasien und dem Westpazifik und setzt Taiwan einer permanenten Kriegsgefahr aus. Die Ambition der chinesischen Armee ist global: Ende Juli 2021 berichteten internationale Medien von einem Ort in der Wüste 1200 Kilometer westlich von Peking, in dessen Boden 120 neue Silos für Raketen mit nuklearen Sprengsätzen gebaut worden waren. Diese Silos liegen im östlichen Teil der Provinz Xinjiang. Etwas früher in diesem Jahr wurde ein weiteres solches Feld im Osten der Volksrepublik entdeckt. Dort sollen weitere 100 Silos gebaut worden sein. Als Beleg für diese Behauptung wurden Satellitenaufnahmen gezeigt. Diese Zeitungsartikel berichten, dass China nun bis zu 300 atomare Sprengköpfe besitzen könne, was verglichen mit den nuklearen Mächten Russland und Amerika ein kleines Arsenal sei.

Präsident Xi hat hier, wie an vielen anderen Stellen auch, mit der Politik seiner Vorgänger gebrochen, die China nicht in ein globales Wettrüsten mit Atomwaffen verstricken wollten. Bis zu Xis Kurswechsel hatte China nur 20 solcher Silos. Es ist nicht klar, ob alle diese Silos mit Nuklearraketen bestückt werden oder ob Teile davon leer bleiben, um, wie gesagt, nicht preiszugeben, wo sich die nuklearen Sprengsätze wirklich befinden. Sollten alle bestückt werden, so könnten in den beiden neuen Silofeldern Schätzungen zufolge zwischen 400 und 800 Sprengköpfe installiert werden. Mit diesem Schritt beendet die Volksrepublik ihre Politik der *minimal deterrence*, der minimalen Abschreckung, die vorsieht, maximal über so viele nukleare Sprengköpfe zu verfügen, wie das Land benötigt, um Feinde von einem Nuklearschlag abzuhalten.

Chinesische Staatsmedien begleiten diesen Schritt und begründen ihn mit dem Verweis auf eine neue Sicherheitslage, in der westliche Mächte jederzeit bereit sein könnten, China anzugreifen, um seinen ökonomischen Erfolgskurs zu beenden. Diese Rhetorik zeigt noch einmal klar, wie stark die chinesische Führung ihren ökonomischen und militärischen Kurs miteinander verwebt und dabei gleichzeitig auf eine Feindbildung – die Mächte des Auslands, wie es in Diktaturen üblich ist – setzt, um sich der Zustimmung der Bevölkerung zu versichern.

Beobachter sehen in der großen Anzahl neuer Silos und Nuklearsprengköpfe, die dort untergebracht werden können, dass »China mehr und mehr bereit ist, in Quantität zu investieren und damit von der Vergangenheit, die auf Qualität setzte, abzuweichen«, heißt es in einem Papier des »Carnegie Endowment for International Peace«. Und weiter: »Dies mag der Grund dafür sein, dass China seinen einzigartigen Vorteil, seine groß angelegte Infrastruktur und industrielle Fertigung, nutzt, um diese silobasierten Nuklearanlagen zu bauen.«

Raketen, die von den neuen Silos aus abgeschossen werden können, haben eine derart große Reichweite, dass selbst eine Stadt wie Chicago in ihrem Radius läge. Das Vorgehen Pekings erinnert an nukleare Eskalationen des Kalten Krieges und verringert eine schwelende Gefahr eines Nuklearkrieges zwischen den beiden Mächten eher nicht.

Über die tatsächliche oder vermutete Stärke der chinesischen Armee gibt es verschiedene Meinungen. Einige Experten gehen davon aus, dass China noch nicht so mächtig sei, wie sein Anführer das eigene Volk und die Welt glauben machen will. In der Tat implementierte Präsident Xi im Jahr 2015 ein Programm zur Modernisierung der Volksbefreiungsarmee. Dieses Programm, das 2020 ausgelaufen ist, legte die Schwierigkeiten und Herausforderung offen, die seine Armee hat. Vereinfacht ausgedrückt ist das Erwerben neuester Technologien das eine. China verfügt über das nötige Kapital für solche Anschaffungen. Das andere aber sind trainierte, gut ausgebildete Soldaten (die chinesische Armee ist 2,1 Millionen Personen stark), die diese Technologien auch nutzen können und durch Kampferfahrung mit der nötigen Praxis ausgestattet sind, um einen möglichen Angriffskrieg, zum Beispiel gegen Taiwan, auch zu gewinnen – vor allem, falls die USA wirklich zugunsten Taiwans in diesen Krieg eingreifen sollten. Ein neues Modernisierungsprogramm sei daher gestartet worden, dessen Ergebnisse 2027 vorliegen sollen. Gerade was mögliche Szenarien eines Krieges mit Taiwan angeht, sprechen Experten davon, dass nicht schweres Gerät Taiwan zur schnellen Kapitulation zwingen würde, sondern die chinesische Armee mit Fallschirmjägern und Amphibienfahrzeugen viele ihrer Soldaten auf die Insel bringen müsste, die dann, womöglich in einem langen Guerillakrieg, in den Bergen gegen eine Armee kämpfen würden, die auf diesem Gelände zu Hause ist und dort Erfahrung hat. Im Vergleich zur chinesischen hat die US-Armee jahrzehntelange Gefechtserfahrung, was den USA bei einem bewaffneten Konflikt mit China zum Vorteil gereichen würde.

Die USA haben zudem Militärstützpunkte überall auf der Welt, was eine Verteilung von Soldaten und Material einfacher machen würde. Die Volksrepublik hingegen unterhält nur zwei Basen, eine in Nordkorea, die andere in Dschibuti am Horn von Afrika. Vier der Nachbarn der Volksrepublik, Nordkorea, Russland, Pakistan und Indien, sind Atommächte. Mit Indien gab es die bereits erwähnten Gefechte in einer umstrittenen Grenzregion, bei der auf beiden Seiten Soldaten starben. Die Volksrepublik muss daher viel Aufmerksamkeit auf diese Nachbarn verwenden, was ihre Expansionslust an anderer Stelle bremsen mag.

Aufgrund des momentanen Machtverhältnisses zwischen den beiden Großmächten, USA und China, ist nur schwer abzusehen, welche der beiden Armeen in einem Kriegsfall, in einem Kampf um Taiwan, siegen würde. Hierbei sind nicht nur die militärischen Möglichkeiten entscheidend, sondern die öffentliche Meinung in beiden Ländern: Da China eine Diktatur ist, wird die Öffentlichkeit schon seit Jahren auf einen Krieg mit Taiwan eingeschworen. Präsident Xi hat die

»Wiedervereinigung« mit dem Festland zu einem Hauptziel seiner lebenslangen Amtszeit gemacht. Selbst wenn die USA in einen Krieg zwischen der Volksrepublik und Taiwan einträten, um die kleine Inseldemokratie zu verteidigen, und dabei die gesamte chinesische Flotte versenkten, könnte Präsident Xi dies seinen Untertanen als Erfolg verkaufen, wenn es ihm dabei gelänge, einige der kleinen Inseln, die vor dem Festland Chinas liegen, jedoch zu Taiwan gehören, zu erobern. Dass China dazu die Möglichkeit hat, steht außer Frage. In den USA aber gibt es eine kritische Öffentlichkeit und unabhängige Medien. Die Bevölkerung ist zudem frei in der Artikulierung ihrer Interessen. Nach den Desastern der US-Armee in Afghanistan und im Irak gibt es in den Vereinigten Staaten eine gewisse Kriegsmüdigkeit, sodass von einem Kriegseintritt der USA nicht automatisch ausgegangen werden kann.

Jeder Modernisierungsschritt der chinesischen Armee zielt darauf ab, den Konflikt mit Taiwan mit militärischen Mitteln zugunsten der Volksrepublik zu lösen. Experten sind sich darin einig, dass dies, wenn überhaupt, das erste Angriffsziel einer erfolgreich erstarkten Volksbefreiungsarmee sein würde. Die Zusammenschau der Argumente für oder gegen eine neue Bedrohung, die sich durch die Aufrüstung der chinesischen Armee, konventionell und nuklear, ergeben, deutet in keiner Weise auf ein Patt hin. Diskutiert wird daher, *wann* die Volksbefreiungsarmee in der Lage sein wird, die USA als größte Seemacht und als Hegemon im Westpazifik, im Süd- und Ostchinesischen Meer abzulösen, und nicht *ob*.

Das aufgestockte nukleare Arsenal Chinas hat das Potenzial, die globale Sicherheitsarchitektur ins Wanken zu bringen und einen neuen Kalten Krieg zu provozieren. Diese Bedrohung wird nicht kleiner dadurch, dass die Volksrepublik und Russland gemeinsame Manöver abhalten, dadurch ihre Allianz stärken und der chinesischen Armee durch diese gemeinsam durchgeführten Übungen genau die Praxiserfahrung geben könnten, die ihr im Moment noch fehlt. Genauso wie die US-amerikanische ist auch die russische Armee kampferprobt. Was die Kapazitäten der taiwanesischen Armee angeht, dürfte diese angesichts der Aufrüstung in China nicht in der Lage sein, sich ohne die Hilfe der USA zu verteidigen.

3

DER ERSTE SCHRITT: DIE ANNEXION TAIWANS

Der 10. Oktober wird in Taiwan als Feiertag begangen. Er erinnert an einen Aufstand im Jahr 1911 in der, durch die Coronapandemie auch im Rest der Welt bekannt gewordenen, Stadt Wuhan. Ein Aufstand, in dessen Folge das Kaiserreich endete und die Republik China ausgerufen wurde. Auf dem Festland wird dieser Tag nicht mehr begangen. Dort wird am 1. Oktober an die Gründung der Volksrepublik erinnert. Während unseres Aufenthalts auf Taiwan machte am Nationalfeiertag 2017 ein Meinungsbeitrag die Runde, dessen Aussage heftig diskutiert wurde. Es war ein Auszug aus Ian Eastons neustem Buch: *The Chinese Invasion Threat – Taiwan's Defense and American Strategy in Asia* (»Die drohende chinesische Invasion – Die Verteidigung Taiwans und die amerikanische Strategie in Asien«). Darin skizziert der Autor einen möglichen Zeitplan eines chinesischen Angriffskrieges gegen die Insel und diskutiert, wie lange sich Taiwan gegen diese Übermacht aus der Volksrepublik behaupten könnte und ob die Vereinigten Staaten in diesen Krieg eingreifen würden oder nicht. In der Diskussion standen und stehen sich bis heute zwei Seiten gegenüber: Die eine Seite glaubt nicht an die militärische Überlegenheit Chinas in einem Krieg, der sich in Taiwan zu einem Guerillakrieg in den Bergen ausweiten könnte. Die eingangs beschriebene Topographie Taiwans gibt der taiwanesischen Armee genügend Rückzugsmöglichkeiten. Es gibt unzählige kleine Dörfer und Siedlungen in den Bergen, die für den Tourismus mit Straßen und Brücken erschlossen sind. Das Anlanden auf der Insel, so die Befürworter dieser Theorie, würde der Volksrepublik sehr wahrscheinlich noch gelingen. Aber was wären die nächsten Schritte? Xi Jinping bräuchte einen schnellen Sieg. Da er vor seinen Landsleuten die Überlegenheit seines Landes gegenüber der kleinen Inselnation stets betont, käme ihn ein langatmiger, verlustreicher Kampf teuer zu stehen. Zudem würde ihm in einem solchen Szenario, in dem es Opfer auf beiden Seiten gäbe, letztlich die sture Behauptung, dass Taiwan eine Provinz Chinas sei, zum Verhängnis. Denn letztlich stehen sich in den beiden Armeen dann aus chinesischer Sicht die Angehörigen derselben Nation gegenüber. Der Krieg wäre somit die Wiederauflage des Bürgerkriegs der dreißiger und vierziger Jahre. Es steht zu vermuten, dass die Generalität dem Oberbefehlshaber Xi aufgrund dieses Sachverhalts den Krieg gegen Taiwan wohl ausreden würde. Was die USA betrifft, so ging man 2017, ein Jahr nach der Wahl von Donald Trump zum US-Präsidenten, davon aus, dass die Vereinigten Staaten in einen möglichen Krieg auf jeden Fall eingreifen würden, denn die fortwährende Bedingung der USA für eine Wiedervereinigung der beiden Kontrahenten – der freiwillige Zusammenschluss – sei in diesem Falle nicht gegeben. Das Fazit der damaligen Diskussion war, dass viele Menschen an eine militärische Annexion Taiwans nicht glaubten.

Heute, rund fünf Jahre später, stellt sich die Situation anders dar. Bei einer Rede am 1. Januar 2018 wurde Präsident Xi zum ersten Mal deutlich: Er erklärte die Wiedervereinigung der beiden – aus seiner Sicht – Landesteile zu einer nationalen Aufgabe. Die Wiedervereinigung, zuvor ohne konkretes Datum in eine ferne Zukunft projiziert, sollte nunmehr »in unserer Lebenszeit« vollendet sein. Jeder Versuch der Inselregierung, formal eine Unabhängigkeit von China zu proklamieren, würde mit der Entsendung des Militärs beantwortet werden. Präsident Xi wandte sich mit diesen scharfen Worten an die taiwanesische Präsidentin Tsai Ing-wen. Sie hatte vor der mit Spannung erwarteten Rede Xis gesagt, dass die Volksrepublik einen friedlichen Kompromiss mit Taiwan finden solle, der die Eigenständigkeit der Insel, ihre Demokratie und Lebensweise respektiere. Xi Jinping fühlte sich durch diesen Wunsch nach Rücksicht und Menschlichkeit angegriffen. Im Rückblick mag der eine oder die andere in dieser harschen Reaktion bereits jene skrupellose Kompromisslosigkeit erkennen, die Hongkong nur wenig später zu spüren bekam. Es gehört zu Xi Jinpings Verständnis von China als neuer Weltmacht, dass man mit anderen, kleineren Akteuren umspringen und verfahren kann, wie es der Volksrepublik beliebt. Konzilianz gilt in dieser Weltsicht als kein probates Instrument der Diplomatie. Der Ethno-Nationalismus Pekings toleriert eine eigenständige, demokratische und freiheitliche Kultur weder in Hongkong noch Taiwan. Sie stellt eine Gefahr für die totalitäre Ideologie Xis dar, deshalb brandmarkt er sie als imperialistische Geißeln des Auslands, die den wahren chinesischen Charakter, der im »Sozialismus chinesischer Prägung« erblühen soll, unterdrücken. Han-Chinesen, die dem freiheitlichen Narrativ aus dem feindlichen Westen verfallen, werden ebenfalls zu Feinden, weil sie den Volkscharakter und sein einheitliches Streben nach Wohlstand unter dem Banner der KP unterlaufen und somit schwächen. Als Ergebnis dieses rigiden Prozesses nehmen die Fliehkräfte zu, wie die »Zentrum-Peripherie-Theorie« deutlich herausgestellt hat. Die Integration eines Hongkong, in dem sich die Menschen bis zum Jahr 2047 mehr und mehr als Hongkonger und nicht mehr als Chinesen verstehen, hat den Furor angeheizt, mit dem die Eigenständigkeit der demokratischen Finanzmetropole ausgehöhlt wurde. Die gleiche Motivation mag Xi im Hinblick auf Taiwan antreiben, ein Land, in dem die überwältigende Mehrheit der Menschen sich als Taiwanesen und nicht (mehr) als Chinesen sieht.

Die Rhetorik Xi Jinpings ist im Lauf der Jahre schärfer geworden, die militärischen Drohgebärden gegenüber Taiwan nehmen zu. Am 6. September 2021 berichtete der *Guardian*, dass die Volksrepublik Kampfjets, die Atomsprengköpfe tragen können, in Taiwans »Air Defense Identification Zone« südlich der Insel geschickt habe. Diese erneute Provokation unterstreicht Xis Ankündigung, Taiwan erobern zu wollen. Das aufgestockte Militärbudget, das erweiterte Nukleararsenal und der Modernisierungsauftrag, den Xi seinem Militär bis zum Jahr 2027 aufgetragen hat, haben in US-Sicherheitskreisen die Auffassung bestärkt, dass ein Angriff Chinas auf Taiwan im Jahr 2027, nachdem die Modernisierung der Streitkräfte abgeschlossen sein wird, sehr wahrscheinlich ist.

In einem viel beachteten Artikel für die Zeitschrift *Foreign Affairs* (»The Taiwan Temptation: Why Beijing Might Resort to Force«) skizziert die Sicherheitsexpertin Oriana Skylar Mastro Zeitpunkt und mögliche Szenarien eines Angriffskrieges sowie die Reaktionen, die er in China und dem Rest der Welt auslösen würde: Da Xi Jinping den öffentlichen Diskurs in der Volksrepublik bezüglich Taiwan in den vergangenen Jahren zugespitzt und um das nationalistische Element erweitert habe, unterstütze die chinesische Öffentlichkeit einen Krieg gegen die benachbarte Insel. Teil dieses militärisch-nationalistischen Narrativs sei auch, dass die Armee der Vereinigten Staaten von Amerika, vor allem ihre Flotte, nicht (mehr) in der Lage sei, den Westpazifik zu schützen. Die Öffentlichkeit gehe also von einer Niederlage der USA aus, was in den Augen der Autorin die Kosten der militärischen Annexion Taiwans, die China zu erleiden haben würde, sei es durch den Verlust von Soldaten und Kriegsgerät, sei es durch Sanktionen der internationalen Gemeinschaft, in Grenzen halten würde.

Eine Umfrage der chinesischen Parteizeitung *Global Times* fand heraus, dass 70 Prozent der Chinesen ein gewaltsames Vorgehen gegen Taiwan als Mittel zur Wiedervereinigung befürworten. 37 Prozent der Befragten gaben an, dass es das Beste wäre, wenn dieser Krieg in den kommenden drei bis fünf Jahren stattfinden würde. Ob diese Umfrageergebnisse manipuliert wurden oder in der Tat die Meinung der durch die Propaganda Xi Jinpings aufgewiegelte Bevölkerung ausdrücken, kann angesichts der Tatsache, dass es in China keine freie Berichterstattung gibt, nicht beantwortet werden. Tatsache ist, dass jedes Schulkind in China lernt, dass Taiwan eine Provinz Chinas ist. Auch vor Xi Jinping gab es Bestrebungen zur Wiedervereinigung der beiden. Kein Vorsitzender der KP hätte je den Anspruch auf Taiwan aufgegeben. Neu aber sind die explizite, wiederholte Gewaltandrohung, die massive Einschüchterung und die Etablierung eines Zeitplans.

Die Unterstützung durch die Bevölkerung, die in der Umfrage zum Ausdruck kommen soll, setzt Präsident Xi zunehmend unter Druck. Beobachter des Treffens zwischen US-Präsident Joe Biden und dem japanischen Ministerpräsidenten Yoshihide Suga im April 2021 deuteten die Tatsache, dass beide Staatenlenker eine explizite Verteidigung Taiwans nicht ansprachen, in diese Richtung. Eine solche Äußerung könnte

Xi und den Hardlinern in Peking dazu dienen, ihre Kriegspläne zu beschleunigen.

Am Ende muss es die von Xi Jinping als unerlässlich bezeichnete Wiedervereinigung mit Taiwan auch tatsächlich geben. Für Oriana Skylar Mastro deutet nahezu alles, was Xi in den vergangenen Jahren getan hat, auf dieses Szenario hin. Der Krieg gegen Taiwan ist unausweichlich: »Während die Spannungen zwischen den USA und der Volksrepublik stärker wurden, hat China seine militärischen Unternehmungen in der Nähe Taiwans beschleunigt. Allein im Jahr 2020 drang die chinesische Luftwaffe 380 Mal in Taiwans ›Air Defense Identification Zone‹ ein. Im April 2021 hat China seine Flotte, die nun so groß ist wie nie zuvor, 25 Jäger und Bomber, in die Air Defense Identification Zone entsandt. Es ist überdeutlich, dass Xi Jinping nicht mehr eine Konfrontation mit der US-Armee um jeden Preis vermeiden will, jetzt, wo er davon ausgeht, dass sein Militär in der Lage ist, die Präsenz der USA in der Region herauszufordern. Längst vergangen sind die Krisentage des Jahres 1996, als es allein genügte, dass die Vereinigten Staaten zwei Kampfgruppen von Flugzeugträgern in die Nähe der Taiwanstraße verlegten, um Chinas Kampfwillen zu brechen. Peking hat es nicht verwunden, so zurückgedrängt worden zu sein, und verbrachte die folgenden 25 Jahre damit, sein Militär zu modernisieren, sodass sich diese Niederlage nicht wiederholen würde. Das meiste an dieser Modernisierung, neues Kriegsgerät, eine neue Struktur des Militärs, neue Trainingsarten für die Soldaten, wurde durchgeführt, um die Volksbefreiungsarmee zu befähigen, in Taiwan zu landen und die Insel zu besetzen.«

Mastro fasst vier Kampagnen dieses wahrscheinlichen Krieges gegen Taiwan zusammen, die konsekutiv und ineinandergreifend der chinesischen Armee den Sieg über Taiwan sichern sollen: »Die erste Kampagne besteht aus Raketenangriffen, die wichtige taiwanesische Ziele ausschalten sollen, anfangs militärische Ziele, dann Regierungsgebäude und letztlich zivile Infrastruktur. Dadurch soll die Unterwerfung Taiwans unter chinesische Forderungen erreicht werden. Im zweiten Schritt wird Taiwan vom Rest der Welt abgeschnitten, Angriff auf die Schifffahrtsrouten und Cyber-Attacken inklusive. Im dritten Schritt werden dann US-Truppen in der Region angegriffen und bombardiert, um zu verhindern, dass sie Taiwan in der Frühphase des chinesischen Angriffs zu Hilfe kommen können. Letztlich, als vierte Kampagne, ist zu erwarten, dass die Soldaten der Volksbefreiungsarmee mit Schiffen auf Taiwan anlanden und ein Bodenkrieg beginnt. Hierbei könnten zuerst die kleineren Inseln, die vor dem chinesischen Festland liegen, aber zu Taiwan gehören, eingenommen oder flächendeckend bombardiert werden. Während der Bombardements wäre Taiwan abgelenkt, und die chinesische Armee und Luftwaffe könnten sich ganz auf die Einnahme der Hauptinsel konzentrieren.«

Die Autorin zitiert Sicherheitsexperten, die, so Mastro, alle der Auffassung seien, dass die Volksrepublik in der Lage sei, die ersten drei Schritte erfolgreich auszuführen. Chinesische Raketentechnik, ergänzt sie, sei die fortschrittlichste in der Welt. Was allerdings Kampagne Nummer vier, eine Anlandung von Truppen an der Küste und Fallschirmspringer aus der Luft, angeht, sind die Experten skeptisch. Dies würde die Kapazitäten und Fähigkeiten der Volksbefreiungsarmee vermutlich überfordern. Sollte Taiwan nicht nach den ersten drei Kampagnen kapituliert haben, käme es zu einem Showdown, bei dem auch internationale Truppen – zuvorderst die Vereinigten Staaten von Amerika und Japan – dem Inselstaat zu Hilfe kommen würden. Die chinesische Armee mag auch im Jahr 2027 noch nicht für diesen Schritt gerüstet sein, ihr fehlt, wie erwähnt, die militärische Praxiserfahrung. Deshalb glauben andere Beobachter, so Mastro, es könne noch bis 2030 oder 2035 dauern, bis China Taiwan schließlich angreift.

Ein Krieg gegen Taiwan könnte nur vermieden werden, wenn der Preis, den Chinas Führer dafür zahlen müsste, zu hoch wäre. Die Chancen, Präsident Xi ein solches Szenario vor Augen zu führen, stehen schlecht. In einer Diktatur wie der chinesischen kommt es letztlich nicht allein auf rationale Argumente von Strategen an, sondern auf Emotionen.

Taiwan ganz oder teilweise zu erobern, ist für Xi der erste Schritt zur »Verjüngung der Volksrepublik«, wie er seine militärische Expansionsagenda auch nennt. Weitere Feldzüge würden diesem ersten folgen. Chinas Provokationen gegen die demokratischen Anrainerstaaten des Westpazifik hat bereits begonnen. Auch hier scheint Krieg unausweichlich.

4

PULVERFASS WESTPAZIFIK: WAS JAPAN, SÜDKOREA UND DIE PHILIPPINEN NACH DEM FALL TAIWANS ERWARTET

Die Volksrepublik China befindet sich bereits jetzt, jenseits des Streits mit Taiwan, in mehreren Konflikten im Westpazifik: mit Japan, Südkorea und den Philippinen. Diese Konflikte sind von verschiedener Intensität und bergen je eigene Gefahren. Zusammen betrachtet zeigen sie, welche Strategie die Volksrepublik China verfolgt, um diesen Teil der Welt, der heute noch von den Vereinigten Staaten von Amerika und ihren Alliierten kontrolliert wird, unter ihren Einfluss zu bringen.

Beginnen wir unseren kurzen Abriss zu diesem Thema mit den Senkaku-Inseln, die nicht weit entfernt von Taiwan liegen, auf halber Strecke zur japanischen Inselgruppe Okinawa. Sie werden heute von Japan verwaltet. Auch diese Inseln betrachtet die Volksrepublik neuerdings als ihr Territorium. Den Anspruch unterstreicht China bereits militärisch: In der jüngeren Vergangenheit kreuzten chinesische Kriegsschiffe vor der Insel Okinawa Hontō, auf der sich auch eine US-Militärbasis befindet.

Mit Südkorea wiederum streitet sich die Volksrepublik um den Socotra-Fels, ein Riff, das eigentlich in internationalen Gewässern liegt und aufgrund der Tatsache, dass sich ein Großteil seiner Fläche unter dem Wasserspiegel befindet, nach internationalem Recht von keinem Land als Territorium beansprucht werden kann. Eine Forschungsstation, die Südkorea auf dem Felsen unterhält, wird von der Volksrepublik als widerrechtlich betrachtet.

Der dritte Krisenherd sind die Philippinen: Anfang März 2021 sind rund 200 Schiffe um die Spratly-Inseln herum vor Anker gegangen. Die Regierung in Manila sagt, dass es sich dabei um chinesische Milizen handele, die die Inseln widerrechtlich besetzten. In Peking spricht man hingegen von Fischern, die dort ihrer Arbeit nachgingen.

Alle genannten Länder, Japan, Südkorea und die Philippinen, sind, wie Taiwan auch, Verbündete der USA. Sie haben sich angesichts der steigenden Kriegsgefahr mit China bereits in der einen oder anderen Weise Hilfe suchend an Washington gewandt (siehe Kapitel 7). Pikant ist dabei, dass der Präsident der Philippinen, Rodrigo Duterte, im Jahr 2020 ein Militärabkommen mit den USA einseitig aufgekündigt hatte und gleichzeitig verlautbaren ließ, ab sofort enger mit der Volksrepublik zusammenarbeiten zu wollen. Duterte, der sich selbst eher als *strongman* in einer Reihe mit Chinas Anführer Xi sieht, musste nur ein Jahr später erkennen, dass er auf das falsche Pferd gesetzt hat: Im April 2021 bat er Washington gegen die wachsende Präsenz Chinas vor seiner Haustür um Hilfe. Mit Erfolg: Beide Länder hielten noch im selben Monat gemeinsam ein Manöver ab, um gegenüber der Volksrepublik Einigkeit zu demonstrieren.

Der erste Besuch eines Regierungschefs im Weißen Haus seit dem Amtsantritt von US-Präsident Joe Biden war der seines japanischen Amtskollegen Yoshihide Suga. Damit wollte Washington, so die *New York Times*, die besondere

Partnerschaft der beiden Länder unterstreichen. Hauptthema der Gespräche war das gemeinsame Vorgehen gegen die Volksrepublik China, besonders im Hinblick auf Taiwan. Die ehemalige japanische Kolonialmacht der Insel betrachtet sich heute als Anwalt der jungen Demokratie. Als die Volksrepublik im März eine in Taiwan bestellte Ananasernte nicht abnehmen wollte, sprang vor allem Japan in die Bresche und kaufte dem Partner die Süßfrüchte ab. Bereits zuvor kam es über Taiwan zum Konflikt zwischen Japan und China. Nach einem Erdbeben im Jahr 2019 kritisierte Peking, dass Japan Ingenieure und Hilfsmittel in das gebeutelte Land schickte. Zuvor hatte Taipeh es aus Furcht vor Spionage abgelehnt, eine chinesische Hilfsdelegation auf die Insel zu lassen. Washington hält nach wie vor zu Taiwan, das während der Präsidentschaft von Donald Trump deutlich aufgewertet wurde. Eine Delegation von ehemaligen hochrangigen Regierungsbeamten traf Mitte April 2021 in Taiwan ein. Die Volksrepublik verurteilte den Besuch scharf und sandte – einmal mehr – ihre Kampfjets in den taiwanesischen Luftraum, in Rekordzahl, wie die BBC berichtete.

Ich betrachte die Konflikte im Westpazifik als zusammenhängend im Bezug auf Chinas Strategie, diesen Teil des Weltmeeres zu beherrschen. In einem idealtypischen Szenario würde Peking zuerst Taiwan einnehmen, dann die Gunst der Stunde nutzen, um die Senkaku-Inseln zu besetzen. Als Nächstes (oder vielleicht zeitgleich) würde sich die Volksrepublik den Philippinen zuwenden und schließlich Südkorea.

Doch sehen wir uns die Krisenherde einmal im Detail ein:

Japan – Die Senkaku-Inseln gehören nach internationalem Recht zu Japan. Sie wurden 1895 dem Kaiserreich hinzugefügt, nach Prüfung, ob diese Inseln zuvor jemals von einer anderen

Nation als Teil ihres Territoriums proklamiert wurden. Der Friedensvertrag von San Francisco stellte die Inseln im Jahr 1951 unter die US-Verwaltung in Okinawa. Erst 1972, im Rahmen des »Okinawa Reversion Treaty«, erhielt Japan die Inseln und ihre Verwaltung wieder zurück. Diese Inseln waren in diesem Sinne niemals Teil des chinesischen Hoheitsgebiets.

Abb. 6: Die Lage der Senkaku-Inseln im Westpazifik

Auch die Lage der Senkaku-Inseln im Westpazifik stellte die Zugehörigkeit der Senkaku-Inseln zu Japan von 1895 bis 1970 nicht infrage. Auf chinesischen Karten waren die

Inseln bis dahin stets als Teil Japans eingezeichnet. Mit der Entdeckung von Erdölvorkommen änderte die Volksrepublik allerdings ihre Meinung. China behauptete fälschlicherweise, dass Japan eingewilligt habe, zu einem nicht näher spezifizierten Zeitpunkt über die Zugehörigkeit der Inseln zu verhandeln. Im Jahr 1992 verabschiedete die Volksrepublik ein Gesetz, das den Anspruch auf die Inseln zementiert. Seit dem Jahr 2008 passieren regelmäßig chinesische Kriegsschiffe die Inseln, um diesen Anspruch zu bekräftigen.

Im Frühjahr 2021 eskalierte der Konflikt zwischen der Volksrepublik, Japan und den Vereinigten Staaten. Peking-freundliche Blätter wie die *South China Morning Post* sprechen in der Berichterstattung davon, dass die Zugehörigkeit der Inseln »umstritten« sei. Eine Behauptung, die nicht den Tatsachen entspricht. Die Volksrepublik hält an ihrem Kurs fest und möchte, so ein Zeitungsbericht, unweit der existierenden Inseln eine neue aufschütten und mit 20000 Menschen besiedeln. Derselbe Zeitungsbericht von Anfang April bezieht sich auf ein neues chinesisches Gesetz, das zu Beginn dieses Jahres erlassen wurde, wonach die Küstenwache auf jedes Schiff unter fremder Flagge schießen dürfe, das sich in »das Territorium der Volksrepublik« vorwage. In einem solchen Fall würde Japan die Vereinigten Staaten zur Verteidigungshilfe heranziehen müssen. Nach seiner Niederlage im Zweiten Weltkrieg hat Japan selbst nur limitierte Möglichkeiten der Kriegsführung. Bei ihrem Treffen im April in Washington unterstrichen US-Präsident Biden und Japans Premier Suga, dass ein Beschuss japanischer Schiffe durch das chinesische Militär in der Tat den Verteidigungsfall auslösen würde. Eine solche Zuspitzung schafft einen weiteren potenziellen Schauplatz eines Krieges zwischen den Vereinigten Staaten von Amerika und der Volksrepublik

China. Bis dato bestand eine solche akute Gefahr allein im Falle Taiwans. Das neue Gesetz ändert diese Lage. Bei ihrem Treffen haben die beiden Staatenlenker, die je für sich ein besonderes Verhältnis zu der jungen Inseldemokratie pflegen, jedoch vermieden, eine Verteidigungsgarantie für Taiwan auszusprechen.

Die Philippinen – Der Konflikt um die Spratly-Inseln im Südchinesischen Meer ist in gewisser Weise der komplexeste unter den hier diskutierten. Die Anrainerstaaten dieser Inselgruppe umfassen Vietnam, Malaysia, Brunei, Taiwan, die Philippinen und die Volksrepublik. Die Inseln und die sie umgebenden Handelsrouten verbinden den Indischen und den Pazifischen Ozean. Die Gegend ist reich an Öl und hat immense Fischvorkommen. Die Vereinigten Staaten möchten die Handelsrouten sichern und sprechen sich in diesem Konflikt nicht für eine nationale Lösung aus. Ihr Ansatz zielt auf eine Freiheit der Navigation *(freedom of navigation)*, der die Handelsrouten im Einklang mit internationalem Seerecht weiterhin für alle offen sehen will.

Bis zum Ende des Zweiten Weltkrieges gehörten die Inseln zu Japan. Nach dem Vertrag von San Francisco 1951 erhob die Republik China (das heutige Taiwan) Anspruch auf die Inseln. In der Tat kontrolliert Taipeh bis heute die größte Insel der Gruppe, Taiping Island. Bereits in den späten zwanziger Jahren des vergangenen Jahrhunderts ließ die Republik China das Südchinesische Meer als Teil seines Territoriums einzeichnen. Da die Kartographen dabei neun geschwungene Linien verwendeten, wird die so behauptete Grenze heute die »Nine dash«-Linie genannt. Im Jahr 2013 ließ die kommunistische Volksrepublik übrigens einen zehnten Strich ergänzen, der Taiwan zu einem Teil seines Territoriums erklärt.

Abb. 7: Die Spratly-Inseln – Zankapfel im Südchinesischen Meer

Die Volksrepublik verfolgt ihren Anspruch auf diese Inseln mit zunehmend harschen, auch militärischen Mitteln, aus ihrer Sicht mit gutem Grund: Ein Drittel des Welthandels geht über den Kanal zwischen den Ozeanen, 40 Prozent des Erdgases werden über diese Wasserstraße transportiert. Sollte China allein diese Weltgegend kontrollieren, wäre das autokratische Land über Nacht in der Lage, die gesamte Welt zu dominieren. Im Moment werden die Zugänge zum Indischen und zum Pazifischen Ozean noch von amerikanischen Verbündeten kontrolliert.

Abb. 8: Seehandelswege in Asien

Die Volksrepublik hat hier, um ein vermeintliches Gegengewicht zu schaffen, Militärbasen auf den Paracel-Inseln errichtet, zudem durch Landaufschüttungen an den Spratly-Inseln neues »chinesisches Territorium« geschaffen und mit Militärbasen versehen. Mit diesem Vorgehen verstößt die Volksrepublik gegen internationales Seerecht, das sie selbst zuvor anerkannt hatte. Das Südchinesische Meer wird jetzt als »Ausschließliche Wirtschaftszone« (AWZ) Chinas angesehen. Dies gilt in gleicher Weise für den Socotra-Fels. Viele der Spratly-Inseln sind jedoch, wie Socotra auch, untermeerische Riffe, die nicht als Territorium gewertet werden können. Zudem liegen sie in der AWZ der Philippinen.

Im Jahr 2013 verklagten die Philippinen schließlich die Volksrepublik beim Internationalen Gerichtshof in Den Haag, argumentierend, dass Chinas behaupteter Anspruch auf die Inseln falsch sei. Das Gericht gab den Philippinen recht und erklärte, dass die »Nine dash«-Linie keine rechtliche Grundlage habe. Es ist keine Überraschung, dass die Volksrepublik dieses Urteil nicht anerkennt. Der Konflikt schwelt seitdem, ohne dass eine Lösung gefunden wurde. Die Volksrepublik ist hier nicht nur nicht kooperativ, sondern erhöht den Druck auf die Anrainerstaaten und die Weltgemeinschaft durch die Milizen, die sie im März dieses Jahres zu den Spratly-Inseln geschickt hat. Es sollen rund zweihundert Boote sein. Peking beharrt darauf, dass dies Fischerboote seien, doch von keinem der Boote aus wird gefischt. Vielmehr blockieren sie die Wasserstraße, einige haben sich zu diesem Zweck sogar miteinander vertäut, wie die *New York Times* berichtete.

Südkorea – Der Socotra-Fels liegt rund 100 Kilometer näher an Südkorea als an der Volksrepublik China. Keine der beiden

Nationen kann nach internationalem Seerecht den Felsen zu seinem Territorium erklären, da er im Wesentlichen ein untermeerisches Riff ist. Gleichzeitig lässt dieses Seerecht einen gewissen Spielraum, wenn es um die wissenschaftliche Erkundung und ökonomische Ausbeutung der Gegend geht. Der Socotra-Fels liegt daher nicht in internationalen Gewässern – was bedeuten würde, dass weder Souveränität eines Landes über ihn möglich wäre noch ein privilegiertes Recht der Nutzung –, sondern in einer »Ausschließlichen Wirtschaftszone« (AWZ).

Abb. 9: Lage des Socotra-Fels im Ostchinesischen Meer

Wenngleich der Felsen näher an Südkorea liegt, besagt das Seerecht, dass der Anspruch auf eine AWZ bis zu 200 Seemeilen (370,4 km) von der Küste des jeweiligen Staates besteht, weshalb die chinesischen Ansprüche nicht unbegründet sind (siehe Abb. 9). Das Dokument der Vereinten Nationen, das dies regelt, stammt aus dem Jahr 1982. Die Marine der Republik Korea hat allerdings bereits im Jahr 1952 den Felsen zu einem Teil ihres Territoriums erklärt. Zu dieser Zeit war die neue, junge Volksrepublik erst zwei Jahre dem heftigen Bürgerkrieg entronnen, in dem Mao Zedong siegreich über die Republik China war. Es sollte bis zum Jahr 1992 dauern, bis die Volksrepublik zum ersten Mal eine wissenschaftliche Exkursion zu dem Felsen unternehmen konnte. Ab dem Jahr 1995 errichtete die Republik Korea dann die Forschungsstation, die sich bis heute auf dem Felsen befindet. Die Volksrepublik erkennt ihrerseits den Anspruch Koreas auf den Felsen nicht an. Erst im Jahr 2013 äußerte sich die Volksrepublik mit der Aussage, dass es keinen territorialen Konflikt mit Südkorea gebe. Gleichzeitig fügte Peking laut einem Bericht des Magazins *The Atlantic* im selben Jahr seiner Luftsicherheitszone den Felsen hinzu, was die Aussage, es gebe keinen Konflikt, konterkarierte.

Bis zum Dezember 2015 ruhte der Konflikt mehr oder minder, bevor er wieder aufflackerte: Peking verlangte von Seoul, nicht nur auf die Kontrolle von Socotra, sondern auch auf weitere Teile der Meeresregion zu verzichten. Im Dezember 2020 überflogen chinesische und russische Kampfjets die Gegend, was die Gefahr einer militärischen Auseinandersetzung erhöhte und einmal mehr anzeigt, wie sehr die chinesische Armee von der Kooperation mit der Diktatur in Moskau profitiert. Erst nach dieser Machtdemonstration im März 2021 verabredeten die Volksrepublik und Südkorea, die Möglichkeit eines bewaffneten Konflikts über den Felsen durch einen direkten telefonischen Kontakt der beiden Heeresführungen zu verringern.

Peking verfolgt mit seiner Strategie klare Ziele: Die Volksrepublik möchte sich das exklusive Recht über die Ölvorkommen und andere natürliche Ressourcen in dieser Weltgegend sichern und gleichzeitig den Welthandel, der über die Schiffsrouten im Westpazifik läuft, kontrollieren. Durch den Ausbau der Militärbasen und den Rechtsbruch, den die Volksrepublik begeht, wird deutlich, dass die kommunistische Führung bereit ist, den Konflikt zu militarisieren und, wenn nötig, kriegerisch eskalieren zu lassen.

Das Vorgehen Pekings im Südchinesischen Meer gleicht – so das Urteil der »Asia Maritime Transparency Initiative« (AMTI) – dem Vorgehen der Volksrepublik in Hongkong: Durch das bereits erwähnte, zu Jahresbeginn verabschiedete Gesetz, das es chinesischen Kriegsschiffen erlaubt, Boote, die in ihr vermeintliches Hoheitsgebiet eingedrungen seien, zu beschießen und zu versenken, soll erreicht werden, dass sich niemand mehr in diese Gewässer traut. Die so betriebene Einschüchterung betrifft alle hier genannten Konflikte, da die Volksrepublik de facto den gesamten Westpazifik als ihr Territorium ansieht. Entsprechend fiel die Reaktion Japans aus: Tokyo kritisierte das Gesetz der Volksrepublik und warnte vor einer Eskalation der Situation. Das Vorgehen auf den Spratly-Inseln erinnert nicht nur an Hongkong, sondern auch an das Vorgehen Wladimir Putins, der 2014 die Krim annektierte und dort und in der Ostukraine russische Soldaten kämpfen ließ, an deren Uniformen die Hoheitsabzeichen fehlten. Die Diktatoren der Welt scheinen in unguter Weise voneinander zu lernen.

Die Kontrolle über den Westpazifik würde schließlich auch wichtige Internetkabel betreffen, die dann unter von China kontrollierten Gewässern verliefen. Auch dies stellt aus der Sicht der USA eine erhebliche Gefahr für die Sicherheit des eigenen Landes und des Welthandels dar. Beim Biden-Suga-Gipfel konnten sich die beiden Partner jedoch auf keine Strategie gegen die Volksrepublik einigen. Japan versucht, nicht in eine Rivalität zwischen der Volksrepublik und den USA hineingezogen zu werden, gleichzeitig ist sich das Land bewusst, dass es sich bereits jetzt im Konflikt mit Xi Jinpings Riesenreich befindet. Um auch nur den Hauch einer Chance zu haben, braucht Japan, genauso wie Taiwan, Südkorea und die Philippinen, die Unterstützung der USA. Im Moment arbeitet die Zeit für Peking, das sich die Kontrolle über das Südchinesische Meer Schritt für Schritt sichert. Diplomatische und rechtliche Möglichkeiten sind ausgeschöpft, die Missachtung des Den Haager Urteils belegt dies. Es bleibt nur noch die militärische Option, um das eigene Territorium zu verteidigen.

In der Bundesrepublik werden die verschiedenen, hier beleuchteten Konflikte meist nur einzeln und nicht zusammen betrachtet. Daraus ergibt sich meines Erachtens eine Fehleinschätzung im Hinblick auf das Handeln Chinas. Die gern vertretene Behauptung, wonach China in seiner Geschichte nie expansiv gewesen sei und es folglich auch in der Zukunft nicht sein werde, wird schon jetzt klar falsifiziert. Das alte China hatte keine Flotte. Xi Jinpings Militarisierung des Westpazifik funktioniert jedoch nur über die Flotte der chinesischen Kriegsschiffe und den Bau von Militärbasen. Das neue »Sicherheitsgesetz zu Wasser«, wie man das neue maritime Gesetz nennen mag (in Anlehnung an das sogenannte Sicherheitsgesetz, das die Kommunistische Partei Chinas für die autonome Stadt Hongkong erlassen hat, um die dortige demokratische Ordnung zu zerstören), ist das klare Signal, dass Peking keinerlei rechtliche Ansprüche und internationale Normen (denen es selbst zugestimmt hat) gelten lassen will.

Entweder gibt der Rest der Welt klein bei und akzeptiert die Abhängigkeit des Welthandels und der internationalen Kommunikation von Peking, oder es wird zu einem Krieg mit China kommen. So unerfreulich diese Vorstellung auch ist, im Moment bedarf es eines Maßes an Phantasie (das sich für verantwortungsvolle Außen- und Sicherheitspolitik nicht schickt), um ein drittes Szenario zu entwerfen. Peking selbst hofft darauf, durch die normative Kraft des Faktischen nach und nach den Rest der Welt zum Einlenken zu zwingen. Die Erfahrung jedenfalls, die die Volksrepublik in den vergangenen Jahrzehnten gemacht hat, nicht zuletzt dadurch, dass die Vereinten Nationen Taiwan haben fallen lassen in einem Moment, als die Volksrepublik sich anschickte, der Stärkere der beiden zu werden, unterstützt die Nomenklatura in Peking in dieser Sichtweise.

5

EIN KRIEGSEINTRITT DER USA?

Die USA sind der einzige Akteur, der in der Lage wäre, Taiwan erfolgreich gegen einen Angriff der Volksrepublik zu verteidigen. Aber wird man sich in Washington auf einen Krieg mit einer Atommacht einlassen, deren politische Führung von nationalistischem Eifer und ideologischer Verbohrtheit geblendet ist? Andererseits: Was geschieht, wenn man Peking *nicht* in seine Grenzen weist? Der Erfolg in Hongkong und eine etwaige erfolgreiche Invasion Taiwans könnte Peking dazu verleiten, mit den westpazifischen Staaten in einen Krieg einzutreten. Die Konflikte, für deren Bewältigung in seinem Sinne sich Peking nach der Eroberung Taiwans beste Chancen ausrechnet, bleiben bestehen und werden die USA dann im Falle einer Bedrohung Japans, Südkoreas oder der Philippinen auf den Plan rufen müssen. Der von Oriana Skylar Mastro angenommene Schritt drei einer möglichen Strategie Pekings, Taiwan einzunehmen – das Bombardement amerikanischer Stützpunkte –, würde Washington zudem nicht ignorieren können. Beides zusammen spricht eher dafür, dass Washington früh in dem Konflikt Stellung bezieht, durch Aus- und Aufrüstung seiner Partner in der Region, durch die Verstärkung seiner eigenen Gruppenpräsenz im Pazifik.

Joe Biden und Yoshihide Suga haben bei ihrem Treffen im April 2020 verklausiert ihre Unterstützung für Taiwan zu Protokoll gegeben, wissend, dass eine explizite Verteidigungsgarantie den Kriegsfall schneller herbeiführen könnte, als ihnen lieb ist. Die Hardliner in Peking könnten in einem solchen Fall Xi Jinping unter Druck setzen, einen Krieg zu beginnen, bevor Japan und die USA ihre Verteidigungstaktik für Taiwan entwickelt haben. Unstrittig ist, dass Ostasiens Staaten Peking zunehmend als aggressiv wahrnehmen und die Möglichkeit einer militärischen Konfrontation in ihr Denken und Planen einbeziehen. Keines der Länder kann im Konfliktfall ohne die Unterstützung der USA bestehen. Die Volksrepublik ist mittlerweile im Besitz einer gewaltigen Flotte, der nur noch die Vereinigten Staaten Paroli bieten können. Und selbst darüber streiten die Militärstrategen. So wie China prognostiziert, dass sich das Zeitfenster, Taiwan zu erobern, in den kommenden Jahren schließen wird, sehen die US-Strategen, dass es nach 2027 (nach Abschluss der Militärreform) immer schwieriger werden würde, China im Westpazifik zu besiegen.

Um hier zu deeskalieren, haben US-Präsident Biden und Chinas Präsident Xi im September 2021 nach siebenmonatiger Pause verabredet, wieder regelmäßig miteinander zu telefonieren. Denn die Volksrepublik möchte ihrerseits nicht in den Krieg ziehen, sondern hofft, den Rest der Welt durch Abschreckung in die Submission zu navigieren, ohne dass am Ende auch nur ein Schuss abgefeuert werden muss. Der ständigen Bedrohung auf See, von einem chinesischen Kriegsschiff als Strafe dafür, in »chinesische Gewässer« eingedrungen zu sein, versenkt zu werden, wird sich niemand aussetzen wollen, so die Logik der Partei. China mag perspektivisch den Westmächten besondere Passierrechte durch

»seine« Gewässer anbieten oder durch ähnliche Vorschläge die Gespräche mit den USA in Gang halten, um auf mehreren Pfaden einer militärischen Eskalation entgegenzuwirken. Ob diese Rechnung aufgehen wird, hängt sehr stark davon ab, wie sich die innenpolitische Dynamik in den USA in Sachen China entwickelt.

Das Verhältnis zwischen China und den USA hatte sich zuletzt unter US-Präsident Donald Trump derart verschlechtert, dass die *New York Times* in einem Beitrag Deutschland als den idealen Vermittler zwischen den beiden Kontrahenten ausmachte. Trumps Nachfolger Joe Biden hatte im Wahlkampf angekündigt, seine Politik bezüglich China werde im Falle seines Sieges nicht nachgiebiger sein als die von Donald Trump. In der polarisierten US-Politik, in der sich Republikaner und Demokraten spinnefeind sind, ist das Themenfeld Hongkong, Taiwan, China fast das einzige, in denen die beiden Parteien dieselbe Stoßrichtung verfolgen und die Einschätzung teilen, dass die Volksrepublik zu einer strategischen Herausforderung und einem systematischen Gegner herangewachsen ist.

Dennoch ging es auf diesem Terrain sehr konfrontativ zwischen den beiden zu: Amtsinhaber Donald Trump malte das Menetekel an die Wand, sollte Joe Biden zum Präsidenten gewählt werden, würden alle Amerikaner Chinesisch lernen müssen. Damit spielte er auf eine mögliche Unterwanderung der USA durch China mit Hilfe eines Präsidenten Biden an. Für die Republikaner sind die Demokraten seit Bill Clinton diejenigen, die für die Abwanderung von Arbeitsplätzen aus den Vereinigten Staaten nach China verantwortlich gemacht werden. Das Ziel, die Volksrepublik in die Welthandelsorganisation aufzunehmen, wurde von den Demokraten unter der Maßgabe erwirkt, dass zwar Jobs nach China abwandern würden, dort günstig produzierte Konsumgüter allerdings im Gegenzug US-amerikanische Geldbeutel schonen würden. Dass sich China nicht an die Regeln des Welthandels hält, wird auf schlechte Verhandlungen und chinesisches Foulspiel zurückgeführt.

Joe Biden war von 1972 bis 2008 Mitglied des Senats und dort unter anderem auch Mitglied im Ausschuss für Auswärtige Angelegenheiten, dessen Vorsitz er von 2001 bis 2003 und von 2007 bis 2009 innehatte. Als Demokrat hat er die Öffnung Richtung China, die die USA unter Präsident Bill Clinton vollzogen haben, mitgetragen. Als Vizepräsident in der Obama-Regierung unterstützte er die China-Politik des Präsidenten. Biden musste sich daher im Wahlkampf vor allem von sich selbst distanzieren. Er war sich dessen voll bewusst und betonte, als Präsident in Sachen China noch härter sein zu wollen als Donald Trump.

Die China-Politik der Trump-Regierung war von Handelskriegen und Strafzöllen bestimmt. Donald Trump wollte sich als harter Geschäftsmann gerieren, der »die besten Deals« macht. Menschenrechte und Rechtsstaatlichkeit haben dabei eine untergeordnete Rolle gespielt. Der Kongress hat maßgeblich die Hongkong- und Taiwan-Politik vorangetrieben, der Donald Trump letztlich die Unterschrift nicht verweigert hat.

Der Handelskrieg mit den USA konnte China nicht schwächen. Die USA hatten ihr Vorgehen gegenüber der Volksrepublik nicht nur nicht mit ihren Bündnispartnern abgestimmt. In Donald Trumps »America First«-Kosmos wurden enge Alliierte wie die Bundesrepublik Deutschland sogar attackiert und mit Zöllen belegt. Eine solche China-Politik konnte am Ende nicht erfolgreich sein: Die Isolation, in die Washington die Volksrepublik als Strafe für ihre Vergehen treiben wollte, existiert nur als rhetorische Figur. In der Realität hat der Handel mit der Volksrepublik zu- und nicht abgenommen und unterstreicht die geltende Bedeutung Chinas als »Werkbank der Welt«. Seit April 2021 steigen zudem ausländische Investitionen im Reich der Mitte signifikant, wie das Online-Magazin *Bloomberg* berichtet. Gleichzeitig legte das Pew-Forschungszentrum in Washington im Juni 2021 Zahlen vor, die zeigen, dass die Sympathiewerte für die Volksrepublik rund um den Globus auf einem historischen Tiefstand sind. Wie sich ein solch anachronistischer Befund – steigende Interaktion bei gleichzeitig steigender Unbeliebtheit – in der Praxis auswirkt, zeigt der Blick auf Australien: Die Volksrepublik hat das Land Ende November 2020 de facto mit einem Importstopp auf bestimmte Handelsgüter belegt, da die Regierung in Canberra gefordert hatte, eine unabhängige Kommission zu bilden, die die Entstehung und Verbreitung von Covid-19 in China untersuchen solle, um zu einem besseren wissenschaftlichen Verständnis der Pandemie zu gelangen. Nur eine Woche zuvor war das multilaterale Handelsabkommen »Regional Comprehensive Economic Partnership« (RCEP) unterzeichnet worden, dem beide Staaten angehören und unter dessen Regelwerk ein solches Vorgehen wie das Pekings nicht gestattet ist. Kommentatoren sehen darin einen weiteren Schritt der kommunistischen Führung, ihren »Might is Right«-Ansatz durchzusetzen. Es handelt sich um den bereits beschriebenen Führungsstil, von dem Xi Jinping glaubt, dass er sich für eine neue Weltmacht geziemt: So wie es die USA in der Vergangenheit gemacht haben, soll nun auch Peking vorgehen. »Macht setzt Recht.«

Die Vereinigten Staaten haben, vorangetrieben durch beide Parteien im Kongress, ihrerseits die Sanktionen gegen China ausgeweitet. Der Grund hierfür sind vor allem die massiven Menschenrechtsverletzungen gegen die muslimischen

Uiguren im Nordwesten des Landes. Aber auch das brutale Vorgehen Pekings gegen die Menschen in Hongkong hat zu Sanktionen geführt. Der Nationale Sicherheitsberater der Biden-Regierung, Jack Sullivan, hat bereits kurz nach seiner Ernennung die Volksrepublik China für ihr Vorgehen in Hongkong kritisiert. Die Regierung zeige sich »sehr besorgt« angesichts der Entwicklungen in der Handelsmetropole, äußerte er und kündigte einem Bericht der *Financial Times* zufolge an: Die USA »werden allen Verfolgten ein sicherer Hafen sein«. Sullivan reagierte damit auf die Hafturteile gegen Joshua Wong und andere führende Demokratieaktivisten, die aufgrund ihres Engagements in den legitimen Protesten des Jahres 2019 verurteilt worden waren. Es wird erwartet, dass Tausende Hongkonger als politische Flüchtlinge ihre Heimat verlassen und in der freien Welt Asyl suchen werden.

Die Regierung der Vereinigten Staaten wird in ihrer China-Politik auf eine Mischung aus Kontinuität und Wandel setzen: Kontinuität, da sie nicht mit den Trump-Jahren brechen wird, und Wandel, da sie nicht an die demokratische Außenpolitik der Obama- und Clinton-Jahre wird anknüpfen können. Joe Biden hat bereits klargestellt, dass er nicht von den Strafzöllen, die die Trump-Regierung gegen Importe aus der Volksrepublik verhängt hat, abrücken wird. Biden bezeichnete Xi Jinping während eines US-Besuchs 2012 – also bevor Xi Generalsekretär der chinesischen Kommunistischen Partei und Präsident der Volksrepublik wurde – als die Verkörperung eines neuen chinesischen Führungsstils. Während des Präsidentschaftswahlkampfs 2020 nannte Biden Xi einen »Gangster« (»thug«). Größer könnte ein Sinneswandel kaum sein.

Anders als sein Vorgänger Donald Trump setzt Joe Biden wieder verstärkt auf Multilateralismus, auf den Dialog der Vereinigten Staaten mit ihren Partnern. Im August 2020 hob

Thomas L. Friedman in dem bereits angeführten Meinungsbeitrag in der *New York Times* hervor, dass Donald Trumps »Politik des harten Wortes« gegenüber China nur dann von Erfolg gekrönt gewesen wäre, wenn er den deutschen Partner der Vereinigten Staaten in seine Politik einbezogen hätte. Die Bundesrepublik hätte, so Friedman, das politische beziehungsweise diplomatische Kapital, um in der Volksrepublik hinter verschlossenen Türen die harte Rhetorik Washingtons auszugleichen und gesichtswahrende Lösungen zu erarbeiten. Die Zusage Bidens, wieder in den multilateralen, internationalen Institutionen eine Rolle spielen zu wollen, wurde daher weltweit mit Erleichterung aufgenommen. Der Zuspruch zu diesen multilateralen Institutionen ist, so die *Washington Post*, ungebrochen, auch wenn die Finanzkrise 2008 und die Wahl von Donald Trump Punkte auf dem Zeitstrahl markierten, an denen die internationale Ordnung, vor allem ihre ökonomische Komponente, stärker kritisiert wurde als zu anderen Zeiten.

Gleichzeitig ist in Sachen transatlantische Partnerschaft in den ersten Monaten der Amtszeit von Joe Biden wenig passiert. Biden hat vielmehr das Reiseverbot für Europäer, das im März 2020 auf dem Höhepunkt der ersten Welle der Coronapandemie in Kraft getreten war und zum Ende von Trumps Amtszeit hätte auslaufen sollen, erneuert. Obwohl Joe Biden Angela Merkel bei ihrem letzten Besuch in Washington im Sommer 2020 als große Freundin der USA und als verdiente Transatlantikerin pries, wurde ihr Wunsch, wieder Besucher aus Europa in die USA einreisen zu lassen, abschlägig beschieden (US-Amerikaner waren da schon etliche Wochen wieder in den Genuss unbeschränkten Reisens nach Europa gekommen). Erst ab November 2021 durften Europäer wieder in die USA fliegen.

Sollte es tatsächlich einen neuen, multilateralen Politikansatz der Biden-Regierung bezüglich China geben, dann wird die Wirtschafts-, genauer die Handelspolitik dabei eine entscheidende Rolle spielen. Eine offene Kriegsdrohung wird Washington nicht aussprechen. Ein Eingreifen in einen Annexionskrieg, den China gegen Taiwan starten würde, halten Geostrategen weltweit hingegen für möglich. Allerdings weisen auch sie darauf hin, dass die USA, bevor es zu einer militärischen Eskalation zwischen zwei Atommächten kommt, alles versuchen werden, Xi Jinping von einem Kriegsvorhaben abzuhalten. Dies könnte vor allem durch Sanktionen und Strafzölle geschehen, die das chinesische Wachstum – den größten Treiber für die Akzeptanz der Kommunistischen Partei – beeinträchtigen würden.

Trotz der, vor allem in der Wissenschaft und in den Medien verbreiteten, Kritik am ökonomischen Liberalismus wird die Realität weiterhin von Handelsabkommen geprägt, die als Dreh- und Angelpunkt gelingender Wirtschafts-, Entwicklungs- und Umweltpolitik verstanden werden. Auch die Überzeugung, dass durch wirtschaftliche Kooperation nicht nur Zollschranken abgebaut, sondern auch die Zusammenarbeit unter den Völkern und Demokratisierung gefördert werden, ist weiterhin eine zentrale Überzeugung internationaler, multilateraler Politik. Ihnen kommt als gemeinsamer Hebel freier Nationen bei der Deeskalation von Konflikten eine bedeutende Rolle zu.

Der Blick zurück sowohl auf die »America First«-Bewegung, die Donald Trump angestoßen hat, als auch auf die »Brexit«-Kampagne des Vereinigten Königreichs zeigt, dass die Isolation beziehungsweise der Rückzug aus der internationalen Arena weder den USA noch dem Vereinigten Königreich geholfen hat, ihre jeweiligen politischen Ziele zu erreichen. Donald Trump ist es im Alleingang nicht gelungen, der Volksrepublik China die Zügel anzulegen. Das Vereinigte Königreich hat mit dem mühsam erreichten Handelsdeal mit der Europäischen Union zum ersten Mal in der jüngeren Geschichte ein Abkommen abgeschlossen, das, so der britische *Guardian*, mehr Barrieren errichtet als einreißt. Beide Fälle führen uns erneut vor Augen, wie wichtig internationale Kooperation ist, wenn es darum geht, Chinas Kriegsambitionen auf wirtschaftlichem Wege zu unterbinden.

Donald Trump hat als eine seiner ersten Amtshandlungen im Januar 2017 die USA aus der Riege der Unterzeichner der »Transpazifischen Partnerschaft« (TPP) geführt. Dieses Handelsabkommen sollte eine mächtige Freihandelszone schaffen, die als Gegengewicht zur Volksrepublik China fungieren sollte. Es hätte am Ende nicht nur alle drei Länder des nordamerikanischen Kontinents umfassen, sondern auch von Peru nach Japan über Malaysia und Singapur bis nach Vietnam reichen sollen. Nach dem Ausscheiden der USA haben die anderen 15 Verhandlungspartner anstelle von TPP das »Comprehensive and Progressive Agreement for Trans-Pacific Partnership« (CPTPP) ins Leben gerufen. Ökonomen kritisieren die Effektivität dieses Abkommens, da weder China, die USA noch Indien Teil des Vertrags seien. Gleichzeitig signalisierte die Unterschrift der ehemaligen Verhandlungspartner Washingtons unter das Ersatzabkommen, dass Allianzen im Pazifischen Raum auch ohne die Vereinigten Staaten geschlossen werden können.

In diesem Kontext dürfte die neue »Regional Comprehensive Economic Partnership« (RCEP), die im November 2020 unterzeichnet wurde, in der US-Regierung durchaus für Unruhe sorgen. Die Partnerschaft verbindet 2,2 Milliarden Menschen miteinander und repräsentiert rund ein Drittel des weltweiten Handelsaufkommens. Diesem Block gehören erstmals China, Südkorea und Japan gemeinsam an. Trotz der Spannungen zwischen Peking und Canberra ist auch Australien eines der unterzeichnenden Länder. Indien, die größte Demokratie in der Region, gehört nicht dazu. Die Vereinigten Staaten verlieren dadurch erneut an Einfluss. China spielt dabei sehr bewusst ein doppeltes Spiel. Wenn es von Nutzen ist, werden internationale Regeln eingehalten und befolgt, doch gleichzeitig bleibt man dem »Might is Right«-Ansatz treu und scheut sich nicht, vermeintliche Partner wie Australien zu demütigen und spüren zu lassen, dass das Land von der Gnade Pekings abhängig ist.

Joe Biden hat angekündigt, die demokratischen Länder in einer Allianz zusammenführen zu wollen, um so dem autokratischen China etwas entgegensetzen zu können. Wie dieses Bündnis der Demokratien zustandekommen soll, bleibt indes offen. Denn die Regierung von Joe Biden ist durchaus nicht von dem protektionistischen Kurs seines Vorgängers abgewichen. Vielmehr hat Biden angekündigt, durch ein »Made in All of America«-Programm die Mittelklasse des Landes stärken zu wollen. Dieses Programm unterscheidet sich in der Tonalität von der »America First«-Politik seines Vorgängers, hat de facto aber zum Ziel, die verarbeitenden Industrien des Landes zu stärken und den amerikanischen Markt vor Einflüssen aus dem Ausland zu schützen. Dies kann nur durch einen gewissen Rückzug von der Globalisierung vonstattengehen, bei der die Vereinigten Staaten Pate standen und die die Volksrepublik China in die Welthandelsorganisation gebracht hat. Die Gründe für das jeweilige Tun in Washington und Peking sind sehr verschieden. Gleichwohl schwächen sie den Welthandel, dem man zur gleichen Zeit durch mannigfaltige Abkommen verpflichtet bleibt. Joe

Biden hat im Wahlkampf angekündigt, rund 700 Milliarden Dollar in die verarbeitende und die Tech-Industrie zu investieren. Dies wird zwangsläufig Auswirkungen auf die Lieferketten haben, die Asien mit den USA verbinden. Die Idee eines »De-Coupling«, einer Entflechtung des Welthandels von China, ist eine der großen Strategien, die derzeit international diskutiert werden. Sie hätte nicht nur das Ziel, sich von China unabhängig zu machen, sondern auch, China durch Isolation von seinem Kurs abzubringen. In einer Studie der Bertelsmann-Stiftung aus dem Jahr 2020 zeigen die Autorinnen und Autoren, dass das Gesamtvolumen des Handels, den Demokratien mit Nichtdemokratien treiben, nicht die 15-Prozent-Marke übersteigt. Dieser Durchschnitt schlägt sich natürlich in verschiedenen Ländern unterschiedlich nieder, lässt aber dennoch zwei Rückschlüsse zu. Zum einen gilt, dass ein De-Coupling möglich ist, weil die Abhängigkeit von China gering ist und es nicht zu befürchten steht, dass die Entflechtung die Wirtschaft schädigen würde. Zum anderen ist aber ebenso richtig, dass die Entflechtung durchaus keinen Druck auf China ausübt. Denn auf 15 Prozent kann Xi Jinping sicher leicht verzichten. Denn auch die Volksrepublik hat längst damit begonnen, ihre Wirtschaft zu entflechten, um die Abhängigkeit von der freien Welt zu verringern. Dabei setzt Xi vor allem auf den Binnenkonsum, den 1,4 Milliarden Einwohnerinnen und Einwohner des Landes antreiben sollen.

Die Wirtschaft der USA würde von einem De-Coupling durchaus profitieren, denn das Handelsdefizit zwischen China und den Vereinigten Staaten kostete und kostet viele Jobs: Auch während der Präsidentschaft von Donald Trump sind quer durch alle US-Bundesstaaten rund 1,7 Millionen Arbeitsplätze verloren gegangen. Dies steht in keinem Verhältnis zu der Hoffnung der Clinton-Regierung, den Wegfall der Arbeitsplätze durch günstig zu erwerbende Importe aus China zu kompensieren. Den USA mag hier zupasskommen, dass die Volksrepublik mittlerweile auch nicht mehr zu den günstigsten Produktionsstätten gehört, da mit dem neuen Bildungs- und Lebensstandard auch die Lohnkosten gestiegen sind. Einiges von dem, was heute über Entflechtung zu hören ist, hat daher nichts mit mangelnder Rechtsstaatlichkeit oder mit Regelbruch Chinas zu tun, sondern ist einem anderen Umstand geschuldet: Mittlerweile produzieren Länder wie Kambodscha und Vietnam günstiger, weswegen Kapital und Produktionsstätten dorthin abwandern. Auch taiwanesische Investoren haben dem Festland bereits den Rücken gekehrt und investieren in Südostasien.

Das große Handelsdefizit zwischen den beiden Ländern ist auch den verschiedenen Gütern geschuldet, die zwischen ihnen gehandelt werden. Während die USA vor allem in China gefertigte Computer und Handys importieren, führt die Volksrepublik vor allem Sojabohnen ein. Da Bohnen günstiger als Elektronik sind, kann dieses Defizit nicht einfach per Dekret abgeschafft werden, auch wenn Donald Trump dies in der Öffentlichkeit gern anders darstellte. Die USA unter Joe Biden müssen versuchen, sich wieder als Gestalter anzubieten und Teil der Handelsabkommen zu werden, die Asien mit Amerika verbinden. Als Akteur der multilateralen Weltordnung kann dem Land wieder eine Bedeutung zuwachsen, die ihm in der Folge ermöglicht, politisch so zu punkten, dass die Ziele der »Made in All of America«-Politik, etwa durch Exporte von in den USA produzierten Gütern nach Asien, erreicht werden. Dieses Ziel innerhalb einer vierjährigen Amtszeit erreichen zu wollen ist allerdings sehr ehrgeizig.

Ein Mosaikstein hierbei wird die Einbindung Indiens sein. Das Land mit seinen 1,4 Milliarden Einwohnern kann in einer neuen Handelsarchitektur einen gewissen Ausgleich zur Volksrepublik bewirken. Es wird daher nicht allein darum gehen, Amerika in diese Architektur zu reintegrieren, sondern auch Indien entsprechenden Zugang und Mitgliedschaft zu ermöglichen. Indien hatte im Sommer 2020 einen bewaffneten Grenzkonflikt mit der Volksrepublik, den auf beiden Seiten Soldaten mit ihrem Leben bezahlten. Einem hegemonial, expansiv auftretenden China muss auch in Indien entschieden entgegengetreten werden. Wie im Konfliktfall politische und Handelsinteressen miteinander in Ausgleich gebracht werden sollen, ist offen. Ein ähnliches Problem trifft die demokratische Allianz ja auch im Falle Australiens, dessen Handelsgüter nicht mehr in die Volksrepublik eingeführt werden durften, obgleich beide Länder Unterzeichner eines Abkommens sind, das beide zu Handelspartnern macht.

Diese Entwicklung hat auch Auswirkungen auf Deutschland. Während der Trump-Jahre 2016 bis 2020 wurde nicht nur in der Bundesrepublik, sondern überall in Europa bemängelt, dass der Multilateralismus durch die isolationistische »America First«-Ideologie ernsten Schaden nehme. Diese Sorge war in der Tat berechtigt. Trauriges Zeugnis für diese »Politik der Einsamkeit«, wie ich sie nennen möchte, war ein von März 2020 bis Januar 2021 anhaltender Reisestopp zwischen den Vereinigten Staaten von Amerika und den Ländern der Europäischen Union (mit Ausnahme Großbritanniens), der – am Anfang der Pandemie verständlich und sinnvoll – bis November 2021 als »Biden-Travelban« anhielt, ohne dass die US-amerikanische Seite Interesse daran gezeigt hätte, dem Missstand schnellstmöglich ein Ende zu bereiten. Bezeichnend für die geopolitischen und -strategischen Verhältnisse, die durch die Abwesenheit der Vereinigten Staaten auf der internationalen Bühne entstanden sind, ist die Tatsache, dass Menschen aus China in die EU einreisen können, da dort die Pandemie anders gehandhabt worden zu sein scheint als in den USA (wenngleich uns wirkliche Zahlen über das Ausmaß der Katastrophe in China nicht vorliegen). In den Medien wurde in dieser Zeit über die Verschiebung der Beliebtheitswerte von den Vereinigten Staaten auf die Volksrepublik berichtet. Laut einer im Mai 2020 von der Körber-Stiftung veröffentlichten Analyse sagten nur noch 27 Prozent der Befragten, dass die USA wichtiger seien als China. 25 Prozent der Befragten gaben zudem an, dass sich ihr Bild von China in der Pandemie zum Besseren gewandelt habe. Dies hat sich, wie wir weiter oben gesehen haben, im Oktober 2020 relativiert. Gleichzeitig darf angenommen werden, dass die Deutschen genau darauf schauen werden, ob sich die beiden Länder unter Joe Biden wieder annähern.

Der Handel scheidet im Moment zumindest als maßgeblicher Hebel aus, um eine militärische Eskalation im Westpazifik zu verhindern, da beide Seiten, die Vereinigten Staaten und die Volksrepublik, neben einer Linie, die den Freihandel stützt, auch eine fahren, die einer isolationistischen (China) oder protektionistischen (USA) Politik dienen soll. Dabei wendet sich keines der beiden Länder vom Welthandel ab: Das Engagement der USA und ihrer Partner im Westpazifik zielt vor allem auf freie Seewege und sicheren Transport in internationalen Gewässern, und Peking möchte seiner Landmasse nun Weltmeere hinzufügen. Das Land, das traditionell über keine Flotte verfügte, möchte so in der Tat zum Kontrolleur des Welthandels aufsteigen und jede seiner Regungen, vom Westpazifik über Sri Lanka bis zum Horn von Afrika, kontrollieren. Die Volksrepublik möchte nicht weniger als das neue Großbritannien werden, neben den USA und Japan eine weitere verhasste Macht, der man es, nach dem Jahrhundert der Erniedrigung und dem Verlust von Hongkong, gern heimzahlen möchte.

Der deutschen Fregatte *Bayern*, die im September 2021 durch den Westpazifik Richtung Japan unterwegs war, verweigerte die Führung in Peking die Einfahrt in einen chinesischen Hafen. Ziel der Mission der Marine war es, gemeinsam mit den Verbündeten in der Region für eine regelbasierte Ordnung, freie Seewege, für Multilateralismus zu werben. Da die Volksrepublik in dieser Weltregion, illegal, wie der Internationale Gerichtshof in Den Haag festgestellt hat, Besitzansprüche geltend macht, versteht es sich, dass Peking die Fahrt des deutschen Marineschiffes als Einmischung in innere Angelegenheiten ansah. Es belegt allerdings auch einmal mehr, dass mein Gesprächspartner im Europäischen Parlament recht gehabt hat: Die Volksrepublik will offenbar wirklich keine Freunde mehr auf der Welt haben – anders ist die Abfuhr in der Tat nicht zu erklären, denn die Bundesregierung hat eigentlich keine genuinen Interessen in der Region, anders als die Amerikaner oder die Japaner, und hätte sich somit als ein guter Ansprech- und Vermittlungspartner angeboten.

6

SCHUTZVERANTWORTUNG ALS KOSMOPOLITENPFLICHT

Wie soll sich die internationale Gemeinschaft positionieren angesichts der wachsenden Kriegsgefahr? Taiwan, Japan, Südkorea und die Philippinen sind letztlich Verbündete der Vereinigten Staaten, die sich deshalb auch entsprechend mit den möglichen Szenarien auseinandersetzen. Aber was wären zum Beispiel die direkten Interessen Deutschlands? Taiwan ist einer der Tophandelspartner der Bundesrepublik (auch der Europäischen Union). Doch gleichzeitig gilt: Das Interesse der deutschen Exportwirtschaft ist es, das China-Geschäft nicht zu verlieren. Unter der Ägide von Angela Merkel verfuhr man im Hinblick auf Peking genauso wie mit Russland: Wirtschaftliche Interessen wurden und werden im Zweifelsfall humanitären vorgezogen. Es gibt Kritik an den Menschenrechtsverletzungen besonders bezüglich der Uiguren, aber das VW-Werk, das in Xinjiang steht, existiert nach wie vor.

Das Bemerkenswerte an der Reaktion der Bundesregierung auf die Radikalisierung der Sprache Pekings gegenüber der Inseldemokratie Taiwan war, dass es überhaupt eine Reaktion gab. Das Außenministerium mahnte eine sprachliche Abrüstung an und erinnerte daran, dass es nur eine friedliche

Annäherung der beiden Parteien als Weg einer Wiedervereinigung geben könne. Außenminister Heiko Maas traf sich darüber hinaus auch mit dem Hongkonger Bürgerrechtler Joshua Wong. Doch um Peking nicht zu erzürnen, wurde die Begegnung als eine Art zufälliges Aufeinandertreffen der beiden auf dem Dach des Reichstagsgebäudes in Berlin inszeniert. Peking war natürlich dennoch erzürnt und drohte in Richtung Berlin. Diplomatisches Entgegenkommen wird von Peking, wie erwartet, nicht geschätzt. Also hätte man es sich von vornherein sparen können.

Nichts deutet darauf hin, dass mit einem gemäßigten Mittelweg China künftig in Schach gehalten und eine militärische Eskalation im Westpazifik verhindert werden kann. Die politisch Verantwortlichen in den freiheitlichen Demokratien müssen sich vielmehr zusammentun und eine gemeinsame Linie entwickeln, denn letztlich wird ein Krieg, den China in der Region und mit den USA beginnen wird, auch die Bündnis- und Verteidigungspartner der Vereinigten Staaten betreffen. Da Peking eine rücksichtslose Machtpolitik mit absolutem Anspruch verfolgt, muss diese gemeinsame Linie sich vor allem der Frage von Krieg und Frieden zuwenden – besser heute als morgen. Die Militärstrategen, die sich mit der Taiwan-Frage beschäftigen, auch darüber gibt es keine Zweifel, diskutieren über das *Wann* eines Überfalls der chinesischen Armee auf Taiwan und nicht über das *Ob.*

Die Frage nach Krieg und Frieden ist nicht eine, die mit dem Blick auf die Waffenarsenale von Ländern und dem Zerstörungspotenzial, das sie haben, gestellt und beantwortet werden kann. Die Frage nach Krieg und Frieden ist eine elementare, eine, die sich an den Geist, die Vernunft und die Ethik der Menschen richtet. Es ist eine universelle Frage, die sich – so ist zu hoffen – auch Menschen in China stellen. Die

Unwahrheit, die Autokraten und Diktatoren wie der chinesische Machthaber verbreiten, wonach es keine universellen Werte gebe, sondern nur regionale, die miteinander noch nicht einmal in Wettstreit treten können, weil es quasi eine Art »chinesisches Gen« für den »Sozialismus chinesischer Prägung« gebe, das mit dem »europäischen Gen« für individuelle Freiheitsrechte und Demokratie keine Schnittmenge habe, ist reine Propaganda. Platon und Konfuzius stellen dieselben philosophischen Fragen und kommen, in Griechenland und China, zu ähnlichen Antworten. Ihre Lehren prägen seit Jahrtausenden Menschen und Gesellschaften. China ist von Konfuzius so geprägt wie die christliche Welt vom Denken Platons. Es gibt einen universellen Anruf an den Menschen, »das Gute zu tun und das Böse zu lassen«, wie Thomas von Aquin es formulierte. Und es gibt keinen Zweifel daran, dass der Krieg zu den Übeln zählt, die der Mensch über sich und die Welt bringen kann. Die Unbekümmertheit, mit der Peking, in einem Anflug von Machtwahn, eine Kriegsgefahr schürt, kommt dabei nicht an die sittlichen Ideale heran, derer sich Xi Jinping in seiner politischen Theologie rühmt.

Dass die Vereinigten Staaten sich in der Vergangenheit von ihrer eigenen Wertvorstellung verabschiedet haben, die Weltgemeinschaft belogen und wie im Fall Irak zu einer Militärintervention geblasen haben, die Hunderttausende Menschen das Leben gekostet hat, sollte in Peking doch eher kalte Abscheu erzeugen als die Reaktion »so wollen wir es jetzt auch machen«. Leider ist dem nicht so, und so verspielt das China des Xi Jinping eine historische Chance, mit gutem Beispiel voranzugehen und die Welt des 21. Jahrhunderts zum Positiven zu verändern.

Der Angriff Pekings auf das Recht (der sich in dem unrechtmäßigen »Sicherheitsgesetz zu Wasser« genauso manifestiert wie in der Missachtung des Urteils des Internationalen Gerichtshofes in Den Haag) zielt auf die liberale Ordnung der Welt ab, mit dem Ziel, sie zurück in eine imperiale Welt zu verwandeln, in der eine Führungsnation den Unterworfenen vorschreibt, wo es langzugehen hat. China geht diesen Weg über die militärisch-ökonomische Verflechtung seiner sogenannten Neuen Seidenstraße, durch die bereits heute viele Länder der Welt in einer Weise an China gebunden sind, die ihre nationalstaatliche Souveränität bedroht. Liberale Ordnung meint hier die Herrschaft des Rechts als Bastion und Bollwerk gegen die Willkür – die Willkür eines Einzelnen, eines Diktators, genauso wie die Willkür des Mobs, einer Gruppe, die sich gegen Minderheiten erhebt. Die moderne Idee der Vertragstheorie, die die Grundlage unserer liberalen Ordnung bildet, ist, dass die Setzung des Rechts die Mächtigen wie die Ohnmächtigen in gleicher Weise bindet und verpflichtet. Diese Verpflichtung ist eine ethische durch die universelle Einsicht, dass jeder Mensch mit einer Würde geboren ist, die sich als zu schützendes Gut an erster Stelle in einer Rechtsordnung finden muss, um wirklich als Recht und nicht als Unrecht zu gelten.

Diese Vorstellung ist keine ausschließlich westliche oder christliche, wie ihre Gegner in China und anderenorts gern behaupten. Der römische Staatsmann und Redner Cicero (106–43 v.Chr.) hat die Prinzipien einer solchen Ordnung bereits umrissen und die rechtlichen Konsequenzen, die die gleichzeitige Anerkennung des Menschseins aller durch alle mit sich bringen muss, skizziert. Ciceros Gedanken bilden die Grundlage eines Kosmopolitismus, eines ethisch verbindlichen Weltbürgertums, das die Menschen überall miteinander verbindet. Aufgrund eines »gemeinsamen menschlichen Bandes«, wie Cicero es nennt, fühlen wir und denken wir wie die anderen Menschen. Wir sind also als Menschen zur Empathie befähigt und berufen. Weil wir als Menschen Natur, Vernunft und Geist teilen, sind wir, bei aller Verschiedenheit, dennoch gleich. Menschen empfinden Freude oder Angst, Hoffnung oder Ausweglosigkeit überall auf gleiche Weise. Letztendlich ist die Wahrnehmung der Zeit, die wir gemeinsam diese Welt bevölkern, und das Wissen um unsere Sterblichkeit die Triebfeder für konstruktives Handeln, in der Überzeugung, dass uns dieses mitmenschliche Band über den Tod hinaus mit denen verbindet, die nach uns kommen.

Gerade die buddhistische Kultur, die auch China geprägt hat, kennt diese Verknüpfung mit den Ahnen, derer in jedem Haus an einer eigens dafür errichteten Stelle, einer Ahnentafel, in ritueller Weise gedacht wird. In China gehen die Menschen an einem eigenen Feiertag an die Gräber, um sie zu fegen und so vom Laub, das auf sie gefallen ist, zu befreien. In einer ähnlichen Weise ist in katholisch geprägten Teilen der Welt der Allerheiligen- oder Allerseelentag dem Totengedenken gewidmet. An diesen Tagen werden die Gräber besucht, mit Blumen geschmückt und Kerzen entzündet. Im Osten wie im Westen wird des Vergehens der Zeit gedacht, die weiter vergehen wird, sodass auch wir in nicht allzu ferner Zukunft vergangen sein werden. Dieser Zusammenhang ist Teil der Harmonie der Welt, von der Konfuzius spricht. Ist die Harmonie aus dem Lot, stehlen wir uns aus der Verantwortung, dann gerät das Ganze aus den Fugen mit unkalkulierbaren Folgen.

Die Frage von Krieg und Frieden ist eine, die wir stellen und beantworten müssen mit Blick auf diese Zukunft, in der unsere Kinder und Kindeskinder auf unsere Entscheidungen blicken und sehen werden, ob uns Empathie geleitet hat oder nicht. Die Frage von Krieg und Frieden ist allein schon in diesem Sinne eine universelle, allgemeine, weil die Auswirkung der Antwort, die wir Heutigen geben, auch Auswirkungen auf unsere Nachkommen haben wird. Die Tatsache, dass bei einer Eskalation im Westpazifik sich unter Umständen die beiden Atommächte China und USA gegenüberstehen, macht die Tragweite überdeutlich.

Kosmopolitisch zu denken heißt auch einzubeziehen, wie die Menschen in China, die von ihrer Führung nicht befragt und zurate gezogen werden, wenn der Krieg im Westpazifik beschlossen werden wird, von diesem Krieg, den sie nicht vom Zaun gebrochen haben, betroffen sein werden. Das gemeinsame Band, das uns alle verbindet, kennt keinen absoluten Feind. Und es verpflichtet auf Regeln für den Krieg, der nicht zu einem totalen werden darf. Cicero etwa hat bereits viele Jahrhunderte, bevor das Christentum zur prägenden Kraft in Europa wurde, gesagt, dass Menschen einander nicht foltern dürfen, auch nicht im Krieg. Die Antifolterkonvention der Vereinten Nationen stammt aus dem Jahr 1984. Es war ein zwei Jahrtausende währender Weg, den diese Forderung des römischen Staatsmannes bis zu ihrer rechtlichen Wirklichkeit gehen musste. Umso wichtiger sollte es für uns Heutige sein, keinen Fußbreit vom Erreichten abzuweichen – schon gar nicht, um etwa die Quartalsziele eines Unternehmens zu erreichen oder den Weg des geringsten Widerstands zu gehen. Wir sind es unseren Vorfahren gewissermaßen schuldig, unsere Nachkommen nicht einer Welt auszuliefern, in der die Gewalt regiert und nicht das Recht.

Cicero spricht von zwei Stufen des Kosmopolitischen: Auf der ersten kommt jenes Band zum Tragen, das alle Menschen miteinander verbindet. Für ihn ergibt sich daraus, dass wir Verantwortung füreinander haben. Dieser grundsätzliche

Gedanke mündet in praktische Konsequenzen – die zweite Stufe. Hier stellt sich die Frage: Wie weit geht diese Verantwortung füreinander? Cicero schildert das Elend nach einer Naturkatastrophe in einem benachbarten Stadtstaat. Die Verantwortung füreinander gebietet, dass die Menschen in der verschonten Stadt jenen in der zerstörten helfen. Darüber lässt sich, seiner Meinung nach, schnell ein Konsens erzielen. Aber wie weit soll diese Hilfe gehen? Wenn wir Getreide abgeben, fragt er, geben wir dann so viel, dass womöglich auch die Kinder in der unversehrten Stadt hungern müssten? Für die zweite Stufe des Kosmopolitismus gibt es kein starres, unveränderliches Konzept. Empathie bedeutet nicht Selbstaufgabe. Gleichwohl wäre ein Szenario denkbar, in dem sich die eine Stadt dafür entscheidet, ihre Verantwortung in der Tat als Aufopferung zu begreifen. Naturkatastrophen sind, heute leider in zunehmender Weise, ebenso menschengemacht wie Kriege. Was sie darüber hinaus eint, ist, dass sie uns so existenziell und elementar bedrohen, dass das Ziel, eine gerechte und gute Gesellschaft zu errichten, nicht mehr erreichbar ist, sollte die Herausforderung, vor die sie die menschliche Gemeinschaft stellen, nicht empathisch angegangen werden. Solche elementaren Ereignisse bergen die Gefahr, dass durch sie das Menschliche im Menschen verschwindet und das Unmenschliche die Oberhand gewinnt. Das ist der Moment, in dem das Ressentiment sein Ziel erreicht. Im Krieg verschwindet das Menschliche am Gegner, der Kampf wird absolut und nur die Vernichtung des anderen als Sieg gewertet. Der Krieg ist daher nicht ohne Grund das Instrument von Autokraten und Diktatoren. Demokratien führen keine Kriege gegeneinander.

Angesichts dieses Befunds, der sich durch unzählige Belege aus der menschlichen Geschichte untermauern lässt, kann ein Krieg niemals eine konstruktive Lösung für Probleme sein. Er ist die Bankrotterklärung des Menschlichen. Wer mit dem Krieg als Druckmittel, als Option für politisches Ersatzhandeln oder als Machtgebärde spielt, der taumelt nahe am Abgrund, aus dem er für einhundert Jahre nicht mehr herauskommt, wenn er erst einmal hineingefallen ist. Xi Jinping und seine Gefolgsleute führen die Menschen in China an den Rand eines solchen Abgrunds. Ein »Jahrhundert der Schande« steht ihnen ins Haus, denn allein schon die Provokation, die Welt an den Rand eines nuklearen Krieges geführt zu haben, ist Grund genug, das Gesicht zu verlieren, was für viele Menschen in China, wie wir gesehen haben, die schlimmste Schmach ist. Die Menschenrechtsverletzungen vor allem im Zusammenhang mit der Unterdrückung der ethnischen Minderheit der Uiguren nehmen China für das kommende Jahrhundert jede moralische Grundlage, auf der internationalen Bühne als gleichwertiger Partner agieren zu können. Da so viel auf dem Spiel steht, wird Peking alles auf eine Karte setzen. In einem im September 2021 in *Foreign Policy* erschienenen Essay, »China Is a Declining Power – and That's the Problem«, argumentieren die Autoren Hal Brands und Michael Beckley, dass Chinas Aufbegehren im Westpazifik nicht seiner neuen Stärke geschuldet, sondern, im Gegenteil, die Antwort auf eine einsetzende Schwäche sei. Das Land könne an die ökonomischen Erfolge der vergangenen Jahrzehnte nicht mehr anknüpfen, die Demographie ebenso wie die steigenden Lebenshaltungskosten verhinderten das. Zudem werde China zunehmend vom Rest der Welt als Gefahr wahrgenommen, sodass Machthaber Xi nicht mehr viel Zeit bleibe, seine Ziele, von der Eroberung Taiwans bis zur Dominanz auf den Weltmeeren, zu erreichen. Die Eigenwahrnehmung Chinas, eine Weltmacht auf Abruf zu sein, führe zu dem übereilten Zeitplan, dessen Dramatik man außerhalb des Landes kaum erfassen kann. Warum Hongkong in Windeseile planieren, wo man doch Verträge unterzeichnet hat, die bis 2047 laufen? Die Antwort lautet: Weil Peking glaubt, dass es im Jahr 2047 keine Chance mehr hat, seinen autoritären Plan durchzusetzen. Peking ist in die Falle seiner eigenen Ambition gegangen, und das macht es so gefährlich, so die Autoren. Xi Jinping setzt alles auf eine Karte. Rationale Abwägungen gelten nicht mehr. Es geht um alles oder nichts.

Der chinesische Präsident möchte in die Geschichte Chinas als neuer Imperator eingehen. Seine Nachkommen sollen ihn verehren und sich nicht für ihn schämen. Deshalb ist das Tempo für ihn entscheidend: das Tempo, mit dem Gleichschaltung und Überwachung in seinem Reich durchgesetzt werden, das Tempo, mit dem die Einschüchterung von Kritikern im Ausland betrieben wird, das Tempo, mit dem die Neue Seidenstraße dazu benutzt wird, ihre Anrainer auf Linie zu bringen, das Tempo der Abschreckung, mit dem im Westpazifik die Dominanz der chinesischen Flotte durchgedrückt wird.

Wenn Propaganda und Abschreckung funktionieren, wird sich das Lob des Diktators von selbst einstellen, so die Hoffnung Pekings. Für die Menschen in China selbst wird es am Ende unmöglich sein, an andere Nachrichtenquellen als die staatlich gelenkten zu gelangen. Die Überwachungstechnologie wird Dissidenten aufspüren, die Xis Macht brechen wollen. Wenn die in dem Artikel »China Is a Declining Power« formulierten Ansichten richtig sind, dann wird China den Krieg suchen, weil ihm längst nicht mehr an einer konstruktiven Rolle auf der Weltbühne gelegen ist, auch wenn es in offiziellen Verlautbarungen noch anders klingen mag.

Zu einer Eskalation gehören am Ende allerdings mindestens zwei Seiten. Für die freie Welt ist die Situation prekär, denn auch sie läuft Gefahr, durch Xi angestachelt, ihre Ideale zu vergessen. Ein im September 2021 geschlossener Pakt zwischen den USA, Großbritannien und Australien soll es Australien ermöglichen, der Bedrohung auf See durch Peking begegnen zu können. Im Kern geht es um den Verkauf von atomar getriebenen U-Booten. Australien war schon mehrfach schutzlos ökonomischen Attacken von Xis Nomenklatura ausgesetzt. Die Bewegungen Chinas im Westpazifik betrachtet das Land mit großer Sorge. In einer Logik, die mit Provokation und Gewaltandrohung operieren muss, ist der Impuls, sich verteidigen zu wollen, berechtigt und legitim. Dass Peking dieses Abkommen zwischen den freiheitlichen Partnern heftig kritisiert und als Aufruf zum Wettrüsten geißelt, dient vor allem als Rechtfertigung gegenüber der eigenen Bevölkerung: Seht, der Westen, unser Feind, will uns vernichten. Wir verteidigen nur unsere legitimen Interessen. Obwohl das gelogen ist, gilt es für die freie Welt, hierauf mit Augenmaß zu reagieren, um eine Eskalation zu verhindern, an deren Ende keine andere Lösung mehr zu sehen ist als der Waffengang.

Die Frage nach Krieg und Frieden ist eine elementare, universelle. Sie spricht jeden Menschen für sich und die Menschheit als Ganze in besonderer Weise an. Daher kennt der Krieg nur Verlierer, weil in jedem Fall die Menschlichkeit verlieren wird, ganz gleich, wer sich am Ende zum Sieger erklärt. Der drohende Verlust des Menschlichen gebiert letztlich den Wunsch nach Pazifismus, wie ihn bereits Cicero in den Blick genommen hat. Erfolglos, wie wir wissen.

Ein Mandat zur Gewaltfreiheit kann nicht absolut gelten. Denn es gibt Situationen, in denen Gewaltfreiheit als Nichtstun zu einer noch größeren Entmenschlichung führen kann.

Das Postulat der Gewaltfreiheit muss mit dem, Verantwortung zu übernehmen und zu helfen, in ein Verhältnis gesetzt werden. Dem Kosmopoliten, womit ich alle Menschen weltweit meine, die frei und selbstbestimmt leben, kann das Geschick der anderen nicht gleichgültig sein, weil sein eigenes Schicksal mit dem ihren verwoben ist. Die eigene Freiheit wird kostbarer, wenn klar wird, dass sie anderen vorenthalten wird. Aber kann man unbeschwert in Freiheit leben, in dem Wissen, dass anderen Menschen, denen man helfen könnte, im gleichen Moment diese Freiheit genommen wird?

Diese und ähnliche Fragen werden heute in der internationalen Politik und im Völkerrecht unter dem Begriff »Schutzverantwortung« (»Responsibility to Protect«) diskutiert. Er knüpft in gewisser Weise an die Lehre vom »gerechten Krieg« an, dem *bellum iustum*, von dem Augustinus von Hippo am Beginn des fünften Jahrhunderts sprach. »Schutzverantwortung« ist der Ernstfall des Kosmopolitismus: Wenn wir, wie Cicero sagt, wirklich durch ein Band des Menschseins miteinander verbunden sind und dieses Band unserer Gemeinsamkeit eine Verantwortung füreinander begründet, dann sollen wir denen, die in Not sind, zu Hilfe kommen. Augustinus würde in diesem Sinne als Grund für einen »gerechten Krieg« anführen: Wird ein kleines Land von einem größeren angegriffen, muss man ihm zu Hilfe eilen. In unserem Fall bedeutet das, dass die freie Welt in der Verantwortung ist, dem kleinen, demokratischen Taiwan zu Hilfe zu eilen, wenn es vom großen, diktatorischen China angegriffen wird. Art und Weise müssen geeignet sein, um die Attacke Chinas zu unterbinden oder, falls alles Tun im Vorfeld nichts nützt und der Angriff tatsächlich stattfinden sollte, gemeinsam mit den taiwanesischen Streitkräften die »Volksbefreiungsarmee« von der Annexion Taiwans abzuhalten.

»Gerechter Krieg« habe ich dabei in Anführungszeichen gesetzt, da es keinen gerechten Krieg gibt. Denn, wie wir bereits gesehen haben, betrifft der Krieg alle in elementarer, existenzieller Weise und damit auch jene, die weder für den Krieg verantwortlich sind noch ihn befürwortet haben. Sein radikales Motiv ist die Entmenschlichung, die deshalb stattfinden muss, weil das Ressentiment zum Treiber des Krieges wird. Wenn Gerechtigkeit, wie es Thomas von Aquin sagt, heißt, dass das Geschuldete zurückgegeben wird (*iustitiae est reddere debitum*), dann ist klar, warum der Krieg mit seiner verheerenden Tragweite nicht in der Lage ist, Gerechtigkeit zu schaffen. Denn Gerechtigkeit ist nicht das Anliegen des Ressentiments, sondern fällt in die Domäne der Empathie, die jenes Augenmaß bereitstellt, das der Mensch für das Verständnis des anderen und seiner Anliegen braucht.

Gerecht kann nur *der Grund* für die Intervention sein: dem schwachen Angegriffenen bei seiner Verteidigung zu helfen. Es ist genau dieses empathische Augenmaß, das die Führung um Xi Jinping den Menschen in China ausgetrieben hat. Heute wird der gesamte Propaganda-Apparat in Bewegung gesetzt, wenn ein US-amerikanischer Basketballspieler oder ein koreanischer Sänger etwas sagt, das Xi Jinping nicht passt. Alle werden zu Feinden erklärt. Die Angst vor allem Fremden und anderem, die gezielt geschürt wird, ist am Ende weder ein guter Ratgeber für die Menschen im Land noch für die politische Führung, die sich der Angst, die sie gesät hat, am Ende selbst nicht mehr entziehen kann.

Wäre China der verantwortungsbewusste Akteur, als den Machthaber Xi die Volksrepublik in der Welt darstellt, würde sich das Land mit seinen 1,4 Milliarden Menschen und mit der bald größten Volkswirtschaft der Welt nicht aus der Bahn werfen lassen, wenn in Hongkong Wahlen stattfinden oder

Taiwan weiterhin den Weg beschreitet, den es vor siebzig Jahren eingeschlagen hat.

China betrachtet allerdings alles von Tibet bis zur Inneren Mongolei, von Taiwan bis zu den Philippinen als »innere Angelegenheit«, also als Innenpolitik, aus der sich diplomatische Partner traditionsgemäß herauszuhalten haben. Dies ist natürlich eine Finte, die zu der Propaganda passt, wonach Menschenrechte die innere Angelegenheit der westlichen Demokratien seien und nicht etwa ein universelles Prinzip, wie es uns die großen Philosophen und die Stifter der Religionen lehren. Autokraten und Diktatoren dulden niemanden über sich, weder Gott noch universelle Prinzipien. Sie lehnen den Kosmopolitismus ab und leugnen eine gemeinsame Verantwortung für die Menschheitsfamilie und die Welt, die wir zusammen bewohnen.

Die freie Welt kann in dieser Situation wenig tun, aber das, was ihr möglich ist, mag zumindest große Eskalationen aufhalten. In Washington, Paris, London und Berlin müssen die Verantwortlichen der Versuchung widerstehen, sich auf den Weg der Angst und Paranoia ziehen zu lassen. Die westlichen Politikerinnen und Politiker dürfen sich nicht dazu verleiten lassen, jedes Wort aus Peking für bare Münze zu nehmen. Propaganda macht sich stets größer, als sie ist. Es lohnt sich, zweimal hinzuschauen, bevor man eine Entscheidung trifft: Wie stark ist die chinesische Armee *wirklich*? Wann kann eine Invasion Taiwans *wirklich* stattfinden? Wie stark ist die chinesische Führung *wirklich*? Wie stabil ist die chinesische Währung *wirklich*? Und zu guter Letzt: Wie fest sitzt Xi Jinping *wirklich* im Sattel? Gibt es *wirklich* keine Opposition mehr in China und keine Kräfte, die zu unterstützen Erfolg verspricht?

Menschen guten Willens gibt es überall. Auf sie kommt

es jetzt an. »Suche Frieden und jage ihm nach« heißt es in Psalm 34. Den Frieden zu erhalten muss das Ziel sein. Dabei bleibt zu hoffen, dass Konfuzius, der gesagt haben soll, der, der Frieden wolle, möge für den Krieg rüsten, recht behält, und das gegenwärtige Säbelrasseln weder 2027 noch 2030 noch 2035 in einen Krieg führen wird. Gegenwärtig ist das, leider, nicht ausgemacht. Die Zeichen stehen auf Krieg, und es wird einiges an Friedenskunst brauchen, um Xi Jinping von dem Kurs, den er eingeschlagen hat, abzubringen. »Erlaube einem Führer nicht, dich auf einen falschen Weg zu führen.« Hoffentlich haben nicht alle, die in der Volksrepublik etwas bewegen könnten, diese Mahnung des Konfuzius vergessen.

7

DER WETTSTREIT DER SYSTEME: WIE CHINA DEN GLOBUS DOMINIEREN WILL

Von Washington bis Berlin verändern Parteien und Regierungen ihre Haltung zu China. Das Land galt einst als neue Hoffnung in Fernost, jetzt ist es ein Paria auf der Weltbühne geworden. Der mit der Eingliederung in die Welthandelsorganisation verbundene Glaube, dass sich das Land, Schritt für Schritt, öffnen werde, ist verpufft. Die Restriktionen, mit denen Präsident Xi die Wirtschaft seines Landes knebelt, belegen einmal mehr die Richtigkeit der These, dass politische, ökonomische und gesellschaftliche Freiheit stets Hand in Hand gehen. Bis zum Jahr 2021 sah es so aus, als würde Peking den Ansatz verfolgen, wirtschaftliche Freiheiten zu gewähren und mit dem Verweis auf den Erfolg, den die Kommunistische Partei bei der Entwicklung Chinas errungen habe, politische Freiheiten weiterhin vorzuenthalten. In den Vereinten Nationen verfolgte die Volksrepublik diesen Ansatz und nannte ausschließlich jene Menschenrechte, die bei Ralf Dahrendorf unter dem Begriff »soziale Rechte« firmieren. Peking führte dabei seine Leistungen bei der Bekämpfung der Armut in China als Beweis für die Richtigkeit seiner Behauptung an. Hunderte Millionen Menschen wurden in der Tat aus tiefster Armut befreit, in die sie durch

Maos Politik geraten waren. Dies ermöglichte der Deng'sche Reformkurs. Rezept und Methode stammten dabei aus der freien Welt, die Tigerstaaten Ostasiens standen mit ihren Erfolgsmodellen Pate.

Die Vereinten Nationen sollten sich, so Peking, ausschließlich mit diesen »sozialen Rechten« befassen und aufhören, die Menschenrechte mit »bürgerlichen Rechten« zu verknüpfen, die eine politische Öffnung zur Folge haben würden. Der Weg, den Südkorea und Taiwan aus der Diktatur in die freiheitliche Demokratie gingen, machte Peking Angst. Den Untergang der Sowjetunion vor Augen fürchtete Xi Jinping nichts mehr, als dass sein Reich das gleiche Los ereilen würde. Die Führung eines Landes, so Peking, müsse den Menschen die Möglichkeit geben, sich ökonomisch zu entwickeln. Dafür schafft sie eine Infrastruktur aus Erziehung, Bildung, Gesundheitsversorgung und Verkehr.

Doch die Gleichung ging nicht auf. Das Wirtschaftssystem freiheitlicher Demokratien funktioniert nicht in einem diktatorischen politischen Umfeld. Anders lässt sich der Umschwung, den Peking im Jahr 2021 eingeläutet hat, nicht erklären. Der Rückbau der Markt- in eine Planwirtschaft ist in vollem Gange, was der Umgang mit Unternehmen wie Alibaba, Didi und denjenigen im Bildungssektor nachdrücklich verdeutlicht hat. Die Gleichschaltung der Unternehmen durch Parteikader, deren Anwesenheit verpflichtend ist, ist ein weiterer Beleg für die Unterordnung der Wirtschaft unter den Machtanspruch Xis. Über Anteilseignung an Unternehmen und Steuerung der Notenbank wird es unmöglich, Unternehmen einer objektiven wirtschaftlichen Beurteilung zu unterziehen. Das Verbot für ausländische Akteure, Firmen in der Volksrepublik zu kaufen (ein Verbot, das andersherum für Peking im Ausland selbstverständlich nicht gilt), schottet den Markt darüber hinaus ab. Die Volksrepublik bleibt aufgrund der Tatsache, dass dort über 1,4 Milliarden Menschen leben, die Autos, Waschmaschinen und Kühlschränke besitzen wollen, weiterhin als Exportplatz attraktiv. Es dürfte aber nicht mehr lange dauern, bis auch dem Letzten klar werden wird, dass es nicht mehr sicher ist, in China zu investieren. China selbst hat aufgrund seines Furors aus dem Blick verloren, dass es selbst auch dieser Investitionen und Importe aus dem Ausland bedarf. Noch längst ist das Land nicht autark, ganz im Gegenteil.

Angesichts dieser ökonomischen und innenpolitischen Veränderungen und der aggressiv militärischen Aktionen im Westpazifik ändern Politikerinnen und Politiker in der freien Welt ihre Tonlage und Sprache gegenüber Peking. Das Land gilt nun als »systematischer Wettbewerber« und »strategischer Rivale«. Diese diplomatische Verklausulierung zielt auf nicht weniger als die Feststellung, dass Pekings wirtschaftspolitischer Kurs, der in der Neuen Seidenstraße genauso wie in den steigenden Militärausgaben manifest wird, dazu führen könnte, die freiheitliche Welt so zu bedrohen, dass sie über kurz oder lang unter die Abhängigkeit von China geraten könnte. Für Xi Jinping ist die Welt erst dann eine gute, wenn China seinen Platz in ihrer Mitte einnimmt und alle Straßen nach Peking und nicht mehr nach Rom führen.

Diesem systematischen Wettbewerb kann sich die freie Welt stellen. Sie hat alles Potenzial, sich zu verändern und die demokratischen Institutionen zu reformieren. Hierbei ist in der Tat der soziale Aspekt der Menschenrechte relevant. Denn in vielen Demokratien der freien Welt ist in den vergangenen drei Jahrzehnten das Bruttoinlandsprodukt zwar gestiegen, davon ist allerdings wenig bis gar nichts in den Haushalten der Menschen angekommen. Das Gefühl, wirtschaftlich abgehängt zu sein, führt zu politischer Frustration und einer Abkehr von den freiheitlichen Idealen. Diese Bewegung ist überall in der freien Welt messbar. Sie wurde von Francis Fukuyama in seinem Buch *Identität – Wie der Verlust der Würde unsere Demokratie gefährdet* aus dem Jahr 2018 sehr richtig analysiert und eingeordnet: Dort, wo man sich weniger leisten kann, wo vielleicht ein Kinobesuch für eine vierköpfige Familie unerschwinglich geworden ist, obwohl die Eltern arbeiten und ein regelmäßiges Einkommen haben, wird man nicht mehr davon sprechen können, dass alle am Leben der Gesellschaft teilhaben.

Soziale Rechte in einer demokratischen Gesellschaft stehen und fallen mit der Möglichkeit der Teilhabe, einer Teilhabe, von der man in Demokratien sagt, dass sie weder von der Herkunft noch dem Einkommen der Eltern bestimmt werden darf, sondern von der Anstrengung allein, die jede und jeder bereit ist, zu erbringen. Diese Meritokratie, die Herrschaft nach Leistung, ist ein Kernelement der Demokratie und, wie wir bereits gesehen haben, ein tragendes Element der konfuzianischen Lehre und auch der Propaganda Xi Jinpings.

Der Professor für Philosophie Tongdong Bai, der an der chinesischen Fudan-Universität lehrt, hat 2020 ein Buch mit dem Titel *Against Political Equality – The Confucian Case* vorgelegt. Zeitgleich erschien *The Tyranny of Merit – What's Become of the Common Good* des Harvard-Ethikprofessors Michael Sandel. Beide Autoren nähern sich von ihrer Lebenswirklichkeit in China beziehungsweise den USA her dem Thema der Meritokratie. Für Bai kann in einer Gesellschaft, die wirklich meritokratisch ist, nicht wie in einer Demokratie gelten: eine Person, eine Stimme. In komplexen Gemeinwesen gebe es, so Bai, Menschen, die mit einer bestimmten Materie vertrauter seien als andere. Hier könne es nicht angehen, dass alle am Wahltag gleichberechtigt Entscheidungen treffen, von deren Tragweite doch nur die wenigsten etwas verstehen beziehungsweise deren Implikationen sie nicht abschätzen können. Diese Debatte wurde und wird in der demokratischen Welt auch unter Stichwörtern wie »Expertenregierung« oder »Technokratie« geführt. Der in Stanford lehrende James Fishkin hat mit seinem Modell der »deliberativen Demokratie« versucht, diese Frage der Zusammenarbeit von gewählten Volksvertreterinnen und Vertretern und Expertinnen und Experten in einer Demokratie neu auszuloten. Fishkin und Bai schlagen beide, in je eigener Weise, eine neue Mischform vor. Bai verweist hierbei auf die Institution des »House of Lords«, des Oberhauses des britischen Parlaments, dem er, wenngleich er es nicht nachzuahmen wünscht, eine Art Expertenrolle zugestehen möchte. Fishkin plädiert für lokale Gremien (eine Art Ad-hoc-Parlamente), die Antworten auf aktuelle Fragen suchen und dabei so zusammengesetzt sind, dass sie die verschiedenen Interessengruppen einer Gesellschaft spiegeln.

Gleichzeitig konstatiert Michael Sandel mit Francis Fukuyama, dass es gerade dieses meritokratische Element an demokratischen Gemeinwesen sei, das derzeit massiv in der Kritik stehe. Was von außen wie eigener Verdienst aussehe, so der Professor, gehe in vielen Fällen auf soziale Determinanten zurück, wie sie das Elternhaus und das soziale Umfeld etwa darstellen. In den Vereinigten Staaten, die sich für das Land der unbegrenzten Möglichkeiten halten, in dem jeder es »vom Tellerwäscher zum Millionär« bringen könne, habe sich eine Art neue Aristokratie herausgebildet, zu der aufzusteigen immer weniger Menschen möglich sei. Was die amerikanische Demokratie angeht, so konstatiert Bai, fehle es an der Basisausstattung, die für Konfuzius zu einem meritokratischen Gemeinwesen dazugehört und die heute eine kostenfreie Schul- und Universitätsausbildung sowie Gesundheitsversorgung für alle beinhalten müsste.

Die Organisation für wirtschaftliche Zusammenarbeit und Entwicklung (OECD) hat errechnet, dass aufgrund der Ungleichheit in der Bundesrepublik Deutschland der Aufstieg aus der untersten sozialen Schicht in die Mittelschicht sechs Generationen, also 180 Jahre, dauere. Laut OECD ist es in Schwellenländern wie der Volksrepublik China aufgrund extremer Ungleichheiten allerdings noch viel schwieriger, prekären Lebensbedingungen zu entkommen, ein Umstand, der sich durch die Abkehr Chinas von Marktwirtschaft und Meritokratie noch verschlimmern wird.

Der Konfuzianismus ist ein entscheidender Punkt, den Peking im Wettstreit der Systeme zwischen freiheitlicher, westlicher und autoritärer, chinesischer Gesellschaft ins Spiel bringt. Einige Aspekte dieser Lehre – wie Hierarchie und Meritokratie – werden von der kommunistischen Führung als Ausweis der Überlegenheit des »chinesischen Weges« gewertet und in die Propaganda der KP integriert. Die Integration der klassischen chinesischen Philosophie in das Herrschaftskonstrukt der heutigen Volksrepublik mit dem Ziel der Abgrenzung und Ausgrenzung dient dabei in China demselben Zweck wie in einigen Ländern Europas, in den Vereinigten Staaten (im demokratischen Lager), in Russland und der Türkei (im autokratischen Lager) die Instrumentalisierung des Christentums oder des Islam. Hier wie dort geht diese Verengung auf bestimmte, ideologisierte Aspekte der Tradition mit einer Neubewertung der Ethnie und Herkunft einher. Präsident Xis Konfuzianismus muss daher zusammen mit dem Ethno-Nationalismus betrachtet werden, mit dem er die Han-Ethnie den anderen 55 Ethnien in der Volksrepublik überordnet. Eine Meritokratie kann es unter dem behaupteten Primat einer Ethnie nicht geben. Auch innerhalb dieser Ethnie kommen nur jene weiter, die Xi Jinping gegenüber loyal sind. In jedem Fall ist also nicht die Leistung entscheidend.

Auf der demokratischen Seite gibt es dennoch keinen Grund, die Hände in den Schoß zu legen. Die »Entkoppelung« weiter Teile der Gesellschaft (rund 30 Prozent der US-amerikanischen Gesellschaft sind ökonomisch gesehen nicht existent, weil sie sehr wenig verdienen oder überschuldet sind) ist eine Gefahr für die Demokratie. Gerade die Vereinigten Staaten von Amerika, die sich jahrzehntelang als Speerspitze der freien Welt gesehen haben, können angesichts der Tatsache, dass es weder eine allgemeine Gesundheitsversorgung noch freie Bildung gibt, für sich nicht in Anspruch nehmen, eine Demokratie im vollen Wortsinn zu sein. Der Kapitalismus hat dort, genauso wie in England, einen anderen Weg eingeschlagen als in Europa, wo das soziale Steuerungselement seit rund 150 Jahren Teil des Wirtschaftssystems ist. Dort, wo es ungebremsten Kapitalismus, also ein Primat des Ökonomischen vor dem Politischen gibt, kann keine Demokratie gedeihen. In der sozialen Marktwirtschaft hingegen ist das möglich.

Die Krise der Demokratie nutzen Diktatoren und Autokraten gleichermaßen, um für ihr »illiberales«, autoritäres oder regelrecht diktatorisches Modell zu werben. Wenn die Demokraten dieser Welt ihre Hausaufgaben nicht machen und sich reformieren, liefern sie damit den Xi Jinpings der Gegenwart die Munition im Kampf gegen sie frei Haus.

WARUM CHINA NICHT GEWINNEN DARF: EIN PLÄDOYER

Der Sinneswandel, der bei Politikerinnen und Politikern in ihrer Beurteilung Chinas zu beobachten ist, ist auch in der Bevölkerung spürbar. In der bereits zitierten Umfrage des Pew-Forschungsinstituts im Juni 2021 gab eine große Mehrheit der Menschen – jedenfalls in sechzehn der siebzehn Länder, in denen die Befragung stattfand – an, sie wünschten sich, dass ihr Land stärker mit den USA zusammenarbeite und weniger mit China. Die Befragten stellten zudem fest, dass die chinesische Führung die Menschenrechte gegenüber ihrer eigenen Bevölkerung nicht wahre. Das einzige Industrieland, in dem die Befragung stattfand, das keine Demokratie ist, ist Singapur. Die dortige Mehrheit der Han-Chinesen favorisiert klar Pekings Kurs. Die anderen Ethnien des autokratisch geführten Landes sehen wie die Menschen in der freien Welt die Volksrepublik negativ.

Auch heute, lange nach dem Zusammenbruch der Sowjetunion, ist die Welt in zwei Lager gespalten. Diese neue Blockbildung verläuft zwischen den Ländern, die die Menschenrechte anerkennen, und jenen, die sie leugnen. Nach dem Fall des Eisernen Vorhangs 1989 verfassten zwei Wissenschaftler, der eine in Cambridge, Massachusetts, der andere im kalifornischen Stanford, ihre Prognosen, wohin die Welt nach dem Kalten Krieg ihrer Meinung nach gehen würde: Samuel Huntington beschrieb den *Kampf der Kulturen*, Francis Fukuyama *Das Ende der Geschichte.* Huntington ging davon aus, dass sich nach dem Ende der bipolaren Welt verschiedene Kraftzentren herausbilden und miteinander in eine Art Widerstreit treten würden. Die westliche Welt sah er als eine dieser Zonen. Immer noch mächtig bildete sie dennoch nicht mehr das globale Zentrum wie in den Jahrhunderten zuvor. Die Einteilung der kulturellen Hemisphären, der *civilizations*, wie es im englischen Original heißt, nimmt Huntington dabei vor allem anhand religiöser Kategorien vor: Die orthodoxe Welt ist von der islamischen verschieden, die sich wiederum von der hinduistischen und der chinesischen unterscheidet. Allein die westliche Welt, so glaubte er, sei nach einer Himmelsrichtung und nicht nach einer Religion benannt. Für Huntington ist die westliche Welt allerdings gleichbedeutend mit der anglo-amerikanischen, weißen und protestantischen, was allein schon dadurch deutlich wird, dass er Lateinamerika nicht als einen Teil des Westens betrachtet, was schlichtweg falsch ist.

Francis Fukuyama sah nach dem Ende der Sowjetunion den Siegeszug der Demokratie voraus: Der Systemwettstreit, der zugunsten der Freiheit ausgegangen war, so Fukuyama, würde vielen Nationen Ansporn sein, sich der Demokratie zuzuwenden. Dies war in den neunziger Jahren auch in der Tat der Fall. Heute ist die Zahl der Demokratien, leider, wieder rückläufig. Von dieser Vorstellung, von einem quasi schicksalhaften Automatismus, der die Welt wie von selbst zu einem Ort der Freiheit machen würde, hat sich Fukuyama mittlerweile distanziert. Für seinen Mut, der Demokratie alles zuzutrauen, gebührt Fukuyama, so denke ich, auch heute noch Respekt. Wir sehen ja auch in unseren Breiten, dass Menschen, die noch keinen Tag in Unfreiheit verbringen mussten, der Demokratie misstrauen und sich die Herrschaft eines Wladimir Putin herbeiwünschen (Pegida, AfD).

Beide, Fukuyama und Huntington, haben mit ihren Prognosen nicht recht behalten: Fukuyama, weil es einen Automatismus, der zu Demokratie und Freiheit führt, nicht gibt, Huntington, weil die Welt heute nicht aus vielen Machtzentren besteht, sondern wieder zweigeteilt ist. Noch sind wir bei dieser Polarisierung im Moment bei der systemischen Konkurrenz, nicht aber der kalten, militärisch-abschreckenden Konfrontation angelangt. Dies wird sich ändern, wenn Chinas Präsident Xi entscheidet, Taiwan anzugreifen. Spätestens dann wird klar werden, ob die Vereinigten Staaten und Japan an der Seite der angegriffenen Inselnation in den Konflikt eingreifen. In diesem Moment sind auch die Partner dieser drei gefragt und in der Pflicht, Verantwortung zu übernehmen. Die Bundesrepublik hat bislang im Rahmen ihrer Möglichkeiten Verantwortungsbewusstsein gezeigt. Doch da Präsident Xi die Annexion Taiwans zu einer nationalen Aufgabe erklärt und sie mit seinem Geschick als Herrscher der Volksrepublik verknüpft hat, wäre es töricht, sich nicht zumindest auf diesen Moment vorzubereiten.

Mit den anderen hier skizzierten Krisenherden wird China sich parallel befassen. Die Konfrontation mit den Anrainern des Westpazifik und den Nationen, die die internationalen Gewässer im Süd- und Ostchinesischen Meer nutzen, kann täglich eskalieren. In dieser angespannten Situation ist es ein gutes Zeichen, dass der amerikanische Präsident Joe Biden und Chinas Xi Jinping beschlossen haben, regelmäßig zu telefonieren. Wenn die Enthüllungen aus dem September 2021 zutreffen, wonach US-Generalstabschef Mark Milley mit seinem chinesischen Amtskollegen General Li Zuocheng telefoniert und ihm vertraulich versichert haben soll, dass Donald Trump die letzten Tage seiner Amtszeit nicht für einen Überraschungsangriff auf die Volksrepublik werde nutzen können, dann scheint es auch auf der militärischen Ebene Menschen zu geben, die eine Eskalation der Lage, etwa nach einem versehentlichen Abschießen einer Rakete, verhindern könnten.

Doch es bleibt dabei: Die Volksrepublik hat einen Plan, wie sie zur neuen führenden Macht der Weltmeere werden kann. Es wäre Peking am liebsten, dies ohne Krieg zu bewerkstelligen, weswegen die Neue Seidenstraße als Druckmittel jenseits der militärischen Eskalation eingesetzt und genutzt werden soll.

Werfen wir noch einmal einen Blick nach Sri Lanka. Der Hafen Hambantota, von dem bereits die Rede war, ist nun Stützpunkt für China, nachdem Sri Lanka seine Kredite für das Projekt nicht mehr bedienen konnte. Damit hat die Volksrepublik einen strategisch wichtigen Posten vor der Haustür seines Erzrivalen Indien bezogen. Keine Kugel, keine Rakete wurde dafür abgefeuert. Eine solche stille Militarisierung der Weltmeere ist ganz nach Pekings Geschmack. Die Vorherrschaft Amerikas und seiner Alliierten im Westpazifik ist bereits gebrochen. Jetzt wird Peking alles daransetzen, die Einflusszone bis zum Horn von Afrika auszuweiten. Die Volksrepublik, die in ihrer Vorzeit, auf die sich Xi Jinping beruft, nie eine Flotte besaß, wird dann zu einem neuen Britannien werden, das mit seiner Seestreitmacht eine Weltmacht geworden ist.

Reiche kommen und gehen, mag die eine oder der andere darauf erwidern. Über den Niedergang des amerikanischen und den Aufstieg des chinesischen ist viel geschrieben worden. Einige Autoren nennen das 21. Jahrhundert bereits das pazifische Jahrhundert, das das atlantische abgelöst habe. Die Geographie der Weltmeere wirkte schon immer identitätsstiftend. Geradezu liebevoll nannten die Römer das heutige Mittelmeer *mare nostrum*, »unser Meer«, weil all seine Küsten unter römischer Herrschaft standen. Die gegenwärtige Weltordnung, in der die Übereinkunft gilt, welche Teile der Meere als internationale Gewässer gelten, die von allen genutzt werden können, ist ein jüngeres Phänomen. China

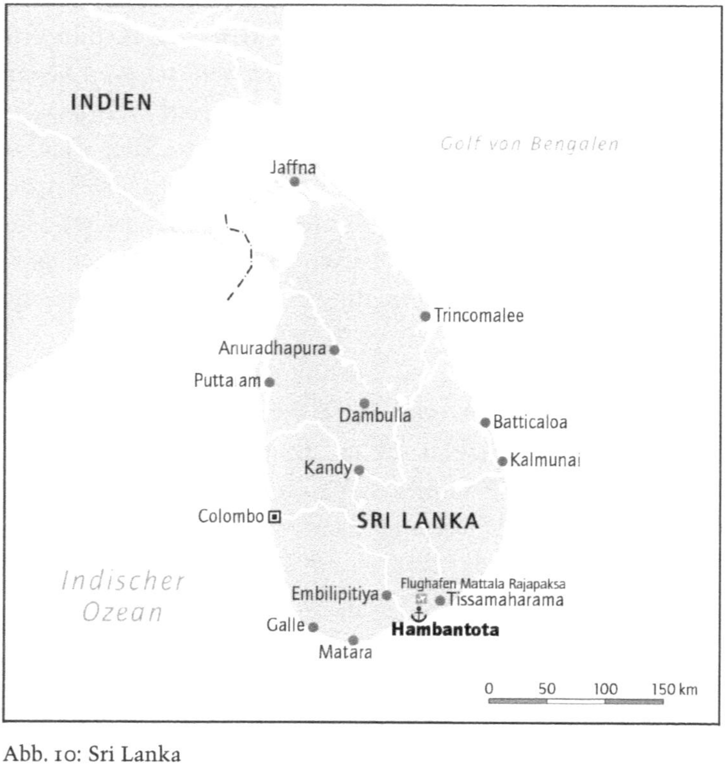

Abb. 10: Sri Lanka

möchte diese Ordnung abschaffen und das Recht des Stärkeren wieder einsetzen, das auf Abschreckung und Gewalt setzt. Die freie Welt kann das der Volksrepublik nicht durchgehen lassen. Denn der Friede auf den Weltmeeren ist für den Frieden auf der Welt unerlässlich. Neunzig Prozent des Welthandels erfolgen über die Weltmeere, sechzig Prozent des globalen Öl- und Gastransports ebenso.

Der Ende September 2021 geschlossene Pakt zwischen Australien, dem Vereinigten Königreich und den USA – kurz: AUKUS – wird von Strategen als der größte Coup militärischer Zusammenarbeit seit dem Ende des Kalten Krieges bezeichnet. Das Neue an diesem Pakt ist, dass die USA zum ersten Mal seit den fünfziger Jahren kritische Technologie mit einem anderen Partner, mit Australien, teilen. Die Zusammenarbeit soll die Vorherrschaft der freien Welt auf den Weltmeeren sichern. Gemeinsam wollen die drei Mächte China zurückdrängen. Kern des neuen Abkommens ist der Ausbau der atomaren U-Boot-Flotte. Fähig dazu, monatelang unentdeckt unter Wasser ausharren zu können, können diese Unterseeboote, Expertenmeinungen zufolge, die Volksrepublik in Schach halten.

Dieser militärische Deal hat die Stärke der freien Welt einmal mehr herausgestellt. Die Formulierung gemeinsamer Interessen, die Fähigkeit zu langfristiger Kooperation, die auf Vertrauen und Freundschaft fußt. Autokratien, Diktaturen versinken im Misstrauen. Dort wo Paranoia Staatsräson ist, gibt es kein konstruktives, auf Partnerschaft angelegtes Handeln, das den anderen als gleichberechtigt ansieht. Es ist ein solches Vorgehen, das am Ende die Volksrepublik von ihren Kriegsdrohungen abbringen könnte. Dabei bleibt festzuhalten, dass die Volksrepublik allein so groß und ihr Vorgehen so aggressiv ist, dass es ohne ein Zusammenspiel der demokratischen Kräfte nicht gehen wird. China hat im Jahr 2021 seiner Flotte atomar getriebener U-Boote vier weitere hinzugefügt und verfügt nun insgesamt über fünfzehn Stück. Japan und Indien vergrößern ihre Flotte ebenfalls, sodass die demokratische Welt mit ihren Booten einen Ring um das chinesische Festland bilden kann.

Auch Taiwan stockt sein U-Boot-Arsenal mit Technologie aus den USA auf. In Kaohsiung wurde im Jahr 2020 eine Zeremonie zum Beginn des neuen U-Boot-Programms abgehalten, das die taiwanesische Regierung aufgelegt hat. Acht neue U-Boote sollen es am Ende sein. Im aktuellen Fuhrpark liegen vier U-Boote, zwei davon stammen noch aus der Zeit des Zweiten Weltkriegs. Sollte es Taiwan gelingen, das Projekt wie geplant bis zum Jahr 2025 abzuschließen, sehen Experten eine Chance, dass sich das Ungleichgewicht der Kräfte in der Taiwanstraße wieder ausgleicht.

Die australische Regierung hat klargestellt, dass sie die U-Boote nicht atomar bestücken möchte. Der Austausch von höchst sensibler militärisch-technologischer Information mit einem Alliierten, den es so zuvor noch nicht gegeben hat, wird es den USA im Gegenzug ermöglichen, ihre Präsenz im Pazifik auszuweiten und gemeinsam mit Australien, Japan, Südkorea und Taiwan Chinas Aggression im Westpazifik einzuhegen. Fromme Wünsche passen nicht in die Abwägungen von Militärstrategen, aber Fragen von Abschreckung unterliegen doch einem Kalkül, das nicht allein von der Vernunft bestimmt wird. In einer Situation, in der die Folgen einer Eskalation nicht absehbar sind (und das sind sie für die Volksrepublik nicht mehr, wenn sich ein demokratischer Verteidigungsring von China bis nach Australien zieht), könnte Peking womöglich seinen Zeitplan überdenken. Die gute Nachricht für Taiwan ist dabei, dass es bei diesen Plänen

Pekings nicht mehr allein darum gehen wird, ob man Taiwan einnehmen kann oder nicht, sondern welche Reaktionen ein solcher Schritt bei den militärisch erstarkten regionalen Partnern der USA hervorrufen wird. So wie die chinesische Armee taiwanesische Häfen blockieren kann, können es die Alliierten mit chinesischen Häfen halten. Wenn der Welthandel stockt, ist das für alle Beteiligten schlecht. Vielleicht ist es dieses Kalkül, das am Ende eine Eskalation des neuen Kalten Krieges verhindert.

Eine Liga der Demokratien, der Zusammenschluss von Nationen, deren Ordnung auf der Achtung der Menschenwürde und der Wahrung der Menschenrechte fußt, muss in der Lage sein, die »Schutzverantwortung« auch militärisch durchsetzen zu können. Das alte Sprichwort stimmt, dass der Frömmste nicht in Frieden leben kann, wenn es dem bösen Nachbarn nicht gefällt. China benimmt sich unter Xi Jinping wie der Rüpel auf dem Schulhof, der Schwächere drangsaliert und malträtiert – aus dem einfachen Grund, *weil er es kann.* Eine Liga der Demokratien ist ein Bund von Freunden, die das nicht zulassen.

Es kann nicht oft genug betont werden, dass die gegenwärtige Ordnung der Welt Denkern und Philosophen aller Zeiten die Freudentränen in die Augen treiben würde: Ein Spanier hat in Taiwan dieselben (Menschen-)Rechte wie zu Hause, ein Südkoreaner in Deutschland, ein Franzose in Japan, ein Mexikaner in Italien, ein Argentinier in Deutschland. Die liberale Weltordnung ist etwas Neues, nie Dagewesenes. Diese neue Ordnung basiert nicht auf der Zugehörigkeit zu einer bestimmten Ethnie, Kultur oder Religion. Vielmehr schaut sie empathisch auf das, was Menschen in der freien Welt zusteht und sie verbindet – »Leben, Freiheit und das Streben nach Glück«. Unter diesem freiheitlichen Schirm ist es jeder und jedem erlaubt, die Sprache zu sprechen, die sie oder er möchte, es ist jedem und jeder erlaubt, die eigene Identität frei zu entfalten, wie es auch jeder und jedem erlaubt ist, eine Religion auszuüben oder auch nicht. Ein Mensch muss innerhalb dieser Ordnung keine Furcht vor dem anderen haben. Forderungen wie die des chinesischen Diktators Xi, dass in seinem Fernsehen, auf seinen Bühnen, in seinem Kino und in seinen Computerspielen nur »maskuline« männliche Akteure auftreten sollen, keine »verweichlichten«, »femininen«, ist nur einer der vielen Belege dafür, dass Diktatoren sich nur mit einer »Wir gegen die«-Ideologie an der Macht halten können. Von dieser Ideologie werden zuweilen auch Demokratien erfasst, wie in Polen und Ungarn bedauerlicherweise zu sehen ist. Die Autokraten, die über diese beiden Länder herrschen, führen ihre Nationen aus der Europäischen Union, aus diesem Verbund von Freunden, die die gleichen Werte teilen, hinaus und zurück in die Unfreiheit. Es ist traurig zu sehen, dass die Länder, die erst vor kurzem das Joch des Totalitarismus abgeschüttelt haben, sich wieder dem Ressentiment, der Intoleranz und dem Hass überlassen.

Gegen die Ideologie der Autokraten muss die freie Welt aufstehen und ihren universellen Anspruch, dass alle Menschen gleich sind, verteidigen. In diesem Sinne denke ich an meine Zeit in Taiwan und Hongkong zurück. Es peinigt mich zu wissen, dass die Menschen, denen ich in Hongkong begegnet bin, nun nicht mehr frei sind, dass sie ihrer Identität beraubt wurden. Ich hoffe, dass viele von denen, die fliehen konnten, bei uns in der freien Welt eine neue Heimat finden. Und ich hoffe, dass sie hier mit offenen Armen aufgenommen werden – als unseresgleichen, unabhängig davon, dass sie anders aussehen, an andere Götter glauben und andere Dinge essen als wir. Ich bin davon überzeugt, dass wir uns gegenseitig bereichern und nichts wegnehmen werden, wie die Autokraten uns glauben machen wollen.

Und dann denke ich an Taiwan, »La Formosa«, seine grünen Berge, das anbrandende Meer, die pulsierenden Städte mit den Märkten, auf denen die Menschen essen und trinken und nach Herzenslust reden und debattieren. Sie machen Scherze, auch über die Regierung, schimpfen über Gott und die Welt und schwitzen gemeinsam in der tropischen Schwüle. Sollen die Menschen dort wirklich bald ihre Freiheit verlieren, um Teil der gleichgeschalteten Volksrepublik zu werden? Meine Hoffnung ist, dass wir gemeinsam Taiwan dieses Los ersparen können.

Trotz der drohenden Gefahr einer Annexion sind die Menschen in Taiwan ungebrochen optimistisch. Ende Januar 2019 traf ich den taiwanesischen Außenminister Joseph Wu zum Interview. Ich fragte ihn, ob er sich eine Wiedervereinigung mit der Volksrepublik wirklich vorstellen könne. Er antwortete mir geradeheraus mit einem überzeugten »Ja«. Verblüfft fragte ich nach: »Wie soll das gehen?« Er lächelte und sagte: »Dann, wenn China eine Demokratie ist.«

Wir sollten hier in der demokratischen Welt an die Kraft und die Macht der Freiheit glauben – so, wie es die Menschen auf Taiwan tun.

LITERATUR- UND QUELLENVERZEICHNIS

Hervorzuheben sind vor allem zwei Bücher zum Selbstverständnis Chinas. Kevin Carrico beschreibt, wie die neue Lehre Xi Jinpings im Leben der Menschen Fuß gefasst hat, Tongdong Bai spitzt die chinesische Sichtweise auf Meritokratie und Demokratie zu und erläutert, warum das chinesische Modell vorzuziehen sei:

Carrico, Kevin: *The Great Han. Race, Nationalism, and Tradition in China Today*, University of California Press 2017.

Bai, Tongdong: *Against Political Equality. The Confucian Case*, Princeton University Press 2019.

Dieses Papier gibt einen guten ersten Einblick in die nationlistische Wende in der Politik von Xi Jinping:

https://jamestown.org/program/planting-the-seed-ethnic-policy-in-xi-jinpings-new-era-of-cultural-nationalism/

Dieser Artikel beleuchtet, dass es sich bei Xis Ideologie nicht nur um Nationalismus, sondern auch um eine Art Rassenlehre handelt:

https://sentinel.tw/racial-thinking-modern-china/

Diese Artikel thematisieren das Wiederaufkommen des Konfuzianismus in China:

https://www.aljazeera.com/opinions/2017/3/31/chinas-new-found-love-for-confucius/?gb=true

https://www.thechinastory.org/confucius-technology-and-power-consolidation-under-xi-jinping/

Mit der Meritokratie als Element der Konfuzianischen Lehre, die im kommunistischen China gelebt werden soll, beschäftigt sich dieser Artikel:

https://foreignpolicy.com/2015/10/19/china-democracy-theory-communist-party-politics-model/

Xi Jinping nutzte die Feierlichkeiten zum einhundertsten Bestehen der Kommunistischen Partei Chinas im Juli 2021 dazu, die totalitäre Ausrichtung des Landes zu verstärken, den Einfluss der Partei massiv auszuweiten und einen Führerkult um sich zu etablieren. Die folgenden Artikel beschäftigen sich mit der ideologischen Transformation Chinas:

https://asia.nikkei.com/Politics/Xi-placed-second-only-to-Mao-in-Communist-Party-exhibit
https://www.scmp.com/news/china/politics/article/3131326/xi-jinping-seeks-channel-chinese-communist-partys-revolutionary
https://www.reuters.com/world/china/chinese-visit-red-sites-ahead-100th-communist-party-anniversary-2021-05-25/
https://theasiadialogue.com/2020/02/13/the-new-nationalism-of-xis-new-era/
http://usa.chinadaily.com.cn/opinion/2013-07/19/content_16814756.htm
https://merics.org/en/analysis/xis-china-party-morphs-state
https://www.foreignaffairs.com/articles/china/2021-06-22/xis-gamble?utm_medium=newsletters&utm_source=twofa&utm_campaign=Xi%E2%80%99s%20Gamble&utm_content=20210625&utm_term=FA%20This%20Week%20-%2011 2017
https://heinonline.org/HOL/LandingPage?handle=hein.journals/aujls8&div=6&id=&page=

Die folgenden Quellen geben Auskunft über die schrittweise Transformation Chinas zu einem totalitären Überwachungsstaat und ordnen diese Entwicklung ein. Besonders im Windschatten der Coronapandemie hat die Führung der Volksrepublik noch einmal an Geschwindigkeit zugelegt, um das Projekt der vollkommenen Überwachung der Bevölkerung voranzubringen. Besonders in Xinjiang wird deutlich, wie sehr Xi auf Technologie setzt, um Minderheiten in seinem Land zu unterdrücken:

https://time.com/5735411/china-surveillance-privacy-issues/

https://www.theguardian.com/cities/2019/dec/02/big-brother-is-watching-chinese-city-with-26m-cameras-is-worlds-most-heavily-surveilled

https://www.reuters.com/article/us-china-health-surveillance/coronavirus-brings-chinas-surveillance-state-out-of-the-shadows-idUSKBN2011HO

https://www.hrw.org/news/2018/02/26/china-big-data-fuels-crackdown-minority-region

https://financialpost.com/technology/china-and-big-tech-xis-blueprint-for-a-digital-dictatorship

https://www.theguardian.com/news/2019/apr/11/china-hi-tech-war-on-muslim-minority-xinjiang-uighurs-surveillance-face-recognition

https://www.nytimes.com/2019/05/22/world/asia/china-surveillance-xinjiang.html

https://thediplomat.com/2021/03/chinas-social-credit-system-speculation-vs-reality/

Die RBI ist keineswegs ein ökonomisches oder entwicklungspolitisches Projekt. Die Initiative dient China vielmehr dazu, Länder von sich abhängig zu machen, um ihnen hernach seinen politischen Willen aufzuzwingen. Die folgenden Artikel geben Einblick in diese Praxis:

https://www.theatlantic.com/international/archive/2017/05/what-china-wants/528561/

https://www.dw.com/de/schuldenfalle-neue-seiden-stra%C3%9Fe/a-43467223

https://www.brookings.edu/blog/order-from-chaos/2020/10/01/seven-years-into-chinas-belt-and-road/

https://www.cfr.org/article/belt-and-road-tracker

https://www.straitstimes.com/opinion/china-lent-billions-to-poor-countries-they-cant-pay-it-back

https://thediplomat.com/2020/09/pakistan-and-the-belt-and-road-new-horizons-for-a-globalized-rmb/

https://www.theatlantic.com/international/archive/2017/05/what-china-wants/528561/

https://www.chinadaily.com.cn/china/2017-04/15/content_28940829_5.htm

https://csis-website-prod.s3.amazonaws.com/s3fs-public/publication/200924_Chinese_Client.pdf

https://theconversation.com/how-chinas-belt-and-road-initiative-is-changing-cities-and-threatening-communities-153515

https://www.forbes.com/sites/wadeshepard/2020/02/28/how-beijing-is-losing-support-for-its-belt-and-road-initiative/?sh=1cea36d22199

Chinas militärische Ambitionen werden in den steigenden Ausgaben für das Militär manifest, mit dem China eine neue Stellung im Westpazifik zu erreichen sucht. Dabei macht nicht nur der Ausbau der Flotte deutlich, dass Chinas Ansinnen hegemonial und imperialistisch ist. Ein paar Artikel zum Thema:

https://chinapower.csis.org/military-spending/

https://www.csis.org/analysis/understanding-chinas-2021-defense-budget

https://asiasociety.org/policy-institute/weaponizing-belt-and-road-initiative

https://www.pacificcouncil.org/newsroom/understanding-china%E2%80%99s-military-expansion

https://www.washingtonpost.com/national-security/china-nuclear-missile-silos/2021/06/30/0fa8debc-d9c2-11eb-bb9e-70fda8c37057_story.html

https://www.reuters.com/world/china/chinas-xi-pledges-reunification-with-taiwan-partys-birthday-2021-07-01/

https://carnegieendowment.org/2021/08/05/what-s-driving-china-s-nuclear-buildup-pub-85106

https://www.cfr.org/backgrounder/chinas-modernizing-military